Джеймс Осман

БОГ НЕ ШЕПЧЕТ

Перевод с английского

Благая весть
Самара, 2025

УДК 239
ББК 86.24
О74

James C. Osman II
God Doesn't Whisper

Перевод: В. Савянкова
Редакция А. Никитина
Верстка и дизайн обложки: М. Литвинова

Осман Д.

О74   Бог не шепчет: пер. с англ. / Джеймс Осман; Самара : Благая
Весть, 2025. — 464 с.

The Master's Academy International   УДК 239
TMAI Edition ISBN: 978-1-967358-23-6   ББК 86.24

Цитаты из Библии, если не указано иное, даны по Синодальному пе-
реводу. Цитаты по изданию «Новый Завет Господа нашего Иисуса
Христа» (пер. с греч. под ред. епископа Кассиана. М.: Рос. библ.
о-во, 2001) помечены «Кассиан». Цитаты по изданию «Библия: Новый
перевод на русский язык» (4-е изд. Б. м.: Международ. библ. о-во, 2014)
помечены «НРП».

ПОСВЯЩЕНИЕ

Посвящается моей прекрасной супруге,
без чьего ободрения, усердного труда и поддержки
не было бы этого издания.

Благодаря ей моя жизнь, служение и книги
стали несравненно лучше.

ОГЛАВЛЕНИЕ

ПРЕДИСЛОВИЕ

Время от времени я встречаю людей, которые, по моему мнению, довольно слабы умом. Они переезжают с места на место и совершают безрассудные поступки, полагая, что исполняют Божью волю, и принимая нелепые выдумки своего больного ума за вдохновение свыше.

Является ли истиной то, что, как я утверждаю, Бог открыл мне в личном откровении? Разве я могу воображать, что получаю особые откровения, и руководствоваться в своей жизни голосами, мечтами и впечатлениями? Братья, не впадайте в это распространенное заблуждение. Божье Слово к нам заключено в Писании. Вся истина, освящающая людей, содержится в Божьем Слове. Не слушайте тех, кто заявляет: «Вот здесь!» и «Вот там!»

> Чарльз Сперджен (отрывки из проповедей «Хорошо организованная жизнь» от 27 июня 1869 года и «Молитвы Господа об освящении Его народа» от 7 марта 1886 года)

Нет более распространенного заблуждения, которое так сильно смущает церковь, чем вера в то, что Бог регулярно говорит с людьми через другие средства, помимо Писания. Иногда даже самые приятные и благонамеренные верующие усматривают слово от Бога для себя в спонтанных мыслях, посещающих, внезапных впечатлениях, голосах в голове, ярких снах или других явлениях, которые они истолковывают как прямое откровение свыше. Это пагубная разновидность мистицизма, основанная в большей степени на оккультном предсказании будущего, чем на библейских принципах различения Божьей воли. Более того, такое представление о том, как можно услышать голос Бога, очень опасно.

Как и любая другая разновидность мистицизма, стремление к новому, личному откровению от Бога коренится в ложной идее о том, что мы постигаем духовную реальность интуитивным способом. Иначе говоря, мы постигаем истину субъективно, путем самоанализа или при помощи воображения, а не объективно, посредством чтения и правильного истолкования истины Божьего Слова. На практике мистический подход серьезно подрывает авторитет Писания, поскольку частные откровения, которые якобы исходят напрямую из уст Бога и обращены к отдельным людям, всегда кажутся более личными, более конкретными, более актуальными и более современными, чем послания, написанные в прошлые века ветхозаветными пророками или новозаветными апостолами. Поэтому те, кто верит, что Бог регулярно говорит с ними таким образом, естественно, будут склонны обращать больше внимания и больше полагаться на собственные догадки, предчувствия и впечатления, чем на Библию.

Если бы в вопросе определения Божьей воли мы должны были прислушиваться к внутреннему голосу или опираться на экстрасенсорное восприятие, в Писании были бы повеления об этом и соответствующее наставление. Но в Писании нет абсолютно ничего, что указывало бы на то, что верующие должны искать Божьего водительства такими способами. Более того, закон Моисеев категорически запрещает подобные действия. Во Второзаконии 18:10 любое гадание, ясновидение и предсказание будущего связываются с обычаем ритуального жертвоприношения детей. Наказанием за ложное пророчество от имени Бога была смерть (Втор. 18:20). Таким образом, когда кто-либо заявлял, что у него есть слово от Бога, которое на самом деле было всего лишь плодом его собственного воображения, это справедливо считалось величайшей мерзостью. Неудивительно, что в Писании небрежное отношение к пророчеству как к гаданию описывается в таких мрачных тонах, ведь оно порождает много зла.

Тот факт, что Бог иногда (хотя и очень редко) говорил с некоторыми ключевыми героями Писания через сны и видения, не означает, что каждый из нас должен регулярно прислушиваться к своему внутреннему голосу в поисках Божьей истины. Однажды Бог упрекнул лжепророка через ослицу (Чис. 22:28–30). Конечно, ни один здравомыслящий человек не предложит нам слушать животных, чтобы услышать жизненно важное послание от Бога. В то же время в харизматических кругах есть прорицатели, которые учат людей определять Божьи предзнаменования и сверхъестественные знаки в поведении птиц и животных, в небесных явлениях и случайных событиях. Пожалуй, это ярчайший пример религиозного обычая, который противоречит принципам поиска истины в христианстве. В молитве за Свой народ Иисус Христос ясно показал, как христианам следует искать истину и стремиться к святости: «Освяти их истиною Твоею; слово Твое есть истина» (Ин. 17:17).

Однако харизматики не единственные, кто подвергает себя опасности, прислушиваясь к шепчущим голосам в своем разуме. Несколько лет назад среди традиционных баптистов был популярен один бестселлер, автор которого призывает верующих прислушиваться к личным откровениям от Бога. Основная идея книги в том, что христиане, которые не получают личных посланий от Бога регулярно, на самом деле не ощущают Бога так, как Он того желает.

Это опасное заблуждение только отвлекает нас от главного и в действительности никак не способствует нашему освящению или духовному росту. Более того, убежденность в том, что Бог регулярно говорит со Своим народом невнятным шепотом, подрывает нашу веру. Дело в том, что, хотя иногда наши интуитивные догадки оказываются на удивление точными, чаще всего такие «внутренние побуждения» ошибочны.

Человек, который верит, что Бог общается с людьми таким образом, в конце концов приходит к одному из двух выводов: либо голос Бога ненадежен, вводит в заблуждение и зачастую абсолютно не соответствует истине (неверный вывод), либо этот тихий шепот вообще не является голосом Бога (верный вывод).

Если вы пытаетесь разобраться в этой теме и ищете ответы на свои вопросы в Библии, вам будет полезно прочитать эту превосходную книгу, которую написал пастор Джим Осман. Он честно исследует эту тему, отвечает на основные вопросы с библейской точки зрения и пишет с кротостью и благодатью, но при этом с пронзительной ясностью. Я очень благодарен Джиму за проделанную работу и искренне хочу, чтобы его книга обрела широкую аудиторию.

Мне особенно нравится, что пастор Осман постоянно возвращает читателей к Писанию, которое является единственным верным средством услышать голос Бога. Ведь мы знаем, что в Писании «...мы имеем вернейшее пророческое слово; и вы хорошо делаете, что обращаетесь к нему, как к светильнику, сияющему в темном месте, доколе не начнет рассветать день и не взойдет утренняя звезда в сердцах ваших, зная прежде всего то, что никакого пророчества в Писании нельзя разрешить самому собою. Ибо никогда пророчество не было произносимо по воле человеческой, но изрекали его святые Божии человеки, будучи движимы Духом Святым» (2 Пет. 1:19–21).

Джон Мак-Артур,
пастор-учитель церкви «Благодать»,
Сан-Вэлли, Калифорния

БЛАГОДАРНОСТЬ

Автору книги всегда трудно писать слова благодарности. Он никогда не сможет поблагодарить и отметить всех, кто был причастен к созданию его книги. Всегда будут те, кого обделили вниманием, и те, кто чувствует себя обделенным. Я не хочу упустить никого, кто достоин благодарности. Поэтому, если вы считаете, что ваше имя заслуживает упоминания в этом разделе, впишите его сюда: я хочу поблагодарить _____. Я уверен, что не смог бы написать эту книгу без вашей помощи. Итак, я рад, что мне удалось решить эту проблему.

Хотелось бы поблагодарить нескольких человек, которые даже не подозревают, что они повлияли на меня и оказались причастными к написанию настоящей книги. Прежде всего, я признателен Филу Пауэрсу, который преподавал мне на четвертом курсе во время учебы в Библейском колледже имени Миллара. Он был первым, через кого Бог заставил меня усомниться в этой методологии, подорвавшей мою веру в достаточность Писания. Фил был терпеливым и снисходительным преподавателем, и он зародил во мне любовь к истине и уверенность в Божьем Слове, которые я сохранил на всю жизнь. Кроме того, на меня сильно повлияло ясное учение Грега Каукла по этому вопросу. Я окончательно убедился в ошибочности своих ранних убеждений после прочтения книги Гэрри Фризена «Принятие решений и Божья воля». Бог использовал этих трех человек, чтобы освободить меня от гнета суеверий и богословских представлений, основанных на субъективном опыте.

Благодаря поддержке моей поместной церкви в городе Кутеней мне в радость заниматься пасторским служением, проповедовать и писать книги. Каждую неделю меня ободряет любовь членов моей церкви к истине. Их верность Писанию вдохновляет меня. Их любовь к своим служителям помогает нам нести служение с радостью, не считая его бременем. В Теле Христовом в Кутеней много одаренных и жертвенных людей. К примеру, Томас Лео размещает наши ресурсы в интернете. Джош Комсток создал иллюстрации для настоящей книги и усердно служит нам тем, что занимается поддержкой веб-сайтов, на которых публикуется информация о служении нашей церкви. Пресвитеры, с которыми я вместе служу — Дэйв Рич, Корнел Рэйзор и Джесс Уэтсел, — настолько разгрузили мой рабочий день, что у меня есть время писать. Их дружба, общение и верность своему призванию продолжают смирять и воодушевлять меня. Они в числе моих самых близких друзей, и служить Христу вместе с ними — радость. Они пример для всех, кем они руководят и кому служат. Я постоянно молюсь, чтобы Господь даровал нам долгие годы плодотворного совместного служения. Мой секретарь Марша Уэтсел следит, чтобы на моем столе и в моей седеющей голове не накапливалось то, что будет без нужды отвлекать мое внимание. Своим тяжелым трудом она облегчает мне работу.

Джастин Питерс (justinpeters.org) уже давно вдохновлял меня написать эту книгу. Более того, он начал продвигать этот проект еще до написания самой книги. Джастин предоставил мне ценные рекомендации и источники. Его дружба по-прежнему остается большим благословением для меня. Джастин связался с Филом Джонсоном, который помог передать черновой вариант этой книги пастору Джону Мак-Артуру, и тот любезно написал предисловие к ней, несмотря на свой напряженный и плотный график. Я благодарен ему за эту услугу.

Написанием этой книги я обязан моей зрелой общине верующих, даровитым руководителям церкви, хорошим друзьям и трудолюбивому секретарю, но воплотить эту идею в жизнь мне помогли искренняя поддержка, квалифицированный редакторский труд и непоколебимая уверенность моей супруги. Ее доскональная корректура — это дело любви, за которое я никогда не смогу ее отблагодарить в достаточной мере. Она сокровище, цена которого выше жемчугов (Прит. 31:10). Ее кропотливый труд усовершенствовал мою книгу во всех отношениях! Если эта книга принесет плод, значимый для вечности, часть награды за него непременно будет принадлежать моей жене.

И последнее, но не менее важное замечание. Я благодарю моего Бога, Царя и Спасителя Иисуса Христа. Он одарил меня неисчислимыми незаслуженными благословениями. Он спас меня, избавил от заблуждения, освятил Своим Словом и навсегда даровал мне доступ к Своей вечной радости и славе. Ему, блаженному и единому сильному Царю царствующих и Господу господствующих, Единому имеющему бессмертие, Который обитает в неприступном свете, слава ныне и во веки веков! Аминь. Только Богу да будет слава (Soli Deo Gloria)!

ПРЕДИСЛОВИЕ АВТОРА

Эта книга должна была стать моей первой. В итоге она стала четвертой.

В 2014 году я решил написать книгу, чтобы собрать средства для строительства здания нашей церкви. В то время мы проводили воскресные служения в школьной столовой, пока собирали деньги на строительство нового церковного здания. Я сказал своей жене, что могу переработать серию статей под названием «Что значит „слышать голос Бога"», которые я написал для информационного бюллетеня нашей церкви, и положить их в основу новой книги. Эта серия статей стала наиболее часто скачиваемым ресурсом на сайте нашей церкви (kootenaichurch.org). С самого первого упоминания об этом моя жена Дидре была горячим сторонником этой идеи.

Пока я писал серию статей, посвященных библейскому учению о духовной войне, я начал редактировать статьи о голосе Бога, подготавливая их к публикации. Однако вскоре понял, что проповедовать раз в неделю, писать статью о духовной войне раз в месяц и писать книгу по третьей теме — это слишком большая нагрузка для моего ограниченного ума. Я отложил проект книги о голосе Бога, чтобы закончить серию статей о духовной войне. В процессе работы над статьями я решил написать книгу на эту тему[1].

Время от времени я возвращался к статьям о голосе Бога, но затем каждый раз откладывал их и занимался другими

---

[1] Jim Osman, *Truth or Territory: A Biblical Approach to Spiritual Warfare* (Kootenai: Kootenai Community Church Publishing, 2015).

писательскими проектами. Когда я наконец стал пересматривать статьи, меня разочаровало их содержание и качество. Они были совсем не такие удачные, как мне казалось. Тогда я начал вычитывать, изучать и дорабатывать имеющийся материал, и это заняло у меня почти два года. Настоящая книга представляет собой результат полной переработки исходного текста.

Долгое время у этой книги не было названия. Мы с Дидре называли ее «Книгой о голосе Бога». Однажды вечером я сел за кухонный стол, чтобы проверить почту. Мой старший сын сидел на другом конце стола и доедал хлопья. Я взял последний каталог книжного магазина и на первой странице увидел рекламу последней книги Марка Баттерсона «Шепот: как услышать голос Бога».

— Думаю, мне придется купить и эту книгу, — сказал я.

Мой сын оторвал взгляд от тарелки с хлопьями и с любопытством посмотрел в мою сторону.

— Это еще одна книга, автор которой утверждает, что научит нас слышать Бога, — сказал я, недоверчиво покачивая головой. — Послушай аннотацию к этой книге: «Бог говорит с нами и сегодня. Он дает услышать Его голос и ощутить Его водительство не только святым и пророкам прошлого, но и современным последователям Христа. Автор книги „Шепот: как услышать голос Бога“ Марк Баттерсон рассказывает о том, что Бог говорит со Своими последователями семью способами, когда они перестают слушать Его. С помощью таких инструментов, как Писание, открытые двери, сны, люди, побуждения и боль, Бог каждый день приносит в нашу жизнь любовь, ободрение и понимание».

— Подожди… люди действительно в это верят? — спросил он. — Можно посмотреть?

Я протянул ему каталог через стол.

— Да, к сожалению, люди в это верят. Бог не шепчет! — сказал я решительно. — Постой! Это и будет название моей книги! — заявил я. — Бог не шепчет.

Через пару месяцев я начал писать. Когда я просматривал папку со статьями, рецензиями на книги и заметками, которые собирал по этой теме многие годы, я нашел серию из трех статей под названием «Шепчет ли Бог?», написанных Грегом Кауклом, спикером служения «Испытано истиной». Я распечатал эти статьи, отложил их на будущее и забыл, как они называются. Сходство между названием настоящей книги и названием серии статей Каукла не означает, что это умышленный акт плагиата. Скорее наоборот, это косвенное указание на то, что служение Каукла сильно повлияло на мою жизнь.

Далее на страницах настоящей книги я постарался указать мои источники информации, где это необходимо. Особенно полезными для меня оказались труды Грега Каукла и Гэрри Фризена по этой теме. Иногда я не понимаю, где высказываю их мысли, а где — свои. За все эти годы я усвоил многие из их примеров и позаимствовал у них некоторые формулировки. Они начали писать и высказываться на эту тему раньше меня, поэтому, если я не указал в сносках какую-либо мысль, которая напоминает их мысли, это связано с тем, что я забыл, где это услышал, или мои убеждения по этому вопросу настолько совпадают с их убеждениями, что я случайно подобрал те же слова.

Я намерен убедить вас, что Бог не шепчет. Более того, я надеюсь, что вы увидите, что такое представление о Боге совершенно недостойно Его. Я молюсь, чтобы Господь использовал эту книгу для того, чтобы распространять Свою истину, возвеличивать Свое имя и ободрять Свой народ в Его Слове. Soli Deo Gloria!

Джим Осман,
Кутеней, штат Айдахо,
июнь 2020 г.

ЧАСТЬ 1
ВВЕДЕНИЕ

ГЛАВА 1
КРИЗИС СТУДЕНЧЕСКИХ ЛЕТ

В этой книге я опровергаю учение, которого когда-то твердо придерживался. Было время, когда я безоговорочно принимал принципы и богословскую позицию, которые подвергаю критике на страницах этой книги. Я полагал, что христиане могут и должны учиться слышать голос Бога, чтобы получать Божье водительство в принятии решений. Я считал, что признаком зрелости (или духовности) служит способность распознавать голос Бога в знамениях, впечатлениях и обстоятельствах, которую мы должны старательно культивировать в себе.

Я знал, что Писание не содержит особых указаний лично для меня, Джима. В Библии нет отдельной «книги для Джима», в которой бы были конкретные повеления для меня, специально для меня, о том, где мне жить, на ком жениться, какую профессию выбрать, в какую церковь ходить или какой дом купить. Эти решения, как и многие другие, сильно влияют на нашу жизнь. Я полагал, что христианин не может повиноваться Богу, если он не умеет распознавать Божье водительство за пределами Писания.

Это убеждение не было основано на тщательном изучении Писания. Я перенял эту идею у других. У меня был друг, который поспособствовал моему обращению ко Христу. Он говорил, что надо «расстилать руно» перед Богом, чтобы получать Божье водительство в принятии решений. Другие мои друзья рассказывали, что Бог давал им «знамения», открывая Свою волю в ответ на молитву. Я усердно старался выработать в себе умение слышать голос Бога. Я не мог представить, как можно вести благочестивую христианскую жизнь и быть послушным Богу, не имея этой способности. Но уже на ранних этапах своей христианской жизни я пережил кризис, который заставил меня усомниться в истинности этого учения. Я стал изучать мировоззрение, лежащее в основе учения о необходимости слышать голос Бога, и тщательно анализировать все предпосылки, которых безоговорочно придерживался.

Я задался вопросом: «Есть ли в Библии учение о том, что верующие должны культивировать в себе способность слышать голос Бога во внешних знамениях и внутренних голосах?» Я исследовал Писание и изучил все способы, посредством которых, как я считал, Бог говорил со Своим народом. Найденные ответы освободили меня от этого учения, которое я сейчас считаю суеверным и обременительным представлением о Божьем водительстве и частном откровении.

Какой же кризис вызвал такой сдвиг парадигмы? Неизлечимая болезнь? Смерть близкого человека? Обстоятельства, угрожающие моей жизни? Нет. Со мной не произошло ничего столь травматичного. Когда я анализирую свое прошлое, это происшествие мне кажется таким незначительным и глупым.

ОСТАТЬСЯ ИЛИ УЙТИ?

После двенадцати лет невообразимых мучений в девятом круге ада (который принято описывать эвфемизмом «государственная школа») я наконец-то достиг цели всей своей жизни: наконец-то я окончил школу. Я хотел поступить в светский университет после того, как проучусь год в Библейском колледже имени Миллара, маленьком неденоминационном колледже в южной части Саскачевана. Когда я впервые приехал в студенческий городок этого колледжа, у меня не было намерения оставаться здесь дольше года. Я совсем не планировал заниматься полновременным служением. И решил пройти годичный курс обучения в библейском колледже только для того, чтобы получить духовное основание, которое бы позволило мне заниматься другими делами во славу Бога.

Когда первый год обучения подошел к концу, я столкнулся с самым трудным решением в своей жизни. Что мне делать: уйти из библейского колледжа спустя всего лишь год и пойти учиться на бухгалтера или остаться еще на год? На карту было поставлено многое. Дома у меня остались друзья и родственники, которые требовали, чтобы я «прекратил заниматься глупостями», бросил библейский колледж и получил профессию. А мои друзья из колледжа хотели, чтобы я вернулся и проучился с ними еще один год.

Это решение должно было определить дальнейший ход моей жизни. Я получил сертификат о прохождении годичного курса по изучению Библии, который дал мне духовное и доктринальное основание. Это время не было потрачено зря. Наоборот, учеба принесла огромную духовную пользу. После года обучения в колледже во мне пробудилась неутолимая жажда новых знаний. Однако, несмотря на то, что я жаждал знаний, я не видел себя в полновременном христианском служении. В свете этого мне казалось, что продолжать обучение вовсе не обязательно и даже, возможно, глупо. На тот момент я даже не рассматривал перспективу пасторского служения в церкви. Я просто хотел учиться.

Если я соглашался остаться на второй год обучения в колледже имени Миллара, это значило, что я автоматически соглашаюсь остаться и на третий год. В этом вопросе не было золотой середины. Я мог либо забрать сертификат о завершении годичного курса, либо согласиться пройти полный курс и получить диплом о трехгодичном обучении.

Для девятнадцатилетнего парня это было непростое решение. Если я решаю пройти трехгодичный курс обучения в библейском колледже, мне придется отложить свою мечту поступить в светский университет, чтобы получить диплом бухгалтера. И наоборот, если я решаю пойти учиться на бухгалтера, мне будет достаточно и одного года обучения в библейском колледже. То есть мне придется пожертвовать личными целями ради того, чтобы удовлетворить свои духовные искания. От этого решения зависело все мое будущее!

В то время я полагал, что если приму неверное решение, то нарушу Божью волю и навсегда буду обречен на «второсортную жизнь». У меня была только одна возможность, и я не хотел бы в конечном итоге получить «второсортную» профессию, «второсортное» образование или «второсортную» жену. Я был уверен, что меня постоянно будет мучить осознание того, что Бог дал мне единственный шанс исполнить Его волю, а я его упустил! Что будет, если я приму неправильное решение в самом серьезном и важном вопросе моей жизни на данный момент? Захочет ли Бог когда-нибудь дать мне еще один шанс? Кроме того, меня преследовал страх, что Бог накажет меня за нарушение Его воли. Я сжимался от страха при мысли, что Бог может наказать меня за то, что я не смог распознать знамения от Него и различить Его волю.

Дело усложнялось тем, что руководство библейского колледжа предложило скидку тем, кто решит продолжить обучение до конца текущего года. Что это было — знамение от Бога или грамотный маркетинг руководства колледжа? Это было знамение от Бога или ловушка дьявола, который подталкивал меня к неправильному решению? Может, это была уловка лукавого, чтобы увлечь меня в сторону от совершенной Божьей воли под предлогом «мудрого управления ресурсами»? Как это определить?

Хотя я был не единственным студентом, который столкнулся с таким выбором, похоже, я оказался единственным, у кого не было ясности по поводу того, как поступить. Остальные студенты приняли решение без особых колебаний. Кто-то решил, что продолжит обучение. А кто-то твердо знал, что будет учиться здесь только один год. Я слышал, как мои одногруппники говорили: «Господь сказал мне, что я должен остаться здесь еще на год» или «Господь не побуждает меня продолжить обучение». Мне нужно было такое четкое указание. Мне нужно было, чтобы Господь открыл Свою волю в ясном личном откровении, и именно об этом я молился.

«Господь, если Ты хочешь, чтобы я остался еще на год, покажи мне это. Я не хочу принять неправильное решение. От этого зависит мое будущее. Мне просто нужно, чтобы Ты проговорил и ответил мне. Мне нужно знамение. Пожалуйста, дай ясное указание, знамение Твоей воли для меня в этой ситуации. Я слушаю Тебя».

Я жаждал услышать от Бога четкое повеление. Я старался не упустить ни одного намека или знака, которые бы могли исходить от Бога. Но ничего не почувствовал.

«Господи, учебный год уже почти закончился. Мне нужно, чтобы Ты сказал что-нибудь. Пошли мне Свою весть: знак или сильное побуждение поступить так или иначе. Прошепчи, пожалуйста!»

Но я не получал ответа. Я все больше и больше разочаровывался. Почему Господь ничего не говорил мне? Мои однокурсники слышали голос Бога. Очевидно, Его присутствие в их жизни было более реальным, чем в моей. Я пытался понять, почему.

«Наверное, это потому, что я совсем недолго в вере», — рассуждал я. Мои товарищи по колледжу в основном происходили из христианских семей и всю жизнь посещали церковь. В отличие от большинства из них, я обратился к Богу всего лишь четыре года назад. Возможно, я был верующим недостаточно долго, чтобы научиться слышать Божий голос.

Возможно, я просто был недостаточно «духовным». Меня начали одолевать сомнения, которые приводили к еще большему разочарованию. Обладал ли я полнотой Духа? Почему Божий Дух не говорил со мной, Божьим дитем? Вероятно, я был недостаточно близок к Богу. Я молился, но, возможно, делал это недостаточно усердно, недостаточно часто, недостаточно горячо или даже недостаточно долго. Возможно, я говорил не то, что надо, и задавал неправильные вопросы. А может, я недостаточно верно служил Господу. А что, если Бог напрямую обращается только к Своим «великим служителям»? Если так, то в каком я положении перед Богом?

В конце концов я стал сомневаться, что я Божье дитя. Почему другие «слышали голос Бога», а я получал только молчание в ответ на свои молитвы? Почему другие распознавали намеки, которые давал Бог, а я совсем не слышал Его голоса? Я вспомнил обетование Христа из Евангелия от Иоанна 10:27 о том, что Его овцы будут слышать Его голос. По всей видимости, другие слышали Божий голос, а я нет.

Казалось бы, Писание изобилует примерами верующих, которые слышали голос Бога: Ной, Авраам, Исаак, Иаков, Моисей, Иисус Навин, Давид, Соломон, Даниил, Петр, Павел, Корнилий и бесчисленное множество других. Разве Бог не мог нарушить Свое молчание хотя бы на мгновение, чтобы сделать для меня то, что Он делал для многих других?

Я утешал себя тем, что, возможно, недостаточно хорошо знаю Библию, чтобы слышать голос Бога. Возможно, мне нужно возрасти в познании и зрелости, и только тогда я смогу применить к себе обетование из Иоанна 10:27. Я не был таким наставленным и зрелым в вере, как многие мои однокурсники. Я отставал от своих сверстников на много световых лет. Многие из них с детства были в церкви, а некоторые даже были детьми сотрудников колледжа. Возможно, моя проблема заключалась в недостатке знаний.

Я пытался оправдать Бога.

«Господь, если Ты хочешь, чтобы я остался в колледже еще на год, дай мне знак. Если Ты хочешь, чтобы я продолжил учебу, сделай так, чтобы нашлись деньги на оплату всего второго года моего обучения. Тогда я буду знать, что это Твоя воля. Это будет явный знак, который убедит моих друзей и родственников в том, что Ты сверхъестественным образом направляешь меня в принятии этого решения. Пожалуйста, сделай для меня то, что Ты сделал для Гедеона. Пожалуйста, дай мне знак. Аминь».

Шли дни, но ничего не происходило. Возможно, моя просьба была слишком амбициозной. Я решил попросить у Бога чего-то более реалистичного.

«Хорошо, Господь, просто предоставь мне оплату за полгода обучения. Сделай так, чтобы кто-нибудь оплатил обучение во время первого семестра. Я восприму это как знак того, что Ты хочешь, чтобы я продолжил здесь учиться».

Шли дни, но ничего не происходило.

«Господи, если кто-то пришлет мне деньги на оплату моих учебников за второй год обучения, я пойму, что это Твоя воля. Я уже не прошу об оплате всего обучения. Все, чего я прошу, — это деньги на учебники». Внезапно я почувствовал себя не Гедеоном с руном, а Авраамом, который ведет переговоры с Богом о спасении города.

И снова ничего.

Я был в отчаянии. Я хотел остаться в колледже еще на год, но Бог не говорил мне, чего Он от меня хочет! Почему Бог молчит? Разве Он не любит меня? Разве Он не интересуется моим будущим? Разве Он не знает, насколько важно это решение? Разве Бог, Который создал Вселенную, не мог сказать мне хотя бы одно словечко, прошептать мне что-нибудь, подтолкнуть меня... сделать ХОТЯ БЫ ЧТО-ТО? Я как никогда раньше нуждался в конкретном указании, ясном водительстве от Бога. Почему я не слышу Бога, а все мои друзья, казалось, получают личное откровение от Него? Наверное, со мной что-то не так!

НЕЗНАЧИТЕЛЬНЫЙ ВОПРОС

Мне, новообращенному верующему, этот кризис в студенческие годы казался очень серьезным. Я думал, что просил у Бога чего-то очень простого. Мне всего лишь нужен был знак. Я не просил Бога подсказать мне, какой из множества вариантов выбрать. Я предложил Ему только два. Мне казалось, что это достаточно скромная просьба. Я не просил явить мне горящий куст, столп дыма или какое-то чудесное знамение.

Я молился, всматривался и вслушивался во все вокруг. Я держал ухо востро и пытался уловить любой намек или указание, которые бы могли исходить от Бога. Разве Богу всей Вселенной трудно бросить несколько хлебных крошек, чтобы указать мне путь? Даже если я невежда и духовно незрелый человек, почему Бог не может ясно общаться со мной? Почему моя недостаточная проницательность так сильно мешает мне слышать Его голос? Разве Бог не способен донести Свое слово даже до тех, кто не умеет прислушиваться к Его голосу?

Я не мог поверить, что Бог не может общаться с людьми, когда это необходимо. Похоже, проблема была не во мне. Очевидно, я очень сильно хотел услышать Бога. Я желал этого всем сердцем. Я всецело жаждал ясного водительства от Бога. Я пытался анализировать каждую мысль, чувство, догадку, побуждение и стремление, которые появлялись в моем обеспокоенном разуме. Я исследовал каждое событие, обстоятельство и все, происходящее вокруг меня, пытаясь увидеть в них ясный знак Божьей воли.

Я начал рассуждать: «Если дело не в том, что Бог недостаточно силен, чтобы проговорить ко мне, и не в том, что я недостаточно желаю Его услышать, то, возможно, проблема в другом. Скорее всего, это я не понимаю, как Бог общается со Своим народом». Может, я ожидаю от Бога того, чего Он не обещал? На самом ли деле мне нужно знамение или откровение, чтобы узнать и исполнить Божью волю? Нужна ли мне информация, не открытая в Писании?

Среди студентов бытовало мнение, что нужно прислушиваться к Богу и учиться слушать Его голос. Я считал, что все разговоры о том, что Бог направляет людей, нашептывая им что-то, побуждая их и посылая им впечатления, основаны на Библии. Я принимал это без всякого сомнения. Зрелые христиане говорили так, как будто Бог лично шептал им на ухо указания. Я думал, что у меня нет таких близких отношений с Богом из-за недостатка благочестия и зрелости.

Я полагал, что достижение такого уровня духовной зрелости было лишь вопросом времени. Я ожидал, что совсем скоро тоже поднатарею в истолковании знамений и слышании голоса Бога. Со временем я смогу принимать решения с уверенностью, что меня направляет Божий голос.

НЕХАРИЗМАТИЧЕСКОЕ УЧЕНИЕ

Этот взгляд на то, как мы слышим голос Бога, был распространен не только в одном нашем маленьком библейском колледже в 1990-х годах. Это мнение преобладает в современных евангелических кругах. Я очень часто встречаю верующих, которые принимают решения, основываясь на субъективных впечатлениях, знамениях или словах, которые им говорит тихий голос в их голове. Рискну предположить, что более 80 процентов христиан «нехаризматических»[2] направлений верят, что Бог и сегодня говорит с людьми вне Писания. Возможно, мои подсчеты крайне консервативны.

Если вы введете в поисковой строке запрос «как услышать голос Бога», вы найдете множество ссылок на различные субъективные учения по этому вопросу, которых придерживаются представители разных направлений христианства. В интернет-магазине Amazon вы обнаружите огромный выбор книг, написанных специально для того, чтобы научить вас слышать Бога и различать Его голос. Понятие «частного откровения» больше не считается уродливым богословским детищем харизматического движения. Это понятие прочно утвердилось в евангелических кругах и было тепло принято в церквях, которые традиционно считались нехаризматическими.

Представители харизматических и пятидесятнических кругов исповедуют учение о продолжающемся личном откровении. Они верят, что Бог говорит к нам и сегодня через современных пророков. Они утверждают, что каждый верующий может услышать голос Бога в свой адрес. Подобным образом, члены движений «Слово веры» и «Новая апостольская реформация» (НАР) утверждают, что Бог посылает апостолов и пророков, которые говорят с той же властью, ясностью и точностью, что и Писание. Представители

---

[2] Я взял слово «нехаризматических» в кавычки, потому что, хотя эти люди и заявляют, что не принадлежат к нехаризматическому движению, они придерживаются центрального харизматического учения — учения о современном откровении.

движения «Новая апостольская реформация» заявляют, что Бог взращивает новое поколение апостолов, наделенных властью и чудотворной силой, чтобы установить Свое Царство на этой земле [3].

В вашем местном книжном магазине, скорее всего, есть много книг, написанных нехаризматическими пасторами нехаризматических церквей, учившимися в нехаризматических колледжах и семинариях, но при этом призывающими нас прислушиваться к голосу Бога вне Писания. Никто не стал бы обвинять Чарльза Стэнли в харизматии, но именно он написал книгу «Как слушать Бога». Его авторству принадлежит множество статей, видеолекций, книг и проповедей на эту тему. Издательство «Зондерван» опубликовало книгу «Сила шепота», которая написана еще одним нехаризматическим пастором Биллом Хайбелсом. Присцилла Ширер, дочь популярного проповедника Тони Эванса, написала большое количество книг о том, как услышать голос Бога. Среди них книги «Он говорит со мной» и «Как различить голос Бога». На сайте Присциллы Ширер представлено множество ресурсов, цель которых — научить христиан слышать Божий голос различными способами. Между прочим, Присцилла Ширер — выпускница нехаризматической Далласской богословской семинарии.

Естественно было бы ожидать, что члены Южной баптистской конвенции, а также связанных с ней церквей и миссий

---

[3] Блестящий критический анализ деятельности и учения этих харизматических движений предлагает Джастин Питерс, о служении которого можно прочитать на его сайте: justinpeters.org. Настоятельно рекомендую посмотреть серию видеосеминаров Питерса «Облака без воды» (*Clouds Without Water*). Я также рекомендую прочитать книгу Кости Хинна и Энтони Вуда «Определение обмана» (Costi Hinn, Anthony Wood, *Defining Deception*, Southern California Seminary Press, 2018).

будут отвергать учение о частном откровении, но книга Генри Блэкаби «Познание Бога» широко распространена в баптистских кругах. Один только Блэкаби поспособствовал продвижению учения о необходимости слышать голос Бога больше, чем любой другой современный нехаризматический автор. Это связано в первую очередь с тем, что его сочинения начали стремительно распространять представители Южной баптистской конвенции, миссия «Лайфвей», а также множество баптистских пасторов по всей стране. Следуя по стопам Блэкаби, это учение также популяризирует Бет Мур, которая повсеместно выступает в южно-баптистских цессационистских кругах, постоянно развлекая аудиторию рассказами о своих новых откровениях от Бога. Эти идеи стремительно проникают в нехаризматические круги и прочно укореняются в них.

Является ли это богословие библейским? На страницах настоящей книги я попытаюсь ответить на этот вопрос. Я буду критически рассматривать учение тех авторов, которые пропагандируют практические и богословские принципы учения о необходимости слышать голос Бога. Мы сопоставим эти принципы с Писанием, чтобы определить, учит ли Библия, что христианам следует ожидать регулярного личного откровения от Бога вне Писания.

РЕШЕНИЕ ВЕРНУТЬСЯ В КОЛЛЕДЖ

Чем же закончился мой студенческий кризис? Услышал ли я в конце концов голос Пастыря? Нет. В итоге я сделал то, чего больше всего хотел. Я хотел вернуться в колледж и продолжить изучать Писание и богословие. Если вы еще не догадались, я так и не стал бухгалтером, так и не поступил в светский университет. Я вернулся в библейский колледж на второй и третий год обучения без намерения заниматься христианским служением на постоянной основе. Окончив третий курс, я женился на своей красавице невесте, взял академический отпуск на год, а затем записался на только что открывшуюся программу стажировки четвертого года обучения.

Я принял все эти решения, как и тысячи других, не пытаясь культивировать в себе способность слышать «тихий, нежный голос». Я живу по вере во Христа каждый день и наслаждаюсь сладостным общением с Ним через Его Слово. Я не слушаю шепот. Я узнал, что Бог не шепчет.

ГЛАВА 2
ОБЩЕПРИНЯТЫЙ ПОРЯДОК

У протестантов есть свой вариант «сложившейся традиции». Традиции, которые передаются из поколения в поколение, от учителя к ученику, нелегко искоренить из обихода христианской субкультуры, жизни церкви или практической жизни верующих. Старые традиции становятся «ортодоксальными», а оспаривать их равносильно распространению ереси в глазах их яростных защитников.

Бог заповедует нам «все испытывать» (1 Фес. 5:21) по примеру верийцев, которых Лука похвалил за то, что они «...приняли слово со всем усердием, ежедневно разбирая Писания, точно ли это так» (Деян. 17:11). Каждый верующий должен согласовывать свое мышление, богословие и практическую жизнь с учением Писания. Это невозможно, если мы принимаем как догму принципы, не имеющие никакого основания в Писании.

Я прошу вас, дорогие читатели, быть готовыми изучать методологию, которая укоренилась в современном евангельском христианстве более прочно, чем даже учение Писания. Она настолько глубоко проникла в язык, проповедь и практическую жизнь современных христиан, что многие верующие не могут представить без нее свою христианскую жизнь.

Что это за учение? Это учение о необходимости слышать голос Бога.

Перед тем, как подвергнуть этот подход критическому анализу, чему мы посвятим последующие главы, необходимо понять богословские идеи, которые продвигают его приверженцы.

ОБЩИЕ ПРИНЦИПЫ ЭТОГО УЧЕНИЯ

Говоря в общем, я критически рассматриваю учение о том, что сегодня Бог говорит со Своим народом вне Писания. Это учение, в основе которого лежат такие понятия, как «слышание голоса Бога», «слушание голоса Бога» или «получение внебиблейского откровения», предполагает, что верующие должны стремиться услышать голос Бога вне Писания.

Сторонники этого учения исходят из следующих принципов:

1. Бог общается с людьми, поэтому сегодня Он говорит со Своим народом так же, как и в библейские времена.

2. Бог хочет и считает нужным общаться со Своим народом, чтобы направлять верующих в повседневной жизни.

3. Христианам следует ожидать, что Бог будет разговаривать с ними.

4. Христиане должны учиться прислушиваться к тихому, нежному голосу, подготавливая свое сердце к тому, чтобы слушать Бога.

5. Нам необходимо слышать голос Бога вне Писания, чтобы иметь личные, живые и близкие отношения с Ним.
6. Если христианин неспособен слышать голос Бога, он не может познавать и исполнять Его волю.

В этом суть учения о необходимости слышать голос Бога.

ДЕЙСТВИТЕЛЬНО ЛИ СТОРОННИКИ ЭТОГО УЧЕНИЯ ПРОПОВЕДУЮТ ТАКИЕ ПРИНЦИПЫ?

В последующих главах мы более подробно рассмотрим эти утверждения. Ниже я вкратце поясняю, как эти шесть принципов отражаются в книгах христианских авторов, которые призывают слушать голос Бога.

1. Бог общается с людьми, поэтому сегодня Он говорит со Своим народом так же, как и в библейские времена.

В книге «Как слушать Бога» Чарльз Стэнли пишет:

> Мне кажется, что самое ценное, чему можно научиться в жизни, это умение слушать Бога. <...> Священное Писание ясно говорит о том, что и сегодня Слово Божье столь же действенно, как и во времена написания Библии. Бог желает, чтобы люди услышали Его голос, ибо слушая Бога и следуя Его воле, мы обретаем жизнь полную величайших, невообразимо увлекательных, таинственных и волнующих событий [4].

---

[4]   Стэнли Ч. Как слушать Бога. М.: Прикосновение, 2002. С. 8. (Здесь и далее орфография и пунктуация в цитатах из русскоязычных изданий сохранены. — *Прим. ред.*)

Приводя доводы в подтверждение мысли о том, что Бог всееще говорит с верующими напрямую, Стэнли заявляет: «Первая и основная причина состоит в том, что Бог любит нас также, как любил Свой народ во времена Ветхого и Нового Заветов»[5].

Представитель Южно-баптистской конвенции Генри Блэкаби пишет:

> Самый очевидный факт, который следует из прочтения Библии, — это истина о том, что Бог обращается к Своему народу. Он говорил с Адамом и Евой в Эдемском саду в Бытии. Он говорил с Авраамом и другими патриархами. Бог говорил с судьями, царями и пророками. Бог был во Христе Иисусе, когда Тот разговаривал с учениками. Бог говорил с ранней церковью, а также с Иоанном на острове Патмос в Откровении. Бог на самом деле общается со Своим народом, и вы можете ожидать, что Он будет общаться и с вами[6].

2. Бог хочет и считает нужным общаться со Своим народом, чтобы направлять верующих в повседневной жизни.

Стэнли также высказывает мнение о том, что у нас есть «…потребность в ясном и целенаправленном Божьем руководстве нашей жизнью. Божье водительство нужно нам так же, как в свое время в нем нуждались Иисус Навин, Моисей, Иаков, Ной». Далее Стэнли пишет: «Мы — дети Божьи и нам нужно знать Его волю, чтобы принимать правильные

---

5   Там же, 9.

6   Henry T. Blackaby, and Claude V. King, *Experiencing God: How to Live the Full Adventure of Knowing and Doing the Will of God* (Nashville: Broadman & Holman Publishers, 1994), 83.

решения. Бог желает, чтобы мы сделали правильный выбор. Ему Одному известно истинное положение вещей, и поэтому Он желает говорить с нами»[7].

Учителя, призывающие слушать голос Бога, полагают, что мы непременно должны получать указания от Него в повседневной жизни. Присцилла Ширер пишет: «Мы обязательно должны находить время, повод и возможность слушать Бога, если желаем испытать обличение Его Духа, получить подробные указания от Него и распознать Его личное водительство»[8]. Далее Ширер заявляет: «Наша жизнь — это постоянно меняющийся перечень тесно переплетенных личных вопросов, в решении которых каждому из нас необходимо Божье водительство, чтобы хорошо ориентироваться в них»[9].

Генри Блэкаби утверждает, что, если мы будем пытаться продвигаться вперед в служении людям и Богу без такого внебиблейского водительства, это может обернуться катастрофой: «Ваша задача — ждать, пока Господин даст вам указания. Если вы начнете „действовать" до того, как получите указание от Бога, вероятнее всего, вы ошибетесь»[10].

3. Христианам следует ожидать, что Бог будет разговаривать с ними.

Проповедники, которые призывают слушать голос Бога, утверждают, что христиане должны ожидать, что будут слышать голос Бога вне Писания. Даллас Виллард заявляет:

---

[7] Стэнли Ч. Как слушать Бога. М.: Прикосновение, 2002. С. 9.

[8] Priscilla Shirer, *Discerning the Voice of God: How to Recognize When God Is Speaking* (Chicago: Moody Publishers, 2012), 18.

[9] Там же, 20.

[10] Blackaby and King, *Experiencing God*, 89.

«Таким образом, к нашему списку следует добавить еще один пункт: общение. Когда это нужно, Бог непосредственно обращается к каждому — чего и следует ожидать во взаимоотношениях между теми, кто знает и любит друг друга, и делает общее дело»[11]. По словам Вилларда, эти взаимоотношения предполагают «общение». Он пишет: «Напротив, из откровения Бога во Христе разумно ожидать, что если Бог желает что-то сообщить нам, Он может и хочет сделать это просто и ясно — если только мы готовы слушать и повиноваться»[12].

4. Христиане должны учиться прислушиваться к тихому, нежному голосу, подготавливая свое сердце к тому, чтобы слушать Бога.

Чарльз Стэнли пишет: «Мне кажется, что самое ценное, чему можно научиться в жизни, это умение слушать Бога»[13]. Приводя пример Илия и Самуила (1 Цар. 3), Стэнли пишет: «Илий научил Самуила слушать Бога. И если сегодня мы хотим быть Божьим народом, нам тоже нужно научиться слушать и понимать то, что нам говорит Бог»[14]. Если бы Стэнли имел в виду необходимость изучения Писания, то есть библейских доктрин и принципов, вряд ли можно было

---

[11] Виллард Д. Слышать Бога. М.: Триада, 2023. С. 58.

[12] Там же, 250. Я согласен, что Бог может говорить «ясно». Однако ясное слово Бога — это не то же самое, что «голос Божий», о котором говорит Виллард. В догадках и смутных впечатлениях, требующих подтверждения, нет ничего прямого и ясного. Обратите внимание, что Виллард ограничивает силу Бога: «...если только мы готовы слушать и повиноваться». Что это за бог, который действует только в тех, кто открыт и подготовлен? Бог, которого проповедуют приверженцы учения о необходимости слышать Божий голос, не сможет проговорить к нам ясно или быть услышанным, если мы не восприимчивы к его голосу.

[13] Стэнли Ч. Как слушать Бога. М.: Прикосновение, 2002. С. 8.

[14] Там же, 76.

бы возразить. Однако Стэнли имеет в виду, что мы должны учиться распознавать голос Бога вне Писания, во впечатлениях и обстоятельствах [15].

Подобным образом, Генри Блэкаби призывает нас «учиться» слышать Бога. Он пишет: «Бог хочет иметь с вами близкие отношения. Он хочет, чтобы вы полагались только на Него, когда ждете слова от Него. Он хочет, чтобы вы научились слышать Его голос и познавать Его волю» [16]. Блэкаби утверждает, что Бог «всегда говорил со Своим народом». Он пишет: «Вы учитесь узнавать голос Бога в контексте близких любовных отношений, которые Он инициировал» [17].

5. Нам необходимо слышать голос Бога вне Писания, чтобы иметь личные, живые и близкие отношения с Ним.

Блэкаби утверждает, что способность слышать Бога — это нормальный и естественный элемент близких отношений между Богом и нами. Блэкаби заявляет:

> Близкие любовные отношения с Богом — это главное условие для того, чтобы различать Божий голос и слышать, когда Он говорит. Вы учитесь узнавать Его голос по мере того, как познаете Его в любовных отношениях. Когда Бог будет говорить, а вы будете отвечать, постепенно вы станете узнавать

---

15 Там же, 10–18. Стэнли проводит различие между тем, как Бог говорил в Библии, и тем, как Бог якобы говорит сегодня. В разделе «Как говорил Бог во времена Ветхого и Нового Заветов» Стэнли упоминает прямое откровение, сны и видения, письменное слово, пророчества, обстоятельства, а также слова ангелов и Святого Духа. А в разделе «Как говорит Бог в наше время» Стэнли перечисляет четыре способа: Писание, Святой Дух, другие люди и обстоятельства.

16 Blackaby and King, *Experiencing God*, 90.

17 Там же, 96.

Его голос все более четко. <…> Но ничто не заменит близких отношений с Богом [18].

Позже он пишет: «Однако это не главный способ узнать голос Бога. Вы учитесь узнавать голос Бога в контексте близких любовных отношений, которые Он инициировал» [19]. Блэкаби не имеет в виду Писание, когда говорит: «Божьи откровения предназначены для того, чтобы привести вас к любовным отношениям с Ним» [20].

Виллард заявляет, что мы можем «…двигаться дальше, на собственном опыте постигая особое качество, дух и содержание Божьего голоса» [21]. Именно тогда верующий человек «…научится узнавать и понимать этот голос; пусть это понимание и не будет безошибочным, но он сумеет различать голос Бога так же ясно и точно, как различает голоса близких людей» [22].

Ни один христианин не станет оспаривать, что нам необходимо иметь динамичные и близкие любовные отношения с Господом. Однако я не согласен с заявлением о том, что такие отношения невозможны без регулярного общения с Богом вне Писания. Приведенные выше цитаты показывают, насколько важным считают этот навык те, кто пропагандирует эту точку зрения.

Присцилла Ширер утверждает, что такое божественное откровение является результатом наших отношений с Богом: «Когда мы обретаем позиционную святость, мы становимся

---

18   Там же, 88.
19   Там же, 96.
20   Там же, 97.
21   Виллард Д. Слышать Бога. М.: Триада, 2023. С. 220.
22   Там же.

членами Божьей семьи. Бог будет говорить с нами в контексте этих отношений»[23].

Чарльз Стэнли пишет:

> Если наши отношения с Богом носят односторонний характер и подобны путешествию в один конец, если между нами и Иисусом Христом нет диалога, нет общения, значит нет и истинных взаимоотношений, ибо взаимоотношения ничего не стоят, если говорит только одна сторона, а другая лишь слушает. Бог говорит нам сегодня, потому что Он желает установить взаимоотношения полные любви, а такие отношения подразумевают диалог[24].

Проповедники учения о необходимости слышать голос Бога утверждают, что «диалог» — это основа христианской жизни. Блэкаби заявляет: «Одно из важнейших условий для понимания Бога и переживания Его присутствия — это четкое понимание того, когда Бог говорит. Если христианин не знает, когда говорит Бог, у него проблемы с самим основанием его христианской жизни!»[25]

6. Если христианин неспособен слышать голос Бога, он не может познавать и исполнять Его волю.

Блэкаби смело заявляет: «Бог по-прежнему обращается к Своему народу. Если вы не слышите, как говорит Бог, значит, у вас проблемы с самим основанием вашей христианской

---

[23] Priscilla Shirer, *He Speaks to Me: Preparing to Hear from God* (Chicago: Moody Publishers, 2006), 92.

[24] Стэнли Ч. Как слушать Бога. М.: Прикосновение, 2002. С. 9.

[25] Blackaby and King, *Experiencing God*, 83–84.

веры»[26]. Почему Блэкаби делает такое заявление? Проще говоря, если способность слышать голос Бога — это признак близких, любовных отношений с Ним, то ее отсутствие указывает на отсутствие отношений с Богом. Если способность слышать голос Бога — это признак зрелости и послушания, то отсутствие такой способности свидетельствует о незрелости и непослушании.

ОСОБЕННОСТИ УЧЕНИЯ О НЕОБХОДИМОСТИ СЛЫШАТЬ ГОЛОС БОГА

Сторонники этого учения описывают свои методы и принципы настолько конкретно, насколько это удобно всем, кто применяет их на практике. Однако это описание настолько неопределенно и размыто, насколько им это выгодно.

Чарльз Стэнли упоминает семь способов, которыми Бог говорил в Ветхом Завете: прямое откровение, сновидения, различимые голоса, пророчества, обстоятельства, ангелы и Святой Дух[27]. Из этого длинного списка Стэнли выделяет четыре главных средства, при помощи которых Бог сегодня обращается к верующим: Писание, Святой Дух, другие люди и обстоятельства[28]. Стэнли поясняет, что он подразумевает под фразой «Бог говорит через Святого Духа»: «Не нужно воспринимать в прямом смысле слова: „Святой Дух говорит…" Скорее, Дух Божий воздействует на наш разум и волю, и мы осознаем Его присутствие в нас. Он не говорит с нами вслух,

---

[26] Там же, 87.
[27] Стэнли Ч. Как слушать Бога. М.: Прикосновение, 2002. С. 10–12.
[28] Там же, 12–17.

однако Его присутствие и общение с Ним — очевидны»[29]. Стэнли упоминает пять способов, которыми Бог привлекает наше внимание: беспокойный дух, слова других людей, благословения, молитвы без ответа и необычные обстоятельства. Все эти средства Бог использует, чтобы помочь нам распознать Его голос.

Генри Блэкаби не отстает от своего единомышленника и предлагает собственный список из четырех средств, с помощью которых Бог говорит с нами сегодня: Библия, молитва, обстоятельства и церковь[30].

Предлагая подобные перечни, эти авторы пытаются привязать читателя к некоему объективному стандарту Божьего откровения, но в то же время учат, что Бог говорит через любые субъективные переживания и обстоятельства. В большинстве источников, упомянутых на страницах настоящей книги, подробно говорится о том, как распознать голос Бога в различных субъективных переживаниях. Авторы, которые призывают слушать голос Бога, предупреждают, что мы можем неверно истолковывать свои субъективные переживания и злоупотреблять этим. Как вам определить, чем является ваше «впечатление» — голосом Святого Духа или плодом отвлеченных размышлений вашего разума? Как понять, что представляет собой то или иное жизненное обстоятельство — Божье водительство или обольщение врага? Эти авторы считают нужным писать целые книги, чтобы помочь нам проверять свои субъективные откровения и переживания и распознавать обман.

---

[29] Там же, 15.
[30] См. главы 12–15 следующего источника: Henry Blackaby and Claude King, *Experiencing God*.

Некоторые авторы отбрасывают всякие ограничения и выступают за то, чтобы прислушиваться к голосу Бога практически во всем. В книге «Сила шепота» Билл Хайбелс рассказывает о том, как он переживал особенно трудный период в своем служении в церкви Уиллоу-Крик. Когда он нуждался в поддержке, он «сел в лодку, отправился на озеро и приготовился услышать важное слово с небес». Вместо того, чтобы обратиться за поддержкой к Писанию, Хайбелс решил прислушаться к субъективному голосу с небес. Вот как он описывает то, что пережил в тот день:

> Проходили часы, а я все сидел в лодке, не слыша ничего, кроме ветра и волн.
>
> Когда я уже был готов поднять якорь и отправиться обратно в гавань, я увидел, как мимо проплывала банка из-под пива «Бад-лайт». Я стоял, смотрел на эту банку и думал: «Может, это весть от Бога? Если да, то что это значит? Мне нужно выпить пива „Бад-лайт“? Может, я должен сказать членам церкви, чтобы они не пили „Бад-лайт“? А может, в этой банке есть какое-то послание?» [31]

Конечно, можно посмеяться над тем, как кто-то пытается понять, какое послание несет в себе плавающая пивная банка, но как только мы начнем искать голос Бога за пределами Писания, ничто не будет для нас запретным. Плавающую пивную банку легко можно отнести к категории «обстоятельства», о которой упоминают Стэнли и Блэкаби. Хайбелс совсем не сомневался, что Бог мог проговорить к нему

---

[31] Bill Hybels, *The Power of a Whisper: Hearing God, Having the Guts to Respond* (Grand Rapids: Zondervan, 2010), 107.

через пивную банку. Он сомневался только в том, что может понять это послание, поэтому написал: «Я смотрел, ждал и слушал, но, по-видимому, Богу нечего было сказать мне в тот день — или, по крайней мере, я не мог этого услышать, несмотря на все мои усилия»[32].

Джон Элдридж учит нас истолковывать всевозможные случайные переживания и знамения со скрытыми посланиями от Бога. В книге «Хождение с Богом» Элдридж пишет: «Бог говорит ко мне через ястребов»[33]. Элдридж описывает многочисленные случаи, когда Бог говорил с ним через ястребов, гнездившихся на его ранчо. Какое послание Бог передал ему через ястреба? Он утверждает, что Бог ответил ему: «Символ Моего сердца». Элдридж рассказывает еще об одном послании, полученном через ястреба, и пишет: «Я спросил Его [Бога], что это значит. „Моя любовь“, — ответил Он»[34].

Хотя большинство из этих авторов не поощряет нас искать послания от Бога в пивных банках и ястребах, методы, которые они продвигают, в принципе не исключают и таких «откровений».

ОБЩЕПРИНЯТЫЕ МЕТОДЫ

Авторы, призывающие слушать голос Бога, предлагают довольно стандартный перечень методов, позволяющих услышать Бога и получить Его водительство в принятии решений. В последующих главах я буду рассматривать и критически анализировать (на основании Писания) следующие

---

[32] Там же, 107–108.
[33] Элдридж Д. Хождение с Богом. СПб.: Библейский взгляд, 2022. С. 138.
[34] Там же, 139.

принципы, которые обычно встречаются в книгах и учении авторов, отстаивающих идею о необходимости слышать голос Бога.

ТИХИЙ, НЕЖНЫЙ ГОЛОС — ГЛАВА 7

Сторонники этого подхода утверждают, что «тихий, нежный голос», о котором говорится в главе 19 Третьей Книги Царств (Перевод Библейской Лиги ERV. — Прим. перев.), — это любое послание Бога к нам. Это может быть впечатление в нашем сердце, неслышимый голос внутри нас или настоящий, слышимый шепот.

ПИСАНИЕ — ГЛАВА 8

Конечно, сторонники учения о необходимости слышать голос Бога верят, что Он говорит через Свое Слово. Они просто не считают, что Он говорит только через Свое Слово. По мнению учителей, призывающих прислушиваться к голосу Бога, на страницах Писания этот голос звучит только тогда, когда нам в глаза бросается какой-либо стих или когда он «оживает» для нас. Когда вас сильно впечатляет стих или фраза в стихе, это и есть голос Бога, говорящего через Писание.

ЗНАМЕНИЯ — ГЛАВА 9

Почти все можно назвать знамением, через которое говорит Господь. Это может быть реклама на телевидении, заголовок газетной статьи, форма облака, слово или фраза, услышанная в разговоре, слова из песни, проигрываемой на радиостанции «Классический рок», или даже плавающая пивная банка.

ОТКРЫТЫЕ И ЗАКРЫТЫЕ ДВЕРИ — ГЛАВА 10

Это голос Бога, говорящего через обстоятельства. «Открытая дверь» — благоприятные обстоятельства или беспрепятственный путь. «Закрытая дверь» — неблагоприятные обстоятельства, которые предполагают препятствия, противодействие или затруднения. Такие обстоятельства рассматриваются как Божье водительство в принятии решений.

РУНО — ГЛАВА 11

Ссылаясь на пример Гедеона (Суд. 6–7), сторонники учения о необходимости слышать голос Бога советуют нам искать Божью волю при помощи «руна». По их мнению, мы должны испытывать наши обстоятельства так, как Гедеон, и просить у Бога водительства через знамение. Если происходит событие Х, это признак того, что Божья воля — это вариант А. Если происходит событие Y, они делают вывод, что Божья воля — это вариант В.

МИР В СЕРДЦЕ — ГЛАВА 12

Мир в сердце — это субъективное чувство удовлетворенности или успокоения по поводу намеченного плана действий или принятого решения. В подтверждение идеи о том, что Бог дает нам мир, если мы повинуемся Его указаниям, эти авторы приводят Послание к Колоссянам 3:15. По их мнению, откровение от Бога всегда подтверждается Божьим миром.

ОЩУЩЕНИЕ ПОБУЖДЕНИЯ — ГЛАВА 13

Есть мнение, что внутреннее ощущение направления, которое иногда называют «водительством Святого Духа», — это непосредственное побуждение от Святого Духа. Некоторые из учителей, призывающих слушать голос Бога, относят к этой категории такие понятия, как «острое чувство», «побуждение» и «предчувствие».

СНОВИДЕНИЯ — ГЛАВА 14

Многие полагают, что наши сны, а в отдельных случаях и «видения» — это надежный способ услышать Бога.

ПОДТВЕРЖДЕНИЕ ГОЛОСА БОГА

Эти знамения, обстоятельства и впечатления могут быть либо голосом Бога, либо Его подтверждением. Сторонники этого подхода утверждают, что, если мы хотим понять, что Бог пытается нам сказать, мы должны увидеть совпадение знамений или знаков от Бога. Как считают учителя, призывающие слушать голос Бога, для этого должны совпасть два или три знака, которые указывают в одном направлении. По их мнению, это и будет «подтверждение» голоса Бога к нам.

ПУТАНИЦА СУБЪЕКТИВИЗМА

Некоторые средства (открытые и закрытые двери, руно и знамения) относятся к такой широкой категории, как «обстоятельства», которую вводят Генри Блэкаби и Чарльз Стэнли. А другие (сны, побуждения, внутренние голоса и мир в сердце) считаются «голосом Святого Духа». По мнению этих учителей, нет ни одного средства, которое было бы достоверным и надежным источником информации от Бога. Любое из этих посланий должно быть подкреплено как минимум двумя другими источниками или даже более.

Блэкаби пишет:

> В наши дни Бог обращается к нам через Святого Духа. Он использует для этого Библию, молитву, обстоятельства и церковь (других верующих). Ни одно из этих средств Божьего откровения, взятое в отдельности, не дает нам четкого представления о Божьих указаниях. Но когда Бог говорит одно и то же всеми этими способами, вы можете быть уверены, что вам следует двигаться в этом направлении[35].

Например, ощущение теплоты на сердце от какого-либо места из Писания становится голосом Бога для меня лишь тогда, когда я получаю похожее «послание» через знамение и (или) внутреннее побуждение. Тихому, нежному голосу можно доверять только в том случае, если это послание подтверждается отрывком из Писания, знаками или открытой дверью.

Мы можем быть уверены в истинности откровения, явленного в знамении, только если испытали его при помощи руна или обрели мир в сердце.

Но разве так говорит Бог? «Шепчет» ли Он слова в наши духовные уши? Пытается ли Он привлечь наше внимание? Пытается ли Он донести до нас Свои послания? И, вообще, нужна ли нам эта сложная система методов, чтобы распознать Его голос?

Вовсе нет. Эта методология в корне ошибочна и безнадежно субъективна. Когда мы исследуем учение о необходимости слышать голос Бога в свете Писания, мы убедимся, что Бог не шепчет.

---

[35] Blackaby and King, *Experiencing God*, 35. Курсив мой.

ГЛАВА 3
НЕ ПЕРЕКЛЮЧАЙТЕСЬ!

Подождите, не списывайте меня со счетов!

Каким бы дорогим вашему сердцу ни было это учение, вам не стоит бояться подвергать его тщательному анализу. Что вам терять? Если учение о Божьем водительстве при помощи побуждений, голосов и знамений — это библейское учение, то вам не нужно бояться внимательного изучения отрывков, цитируемых в поддержку этой методологии. А если это небиблейское учение, то вы можете получить нечто гораздо большее!

Вы поймете ценность Божьего Слова и убедитесь в его достаточности. У вас есть шанс выбраться из удручающей, запутывающей трясины субъективных и неопределенных «знамений», которые только затеняют свет драгоценного Божьего Слова.

Это очень серьезный вопрос. Если мы неправильно поймем его, это приведет к катастрофическим последствиям. В этом, пожалуй, я могу согласиться со сторонниками учения о необходимости слышать голос Бога: правильное понимание этого вопроса лежит в основании нашей практической христианской жизни. Этот вопрос делит христианское богословие на два лагеря.

Как Бог общается с нами? Проговорил ли Он раз и навсегда на страницах богодухновенного Писания, или Он продолжает говорить с нами менее надежными способами?

Достаточно ли Писания? Учителя, призывающие слушать голос Бога, признают авторитетность Писания и считают его особым источником Божьего откровения. Большинство из них никогда не станет утверждать, что побуждения, впечатления и знамения равны по авторитетности Писанию, но практические принципы, которые они формулируют, показывают, что на самом деле они не верят в то, что Писания достаточно для христианина.

Пытается ли Бог донести до нас сообщение? Необходимо ли учиться «слышать Божий голос»? Нужно ли мне уединяться, избавляясь от отвлекающих факторов, суеты и активной деятельности в жизни, чтобы услышать Его тихий голос?

Должны ли мы слышать голос Бога вне Писания для того, чтобы иметь с Ним близкие и любовные отношения? Ни один христианин не хочет, чтобы его сердце было отстраненным, холодным и бесстрастным по отношению ко Христу.

Что произойдет, если я не смогу услышать слово от Бога? Рискую ли я нарушить Божью волю, если буду не в силах распознать наставление, которое Он шепчет мне? Учителя, призывающие слушать голос Бога, предлагают нам свое представление о Его воле, согласно которому нам грозят ужасные последствия, если мы не услышим Божий голос.

На карту поставлено многое.

Я ПОНИМАЮ ВАШУ БОЛЬ!

Я понимаю, что вы сейчас чувствуете. Мы еще даже не начали рассматривать учение о необходимости слышать голос Бога в свете Библии, а вы уже, возможно, ощущаете удар по самому дорогому, что есть в вашей христианской жизни. Если вы долгие годы пытались «слушать Бога» и искали Его водительства в жизненных обстоятельствах, вам может показаться, что мои критические отзывы об этом методе — это агрессивные личные нападки.

Мне знакома ваша боль. Первые несколько лет своей христианской жизни я верил, что Бог являет Свою волю в знамениях, побуждениях и неслышимых голосах вне Писания. Несмотря на то, что в конце первого года обучения в колледже я пережил кризис, который заставил меня засомневаться в этом мировоззрении, мне было нелегко отвергнуть эту традицию.

Сначала я злился. Я чувствовал себя обманутым. Не сказал бы, что те, кто учил меня слушать голос Бога, намеренно хотели ввести меня в заблуждение. Я считаю, что эти люди, как и Стэнли, Блэкаби и Хайбелс, действовали из лучших побуждений. Но я также убежден, что они глубоко ошибались в этом вопросе. Поскольку я чувствовал себя обманутым близкими друзьями и однокурсниками, мне трудно было отделить одно от другого. Как я мог этого не видеть? Почему у меня не было достаточно зрелости, духовного опыта и проницательности, чтобы понять это? Я не знал, на кого больше злиться — на себя или на тех, кем я восхищался.

Я также чувствовал, что мое открытие поставило под угрозу мои отношения с Богом. Если бы близость ваших отношений с Богом определялась способностью слышать Его шепот, тогда мое заявление, что Бог не шепчет, поставило бы под угрозу эти отношения. Возможно, вы не знаете, что значит иметь «близкие отношения» с Богом, не пытаясь при этом слушать Его голос. А может, вы боитесь оказаться в ситуации, когда будете вести односторонний разговор (в молитве), обращаясь только к Библии как к единственному источнику водительства и утешения.

Возможно, вы до такой степени привыкли к этому способу общения с Богом, что просто не представляете, как Бог может участвовать в вашей жизни, если Он не шепчет вам с небес. Эти знаки Божьей любви, внимания и личной заботы постоянно напоминают вам о том, что вы принадлежите доброму Пастырю, Который замечает каждую деталь вашей жизни.

Помимо этого, я чувствовал себя брошенным. Хотя у меня и в мыслях не было принижать авторитет Писания, я не был убежден, что Библия — это на самом деле все, что мне нужно. А что, если Бог говорит через Писание, и только через Писание? Можно ли прожить христианскую жизнь, руководствуясь лишь Писанием? Вас пугает мысль, что вы будете жить в этом мире, имея только Божье Слово? Это вполне реальный страх, и он калечит многих людей. Первая неделя, которую я прожил без поиска личного водительства от Бога, была похожа на неделю жизни на необитаемом острове без еды и воды.

А КАК НАСЧЕТ?..

Когда мы будем исследовать методологию учения о необходимости слышать голос Бога в свете Писания, вы обязательно начнете играть со мной в игру «А как насчет?». Например: «А как насчет тех случаев, когда я чувствовал Божье водительство, следовал ему, и все складывалось хорошо?»

А как насчет того случая, когда вы почувствовали, как Бог побуждает вас испечь печенье для соседки? Когда вы принесли ей печенье, оказалось, что этим утром она получила плохие новости от врача. Но когда вы прислушались к этому побуждению, у вас появилась возможность утешить ее, помолиться вместе с ней и рассказать ей Евангелие. Если это был не шепот Бога, то что это было?

А как насчет того случая, когда вы решили поехать на работу другим маршрутом, а позже узнали, что на вашем обычном маршруте произошла авария? Разве это не Бог говорил с вами? Если нет, то что это было?

А как насчет того случая, когда, выходя из дома, вы вдруг ощутили непреодолимое беспокойство? Не понимая, что с вами, вы почувствовали, что нужно вернуться домой. Дома вы обнаружили, что оставили кастрюлю на включенной кухонной плите. Это могло стать причиной пожара, если бы вы не прислушались к порыву своего сердца. Что это было, если не Божий голос?

Такие случаи бывают у нас всех — как верующих, так и неверующих. Как мы воспринимаем их? Считаем ли мы, что в таких ситуациях Бог «шепчет» нам? Можно ли это назвать откровением от Бога? Если это не сверхъестественное слово от Бога, которое Он посылает нам, чтобы направлять наши шаги каждое мгновение жизни, то как нам истолковывать эти случаи?

Далее я постараюсь рассмотреть подобные страхи, опасения и вопросы.

НЕ ЛИШАЮ ЛИ Я ВАС ЧЕГО-ТО ВАЖНОГО?

Я только что описал вас? Вы боитесь, что я пытаюсь лишить вас радости и близости с Богом? У меня нет такой цели! Я не пытаюсь заменить близкого и личного Бога далеким и отстраненным. Отнюдь, как раз наоборот. Я пытаюсь заменить небиблейское мировоззрение библейским.

Если Бог не шепчет нам в наших мыслях и впечатлениях, то я не лишаю вас ничего, когда указываю на это. Тот, кто избавляется от заблуждения, ничего не теряет. Наоборот, он обретает благословение от познания истины и хождения в ней.

Представьте, что вы верите, что у вас на счету пять миллионов долларов. Предположим, на самом деле у вас нет этих денег — вы просто верите, что они есть. Далее представьте, что вы живете так, будто это правда. Это твердое убеждение дает вам большое утешение и ощущение благополучия. Вы не беспокоитесь о пенсии! Вам не нужно следить за своими расходами. Вы запланировали роскошный отпуск на конец этого года и купили членам своей семьи дорогие подарки на Рождество. Поскольку вы убеждены, что у вас достаточно сбережений, вы подумываете о досрочном выходе на пенсию и надеетесь жить за счет процентов.

Однажды вы идете в банк, чтобы снять со счета значительную сумму. После короткого разговора с кассиром к вам подходит руководитель отделения с озадаченным выражением лица.

— Доброе утро! — он радостно приветствует вас.

— Доброе утро.

Он делает небольшую паузу, а затем нерешительно говорит:

— Я вынужден сообщить, что запрошенных вами денег нет на этом счете. Возможно, вы хотели снять деньги с другого счета.

— Нет, — настойчиво продолжаете вы, — это единственный банковский счет, который у меня есть. У меня всего лишь один счет, и на нем лежит пять миллионов долларов.

Медленно, но уверенно сотрудник протягивает вам только что распечатанную выписку по счету с указанием суммы вашего баланса.

Там написано: «546,37 доллара».

— Что вы сделали с моими пятью миллионами долларов? — нетерпеливо спрашиваете вы.

— Этих денег никогда не было на вашем счете. У вас нет пяти миллионов долларов. Баланс этого счета никогда не превышал 5000 долларов, — спокойно отвечает руководитель отделения.

Вы были уверены, что на вашем счету миллионы, и жили так, будто они у вас есть. Вы могли подумать, что работник банка отобрал у вас эти деньги, но это не так. Начнем с того, что на вашем счету никогда не было кругленькой суммы. Этот человек не обидел вас, когда указал на это. На самом деле он оказал вам услугу, избавив от заблуждения, которое подвергало вас опасности. Руководитель отделения не враг вам всего лишь потому, что он сказал вам правду.

Если вы думаете, что слышите голос Бога в определенных обстоятельствах и что ваши догадки — это небесный шепот, а ваши случайные мысли — это послания от Бога, тогда я надеюсь, что вы сядете и посмотрите вместе со мной на выписку по вашему счету. Давайте вместе ответим на вопрос: «Учит ли этому Писание?» Если Писание не учит, что Бог нашептывает вам Свои небесные послания через случайные мысли, то я ничего вас не лишаю, указывая на это.

Хочу бросить вам вызов: если мы не найдем в Писании повеления о том, что нам нужно слушать голос Бога, готовы ли вы отказаться от своих убеждений и привычек? Готовы ли вы привести свое мышление и богословие в соответствие с тем, что говорит Писание? Если библейские тексты, которые приводятся в доказательство учения о слушании голоса Бога, не говорят об этих методах, мы должны повиноваться библейскому повелению отвергнуть ложь, какой бы привлекательной она нам ни казалась.

КАК ВЫ ПОСМЕЛИ ПУСТИТЬ МОЮ СВЯЩЕННУЮ КОРОВУ НА ШАШЛЫК?!

Хэддон Робинсон однажды сказал: «Из священных коров получаются лучшие гамбургеры, но это мясо трудно проглотить». Из личного опыта я знаю, что это правда. Я ел гамбургеры, приготовленные из моей священной коровы[36]. Когда-то я придерживался определенного взгляда на духовную войну, который позже посчитал совершенно небиблейским[37]. Хотя это было и больно, но, когда я наблюдал, как мою священную корову бросают в мясорубку, я освободился от рабства суеверия и лжеучения. Я видел, как через мясорубку прошли другие мои священные коровы — переводы Библии, излюбленные доктрины, мнения, политика

---

[36] Garry Friesen and Robin Maxson, *Decision Making and the Will of God* (Sisters: Multnomah, 2004), 6.

[37] Более подробную информацию по этой теме вы найдете в моей книге «Истина или территория: библейский подход к вопросу о духовной брани» (*Truth or Territory: A Biblical Approach to Spiritual Warfare*).

идажемоялюбимаяспортивнаякоманда.Этомясотрудно глотать, но оно утоляет голод.

В современном евангельском христианстве мало какие священные коровы могут сравниться с верой в то, что Бог разговаривает со Своими детьми вне Писания посредством видений, снов, побуждений, впечатлений, подтверждений, знамений, мира в сердце и тихого, нежного голоса. Немногие священные коровы так опасны для нашей духовной жизни и благополучия, как это учение. На протяжении 1800 лет истории Церкви это учение считалось ошибочным, а в отдельных случаяхдажееретическим.Сегодняегосчитаютнеотъемлемой частью христианской жизни и всячески пропагандируют. Когда-то считалось, что это учение посягает на авторитетность и достаточность Писания, а теперь его проповедуют с кафедры, в книгах, на христианском телевидении и радио.

Когда-то это была моя священная корова. Было больно смотреть, как она проходит через мясорубку, но это был единственный выход для меня. Эта самая священная корова держала меня в оковах суеверий и гиблой трясине противоречивой информации. Я молюсь, чтобы Господь действовал через эту книгу, чтобы освободить и вас. Спустя годы я все еще с удовольствием ем этот гамбургер!

ЧАСТЬ 2

АНАЛИЗ УЧЕНИЯ О НЕОБХОДИМОСТИ СЛЫШАТЬ ГОЛОС БОГА

Моя критика учения о необходимости слышать голос Бога заключается не только в несогласии с использованием определенных методов и средств. Хотя я и критикую такие методы, как слушание тихого, нежного голоса, поиск сверхъестественных знамений, а также полагание на чувства и впечатления, я признаю, что за всеми этими методами стоят определенные убеждения относительно природы Бога, природы Писания и взаимосвязи между первым и вторым. Нам необходимо исследовать эти убеждения — предпосылки, лежащие в основе этой небиблейской методологии.

В следующем разделе я расскажу о небиблейских методах, связанных с этим учением. Но сначала нам необходимо критически рассмотреть три небиблейские предпосылки, на которых построена методология учения о необходимости слышать голос Бога.

К этим предпосылкам относятся следующие утверждения:

1. Мне нужно слышать голос Бога вне Писания.
2. Мне следует ожидать, что я услышу голос Бога вне Писания.
3. Я должен научиться слышать голос Бога вне Писания.

Что касается этих предпосылок, мне хотелось бы сделать два замечания.

Во-первых, я выступаю против богословской концепции, согласно которой Бог говорит «за пределами Писания». В одном из разделов книги, где мы будем рассматривать силу и достаточность Божьего Слова, мы поговорим о том, как Бог обращается к Своему народу в Писании сегодня. Здесь же я опровергаю учение о том, что Бог открывает верующим Свою волю, то есть дает конкретные повеления и указания относительно их повседневной жизни вне записанного Божьего Слова и независимо от него.

Во-вторых, обратите внимание на логическую связь между этими предпосылками. Если мне правда нужно услышать голос Бога вне Писания, из этого логически вытекает, что Бог обеспечит меня именно тем, что мне нужно. Если Писания недостаточно, чтобы я мог получить наставление, водительство и утешение от Бога, которые мне нужны, Бог даст мне все это вне Писания. Поэтому мне следует ожидать, что я получу все это. Если мне следует ожидать, что Бог будет давать мне внебиблейское откровение, тогда мне нужно научиться слушать Его голос. Наше представление о Боге определяет наше учение об откровении (о том, как Бог общается с людьми). А наше учение об откровении определяет то, где мы его ищем, как его слушаем и как на него реагируем.

Если Бог говорит с нами внебиблейскими методами и способами, мы обязаны подчиняться этому слову как авторитетному откровению. В конце концов, это Божье Слово. Мы должны искать и изучать его, чтобы определить его значение, а также верно и безоговорочно подчиняться ему.

Давайте рассмотрим эти три предпосылки и узнаем, есть ли у нас основание придерживаться их.

ГЛАВА 4

ЛОЖНАЯ ПРЕДПОСЫЛКА 1:

Мне нужно слышать голос Бога вне Писания

Каждый верующий стремится достичь близких отношений с Богом. Христиане жаждут познавать Бога-Искупителя, явленного в Писании и воплотившегося в Иисусе Христе. Мы хотим научиться истине, мудрости и послушанию Божьей воле. Каждому верующему знакомо стремление, которое Давид выразил в Псалме 41:2—3: «Как лань желает к потокам воды, так желает душа моя к Тебе, Боже! Жаждет душа моя к Богу крепкому, живому: когда приду и явлюсь пред лицо Божие!» Это естественное желание.

Учителя, которые призывают слушать голос Бога, верят, что близкие любовные отношения с Ним можно испытать только тогда, когда мы регулярно слушаем голос Бога вне Писания. Поэтому Ему нужно говорить с нами, а нам нужно слышать Его.

В книге «Частота» Роберт Моррис пишет:

> Итак, личные отношения должны включать в себя общение — так должно быть. Иначе как мог бы человек иметь личные отношения с Богом? Если настоящего диалога не состоится, то это будет односторонняя попытка общаться: мы будем смотреть в небо и разговаривать с Богом, но ничего не услышим в ответ[38].

Развивая эту тему в проповеди под названием «Частота: я овца, часть 1», Моррис обратился к членам церкви «Гейтуэй» в Саутлейке, штат Техас, с такими словами:

> В чем главное отличие верующего в Иисуса Христа от неверующего? <...> Оно в том, что у верующего есть личные отношения с Иисусом Христом. Мне сложно поверить, что эти личные отношения не предполагают общения. Тем не менее существуют целые школы богословской мысли, представители которых заявляют, что Бог больше не говорит с нами. По моему мнению, так думать — это безумие. <...> Итак, отличие в том, что у нас есть личные отношения с Иисусом. <...> Но если к вам приходит мысль, что Бог больше не говорит... мне вас так жаль, ведь у вас личные отношения с кем-то, кто никогда с вами не разговаривает. Я не уверен, что такие отношения вообще можно назвать личными [39].

Чарльз Стэнли пишет:

> Если наши отношения с Богом носят односторонний характер и подобны путешествию в один конец, если между нами

---

38 Robert Morris, *Frequency: Tune in. Hear God* (Nashville: Thomas Nelson, 2016) Kindle edition, 5. Курсив мой.
39 Morris, Robert. "Frequency — I'm a Sheep, Part 1." Опубликовано 21 июня 2016 г. Источник: https://www.youtube.com/watch?v=A6VQFe8s76Q.

и Иисусом Христом нет диалога, нет общения, значит нет и истинных взаимоотношений, ибо взаимоотношения ничего не стоят, если говорит только одна сторона, а другая лишь слушает. Бог говорит нам сегодня, потому что Он желает установить взаимоотношения полные любви, а такие отношения подразумевают диалог[40].

Моррис и Стэнли правы, когда говорят, что отношения предполагают «диалог», но они ошибаются, полагая, что для этого нужно общение вне Писания. Они рассуждают так, как будто Бог ничего не сказал нам! Моррис вообще не говорит о том, что Писание — это Божье Слово для нас. По его словам, молитва — это состояние, когда «мы смотрим в небо и разговариваем с Богом», и, если бы Бог лично не прошептал нам с небес, мы бы «ничего не услышали в ответ». Но разве Бог не проговорил в Писании? Разве Писание нельзя считать словом, которое мы «слышим в ответ»? Однако проповедники учения о необходимости слышать голос Бога так не считают. Божьего Слова недостаточно, чтобы удовлетворить эту потребность. Почему мы должны думать, что разговор с Богом в молитве и слушание Его голоса в Писании — это не «диалог»?

Генри Блэкаби акцентирует внимание на взаимосвязи между личным откровением и личными отношениями с Богом. Одна из истин, предложенных им в книге «Семь истин о познании Бога», заключается в следующем: «Бог стремится поддерживать с вами реальные или личные любовные отношения»[41]. В основе этих «любовных отношений» лежит

---

40 Стэнли Ч. Как слушать Бога. М.: Прикосновение, 2002. С. 9.
41 Blackaby and King, *Experiencing God*, 32.

потребность слышать слово от Бога, обращенное лично к нам. В богословии Блэкаби нет места для любовных отношений с Богом, основанных исключительно на Писании. Верующим обязательно нужно получать личное откровение от Бога[42]

Может ли верующий иметь близкие, любовные личные отношения с Богом, основанные исключительно на том, что Он сказал в Писании? По мнению Далласа Вилларда, это невозможно. В книге «Слышать Бога» Виллард отмечает: «Мы можем быть уверены, что в определенные моменты жизни Бог обращается к каждому из нас — так обычно бывает при близких отношениях»[43]. Виллард вторит Стэнли и Моррису, когда пишет:

> Быть близким к Богу — значит общаться с Ним, а это общение почти всегда предполагает двустороннее взаимодействие. <...> Слышать указания Бога — это только один аспект разноплановых и интерактивных взаимоотношений с Богом. Получение Божьего водительства в конкретном вопросе — это лишь один из аспектов слышания Бога[44].

Рик Уоррен также считает, что Писания недостаточно, чтобы услышать Бога.

---

[42] Блэкаби смело заявляет: «Если вы не слышите, как говорит Бог, значит, у вас проблемы с самим основанием вашей христианской веры» («Как ощущать Бога» [*Experiencing God*, 87]). Тот факт, что Блэкаби усматривает тесную связь между «любовными отношениями с Богом» и получением личного откровения от Него, ясно следует из его слов: «Вы учитесь узнавать Его голос по мере того, как познаете Его в любовных отношениях. Когда Бог будет говорить, а вы будете отвечать, постепенно вы станете узнавать Его голос все более четко. Некоторые пытаются познать Бога вне любовных отношений. <...> Но ничто не заменит близких отношений с Богом» (*Experiencing God*, 88).
[43] Виллард Д. Слышать Бога. М.: Триада, 2023. С. 8.
[44] Willard, *Hearing God*, 9.

Впроповедиподназванием«Научитесьраспознаватьголос Бога» Уоррен отметил:

> Пожалуй, это одна из важнейших истин в жизни христианина, потому что вы не сможете иметь отношения с Богом, если не слышите Его. Если вы все время обращаетесь к Нему в молитве, но совсем не слышите, как Он говорит с вами, это односторонние отношения. Эти отношения сложно назвать настоящими. Бог желает разговаривать с вами [45].

Всеэтизаявленияучителей,призывающихслышатьголос Бога, имеют две общие черты. Все они соглашаются, что истинные,близкие,любовныеотношениясБогомпредполагают общение с Ним. И все они согласны с тем, что Писаниянедостаточнодляудовлетворенияэтойпотребности.

ЧУВСТВА И НИЧЕГО, КРОМЕ ЧУВСТВ

Сточкизренияучителей,призывающихслушатьБога,недостаточночитатьоБожьейлюбвинастраницахПисания иливидетьеепроявлениенакресте.Мыдолжны«чувствоватьсебялюбимыми».Ничтотакнепозволяетнамощутить Божью любовь, как слышание шепота Бога в наш адрес.

Присцилла Ширер заявляет: «Наша вера основана на сладостномобщениисБогом,Который,согласноБиблии,хочет, чтобы наши отношения с Ним были одновременно близкими и интерактивными» [46]. Ширер полагает, что субъективное

---

[45]   Warren, Rick. "Learn How to Recognize God's Voice." Published Oct. 7, 2014. Source: https://www.youtube.com/watch?v=-827QmRDjUA.

[46]   Shirer, *Discerning the Voice of God*, 10–11.

откровение, которое мы получаем через шепот и впечатления, — это важнейшее средство, позволяющее нам иметь «близкие и интерактивные» отношения с Богом. Она пишет: «То есть разве вы действительно думаете, что Он полюбил вас настолько сильно, чтобы умереть за вас, но недостаточно сильно, чтобы разговаривать с вами?»[47] Учитывая, что в своих книгах Ширер призывает искать личного откровения от Бога, скорее всего, она подразумевает следующее: «Разве вы действительно думаете, что Бог полюбил вас настолько сильно, что умер за вас, а затем просто оставил вам Библию?!» Когда она пишет о слове, которое говорит Бог, она имеет в виду не Писание. Она подразумевает откровение вне Писания: речь идет о внутренних впечатлениях, побуждениях и чувствах, которые Ширер называет «голосом Бога». Она имеет в виду внебиблейское откровение.

А как же насчет Писания? Справедливости ради стоит отметить, что Ширер упоминает и о Писании, когда перечисляет средства, при помощи которых говорит Бог. По ее мнению, Писание — это один из многих источников божественного откровения, хотя оно менее ценно по сравнению с другими. Это не что-то личное, сокровенное и частное. Писание не является актуальным и современным Божьим словом, обращенным к каждому лично. Когда Ширер и другие авторы «слышат голос Бога в Писании», они всегда приходят к выводам, чуждым как автору, так и первоначальным адресатам библейского текста[48]. По мнению Ширер, тот факт, что до нас дошло это уникальное собрание из 66 книг, написанное по сверхъестественному Божьему вдохновению, надежно

---

47 Там же, 11.
48 См. главу «Мой взгляд упал на этот стих».

сохраненное и в точности переведенное на другие языки, не является достаточным доказательством Божьей любви. На практике, когда речь заходит о познании и ощущении Божьей любви, Ширер, как и другие учителя, призывающие нас слушать Бога, рассуждает так, как будто Библии не существует. Почему мы должны верить, что Бог являет Свою любовь ярче всего в едва различимом шепоте и таинственных впечатлениях, а не в богодухновенном Писании?

Вторя Ширер, Чарльз Стэнли заявляет, что Бог говорит с нами сегодня, потому что Он «...любит нас так же, как любил Свой народ во времена Ветхого и Нового Заветов»[49]. Я верю, что Бог любит нас, но почему я должен считать, что, если хочу познавать Божью любовь лично, мне нужно постоянно получать личные откровения от Бога? Разве я недостаточно узнаю о Божьей любви из Писания? Учителя, призывающие слышать Бога, читают о Божьей любви в Писании, но для них это не вполне убедительно. Им нужно, чтобы Бог лично прошептал им об этом.

ТЫСЯЧИ ВАЖНЫХ РЕШЕНИЙ

Если проповедники учения о необходимости слышать голос Бога утверждают, что Он хочет разговаривать с нами, они должны исходить из предпосылки о том, что Бог нуждается в том, чтобы разговаривать с нами. Если Библия дарует мне все необходимое для жизни и благочестия (2 Пет. 1:3), тогда нет необходимости слышать голос Бога вне Писания, настраиваться на «частоту Бога» или слушать Его тихий голос.

---

[49] Стэнли Ч. Как слушать Бога. М.: Прикосновение, 2002. С. 9.

Однако учителя, призывающие нас слышать голос Бога, настаивают на том, что Богу нужно говорить с нами, чтобы давать нам конкретные и своевременные советы в принятии решений. В жизни нам приходится принимать множество важнейших решений, о которых Библия ничего конкретно не говорит: на ком жениться (на Джанет или на Сью), какую работу выбрать (в Финиксе или Портленде) или какой дом купить (с тремя или четырьмя спальнями). Проповедники учения о необходимости слышать голос Бога утверждают, что Бог считает необходимым давать нам конкретные указания, чтобы открывать Свою волю относительно нашей жизни, благодаря чему мы принимаем правильные решения.

Роберт Моррис отмечает: «Нам нужно слышать голос Бога в разных сферах нашей жизни — на работе, в семье, в дружеских отношениях, в вопросе заботы о здоровье, в служении, в наших планах на будущее. Единственный способ обрести уверенность в жизни — это слушать Бога»[50]. Моррис не упоминает о чтении Писания. Он говорит, что мы должны «слышать голос Бога» вне Писания. Он пишет:

> Мне как старшему пастору просто необходимо слышать Бога. Я не смогу руководить церковью, если меня не будет направлять Бог. Моего разума недостаточно, как и учебы в семинарии. Моего таланта и личностных качеств также не хватит. И уж точно у меня нет хороших внешних данных, которые бы помогли мне. Единственный способ, как я могу руководить церковью, — это через ежедневное личное и близкое общение с Богом. Мне нужно слушать и слышать Бога. Он ведет меня, а я иду за Ним[51].

---

[50] Morris, *Frequency*, 6.
[51] Там же, 7.

В Библии много говорится о нашей работе, семье, дружбе, здоровье, служении и будущем. Однако, по мнению Морриса, Библия не содержит достаточно указаний для служения старшего пастора! Если бы Моррис считал, что Библии достаточно, ему не нужно было бы «слышать» что-либо, помимо библейского учения. Моррис утверждает, что об этих сферах нашей жизни в Библии говорится много, но лишь «в общем смысле». По его словам, Библия не дает подробных и конкретных личных наставлений, которые, по мнению Морриса, необходимы для пасторского служения в церкви. Например, в Библии нет ответа на вопрос, должны ли мы посещать два богослужения или стоит ли нам строить новое церковное здание. В Писании не говорится, сколько и каких миссионеров мы должны поддерживать или сколько молодежных пасторов нам следует нанять. По мнению Морриса, эти и тысячи других решений невозможно принять только на основании того, что открыто в Писании. Нам нужно нечто большее.

Генри Блэкаби полагает, что Писание не вполне отражает потребности наших церквей, общества и окружающего мира. В книге «Как ощутить Бога» он пишет:

> " Вам необходимо знать, какие планы у Бога насчет вашей церкви, общества и всего народа на данном этапе истории. Тогда вы и члены вашей церкви согласуете свою жизнь с Божьей волей, и Бог позволит вам участвовать в Его делах, пока не поздно. Хотя Бог, скорее всего, не даст вам подробного плана, Он шаг за шагом будет говорить, как вам и вашей церкви нужно реагировать на то, что Он делает[52].

---

[52] Blackaby and King, *Experiencing God*, 68.

По словам Блэкаби, мы сможем удовлетворить эту насущную потребность только тогда, когда будем «считывать» косвенные знамения и подтверждения, которые помогут нам узнать Божью волю. Смысл ясен: если бы у верующих не было особого, конкретного и прямого откровения, которое Бог посылает им через субъективные переживания, они бы не смогли узнать Божью волю по многим вопросам относительно их самих, их церкви и окружающего их общества. Писание недостаточно раскрывает намерения Бога. Если мы не будем слышать субъективный шепот, направляющий нас, мы не сможем «согласовать свою жизнь с Божьей волей» и участвовать в Его деле. Писания недостаточно, чтобы должным образом подготовить нас к добрым делам и служению в этом мире. Нам нужно нечто большее.

Поскольку «наша жизнь — это постоянно меняющийся перечень тесно переплетенных личных вопросов, в решении которых каждому из нас необходимо Божье водительство, чтобы хорошо ориентироваться в них»[53], Богу нужно направлять нас! Как мы можем планировать повседневные дела, отпуск, покупки или даже выбирать гардероб без Божьей помощи?! Только не подумайте, что я высмеиваю это учение, искажая его. Чарльз Стэнли утверждает, что Бог был вынужден дать ему особое указание о покупке индейки на День благодарения со словами: «Пойди в этот магазин и купи индейку прямо сейчас». Стэнли говорит, что ему было необходимо прямое откровение от Бога, чтобы купить нужную индейку в нужном месте, потому что у него было мало времени[54].

---

53   Shirer, *Discerning the Voice of God*, 20.
54   Стэнли рассказывает эту историю в ответ на вопрос зрителя о том, как слышать голос Бога. Этот эпизод можно найти в видеозаписи, которая размещена на YouTube на канале In Touch Ministries: https://www.youtube.com/

По словам Стэнли, Бог также давал ему конкретные указания относительно других покупок, в том числе и приобретения автомобиля.

Это согласуется с тем, как сторонники учения о необходимости слышать голос Бога описывают нашу потребность слышать Бога за пределами Писания. Стэнли отмечает:

> [У нас есть] потребность в ясном и целенаправленном Божьем руководстве нашей жизнью. Божье водительство нужно нам также, как в свое время в нем нуждались Иисус Навин, Моисей, Иаков, Ной. Мы — дети Божьи и нам нужно знать Его волю, чтобы принимать правильные решения. Бог желает, чтобы мы сделали правильный выбор. Ему Одному известно истинное положение вещей, и поэтому Он желает говорить с нами[55].

Очевидно, проповедники, призывающие слушать голос Бога, полагают, что нам необходимо слышать Его голос, чтобы исполнять Его волю в принятии более и менее важных решений. Если это так, то те, кто не слышит голос Бога, столкнутся с катастрофическими последствиями, которые отразятся в вечности!

НЕЗАБИТЫЙ ГВОЗДЬ

Каждый день нам приходится принимать множество решений, о которых прямо или явно не говорится в Писании. Эти решения различаются по степени важности: они бывают мелкие, насущные и более серьезные. Вот примеры

---

watch?v=V4ocm31RJ7g.
55   Стэнли Ч. Как слушать Бога. М.: Прикосновение, 2002. С. 9.

мелких решений: какую рубашку надеть в понедельник, что съесть на обед или как лучше подняться на второй этаж — на лифте или по лестнице? К насущным проблемам относятся следующие вопросы: на какое время запланировать отпуск, какие авиабилеты купить, разрешить ли ребенку остаться ночевать в доме друга? Серьезные решения — это решения, которые касаются, к примеру, того, за кого выйти замуж или на ком жениться, какую профессию выбрать или в какой университет поступить.

Мы гораздо чаще молимся о том, за кого выйти замуж или на ком жениться, чем о том, какую рубашку надеть. Но как узнать наверняка, что решение, которое кажется нам маловажным, на самом деле является таковым? Откуда нам знать, вдруг это решение — чуть ли не одно из важнейших решений, которые вы когда-либо принимали в жизни? Почему мы настойчиво твердим, что должны услышать голос Бога, когда принимаем важные решения, но при этом нам совсем неинтересно слышать Его мнение по поводу мелких решений? Невозможно заранее узнать, окажется ли принятое нами мелкое решение действительно маловажным и несущественным.

Эту истину хорошо иллюстрирует старая притча о том, как из-за незабитого гвоздя в подкове лошади пало целое королевство. Притча о незабитом гвозде гласит:

Из-за незабитого гвоздя потеряли подкову,
Из-за потерянной подковы лишились коня,
Из-за пропавшего коня погиб всадник,
Из-за погибшего всадника не доставили донесение,
Из-за недоставленного донесения проиграли битву,

Из-за проигранной битвы пало королевство.
А виной всему незабитый гвоздь в подкове[56].

Мораль этой притчи в том, что, казалось бы, незначительные и несущественные события могут привести к непредвиденным последствиям. Никто не мог бы предсказать, что королевство падет всего лишь из-за того, что у кузнеца не хватило одного подковного гвоздя. Однако, оглядываясь назад, мы понимаем, что одно незначительное на вид событие на самом деле повлекло за собой серьезные последствия. В свете такого исхода дела мы начинаем рассматривать это «незначительное событие» как деталь, которая изменила ход истории.

Когда мне было тринадцать лет, я принял одно решение, навсегда изменившее мою жизнь. Я решил пойти в гости к соседу, чтобы посмотреть его коллекцию книг «Тайны братьев Харди». Я был большим поклонником и постоянным читателем этих книг, и моя сестра рассказала мне, что у одного человека, который жил через пару домов от нашего, было полное собрание книг этой серии в твердом переплете.

Я пошел в гости к этому человеку, чтобы посмотреть его коллекцию. Между нами завязалась дружба, в результате которой я начал ходить в воскресную школу, а затем в молодежную группу Кутенейской церкви. Пару лет спустя церковь оплатила мое участие в местном библейском лагере[57], где евангельская весть достигла меня «...в силе и во Святом Духе, и со многим удостоверением...» (1 Фес. 1:5). Господь

---

[56] Точное происхождение притчи неизвестно, но ее различные варианты встречаются начиная с XIII века: https://en.wikipedia.org/wiki/For_Want_of_a_Nail.
[57] Cocolalla Lake Bible Camp (http://clbcamp.org/index.html).

обратил меня от греха и даровал мне веру во Христа (Флп. 1:29; Еф. 2:8–9). Позже мой друг поступил в Библейский колледж имени Миллара, где я посетил большую молодежную конференцию на выходных в феврале 1989 года. Там я познакомился с девушкой, в которую влюбился. Осенью 1990 года она планировала поступить в Библейский колледж имени Миллара, поэтому, естественно, я тоже решил там учиться. Несмотря на то, что она лишила меня всякой надежды на общение с ней еще до моего поступления в колледж, я все равно поступил туда, намереваясь вернуть ее. Но у меня так и не получилось этого сделать. Тем не менее я встретил еще одну прекрасную девушку, которая позже стала моей женой и матерью наших четверых детей.

Что, если бы я не пошел к соседу, чтобы посмотреть его коллекцию книг «Братья Харди»? Я мог бы так и не попасть в церковь, затем в лагерь, затем в колледж. Я мог бы остаться в Сэндпойнте и выбрать другой жизненный путь. Я мог бы встретить другую женщину, жениться на ней, и у меня были бы другие дети с другими именами! У меня бы не было моих нынешних детей! [58]

Если бы я не поступил в библейский колледж, меня бы не пригласили на должность пастора в Кутенейской церкви. Следовательно, пастором этой церкви был бы кто-то другой,

---

[58] Грег Каукл, спикер служения «Испытано истиной», любит развивать эту абсурдную иллюстрацию. Он говорит, что в таком случае моей нынешней жене пришлось бы выйти замуж за другого мужчину (потому что она так и не встретила бы меня из-за моего неправильного выбора), и у нее тоже были бы другие дети. Как от камня, брошенного в спокойный пруд, по всей воде расходятся круги, так и ужасные последствия решений верующих людей, которые упускают лучшие Божьи дары, влияют на многие поколения и тысячи людей. Бог может так и не исправить это, и все потому, что я принял всего лишь одно неправильное решение!

а я бы никогда не посвятил свою жизнь проповедническому служению и написанию книг. Я бы не написал эту книгу, и вы бы ее не читали — и все потому, что где-то в середине 1980-х годов я решил не идти смотреть чью-то коллекцию книг «Братья Харди» [59].

Сторонники учения о необходимости слышать голос Бога не могут последовательно применять это учение в жизни. Молятся ли они каждое утро о том, какую пару носков надеть? Ожидают ли они откровения от Бога о том, что им съесть на завтрак, насколько большой должна быть порция или сколько чашек кофе им выпить? Открывает ли им Бог Свою волю по поводу того, какую рубашку надевать каждое утро?

Вы можете возразить: «Конечно же, выбор работы будет иметь гораздо более серьезные последствия для меня, чем то, какую рубашку я надену». Вы уверены? Откуда вы знаете: может быть, решение надеть ту или иную рубашку сегодня окажется для вас таким же судьбоносным, как для меня решение посмотреть коллекцию книг «Братья Харди»?

Давайте проделаем мысленный эксперимент. Представьте следующую ситуацию.

Предположим, я принимаю решение надеть свою красную футболку-поло с надписью «Кутенейская церковь» и эмблемой в виде креста, вышитой спереди. Я иду в супермаркет, и, когда становлюсь в очередь, человек передо мной замечает мою рубашку. Он задает мне вопрос о церкви, благодаря чему мне удается завязать с ним разговор на духовные темы.

---

[59] Как человек, который искренне поддерживает здравое учение о всевластии Бога, я не верю, что альтернативные сценарии развития событий, похожие на тот, который я только что предложил, на самом деле возможны. Не верю, что я мог остаться неспасенным или жениться на другой женщине и иметь других детей.

В результате этого разговора он решает прийти в нашу церковь, где слышит Евангелие и обретает спасение.

Было ли мое решение надеть именно эту рубашку маловажным? А что, если бы я выбрал простую коричневую футболку-поло, которая висела рядом с ней в шкафу? Ничего бы этого не произошло, и этот человек по-прежнему остался бы неспасенным! Если перефразировать строку из древней притчи, из-за ненадетой футболки-поло погибла душа.

Значит ли это, что завтра я должен встать перед своим шкафом и ждать слова от Господа? Нужно ли мне Его водительство для принятия этого решения? Должен ли я обращаться к другим людям за благочестивым советом, сверять выбор рубашки с Божьим Словом, ожидать от Бога подтверждения в виде знамения или ждать, что Он проговорит ко мне тихим, нежным голосом? Почему, принимая это решение, которое может привести к серьезным последствиям, я не должен руководствоваться сложными правилами определения Божьей воли, которые предлагают проповедники, призывающие слушать голос Бога?

А что, если ключевым решением, которое я принял в тот день, было не то, какую рубашку надеть, а то, в какую кассу встать в очередь? Я совсем не искал Божьего водительства и не пытался услышать голос Бога по поводу того, какую выбрать кассу, но это решение могло оказаться таким же важным, как и решение о том, в какое учебное заведение поступить. А что, если эта встреча в очереди в кассу произошла не потому, что на мне была определенная футболка или я стоял в определенной очереди? Может, это случилось потому, что при входе в магазин я повернул налево, а не направо? На самом деле это событие могло произойти в результате каскадного эффекта сотни решений, которые я принял до того, как войти в магазин, и многие из которых казались совершенно не связанными друг с другом.

Как мне узнать, когда следует ожидать ответа от Бога, а когда нет? Учителя, призывающие слушать голос Бога, очень избирательны в том, что они называют «значимыми решениями», в принятии которых нам требуется Божье водительство. Если эти люди правильно понимают, как нужно искать Божьей помощи в принятии решений, они должны применять этот подход последовательно. Им следует признать, что не существует «неважных решений». Они должны применять свою методологию при выборе между курицей в апельсиновом соусе и рагу по-китайски также основательно, как и при выборе автомобиля.

Даже Чарльз Стэнли, который утверждает, что Бог сказал ему, куда пойти, чтобы купить индейку, не советовался с Богом о том, индейку какого производителя выбрать, какую именно индейку, в какую кассу идти, покупать ли что-нибудь еще, платить наличными или кредитной картой, брать бумажный или полиэтиленовый пакет. Почему мы должны верить, что Стэнли нуждался в особом откровении от Бога по поводу того, в каком магазине покупать индейку, но не по поводу выбора способа оплаты?

ДИЛЕММА КУРИЦЫ И ЯЙЦА

Сторонники учения о необходимости слышать Бога столкнулись с настоящей «дилеммой курицы и яйца». С одной стороны, они утверждают, что для того, чтобы услышать голос Бога, мы должны сначала установить с Ним любовные и близкие отношения. Без этих любовных и близких отношений мы не научимся слышать Бога, узнавать Его голос и отличать его от голосов самозванцев. Присцилла Ширер пишет: «Мы можем различать голос Бога только в контексте близких отношений с Ним» [60]. В той же главе она отмечает:

> Христиане — овцы Господни. Он наш Пастырь. По мере того, как мы возрастаем в Господе, мы учимся распознавать Его голос и понимать Его послания. Агнец умеет различать голос своего пастыря не так хорошо, как взрослая овца. Агнцы учатся этому, все больше познавая пастыря и откликаясь на его голос. Этот навык приходит со временем, в процессе построения отношений [61].

По мнению Ширер, способность слышать Бога появляется после того, как между нами устанавливаются близкие отношения. Далее она пишет:

> Когда мы вступаем в близкие отношения с Ним через Его Слово, мы познаем Его характер, стиль общения и тон голоса. Благодаря этому мы узнаем Его голос и силой Святого Духа можем отличать его от голосов незнакомцев (Ин. 10:5) [62].

Чтобы услышать голос Бога, нам нужно сначала установить с Ним близкие, любовные отношения. Тем не менее, как отмечалось ранее в этой главе, сторонники учения

---

[60] Shirer, *He Speaks to Me*, 162.
[61] Там же, 163.
[62] Там же, 164.

о необходимости слышать Божий голос считают, что отношения с Богом, в контексте которых верующий не «слышит» Его голоса, вообще нельзя назвать настоящими. Они пренебрежительно относятся к таким отношениям, сосредоточенным на Библии, и считают их игрой в одни ворота — бесплодным, безмолвным, безответным общением. С одной стороны, эти авторы утверждают, что мы должны развивать любовные и близкие отношения с Богом через Его Слово, чтобы слышать Его, но с другой, они настаивают на том, что нам нужно слышать Его, чтобы иметь с Ним настоящие отношения.

Сторонники этого учения считают, что нужно иметь отношения с Богом, чтобы слышать Его, но отношения с Богом невозможно установить, не слыша Его. Как это понимать?

Такое непримиримое противоречие прослеживается в сочинениях Генри Блэкаби на эту тему. Блэкаби заявляет, что для того, чтобы услышать голос Бога, необходимо иметь близкие любовные отношения с Ним. Он пишет:

> Близкие любовные отношения с Богом — это главное условие для того, чтобы различать Божий голос и слышать, когда Он говорит. Вы учитесь узнавать Его голос, по мере того как познаете Его в любовных отношениях. Когда Бог будет говорить, а вы будете отвечать, постепенно вы станете узнавать Его голос все более четко. Некоторые пытаются познать Бога вне любовных отношений. Кто-то ищет сверхъестественного знамения или пытается соблюсти определенные ритуалы или правила, чтобы узнать Божью волю. Но ничто не заменит близких отношений с Богом[63].

---

[63] Blackaby and King, *Experiencing God*, 88.

При этом на предыдущей странице он пишет: «Бог по-прежнему обращается к Своему народу. Если вы не слышите, как говорит Бог, значит, у вас проблемы с самим основанием вашей христианской веры»[64]. По мнению Блэкаби, у нас не может быть искренних, подлинных, близких отношений с Богом, если мы не слышим Его голос. Тем не менее он утверждает, что нам необходимо иметь такие отношения с Богом, чтобы слышать Его голос. Способность слышать голос Бога — это либо причина любовных отношений с Ним, либо их следствие, но она не может быть и тем и другим одновременно.

А КАК НАСЧЕТ БИБЛИИ?

Учителя, призывающие слушать Бога, исходят из предпосылки, что Писание не является достаточным источником Божьей истины. Если бы они принимали достаточность Писания, они бы не стали утверждать, что нам нужно что-либо еще. Я понимаю, что это заявление звучит категорично, но в свете учения этих авторов о том, как Бог общается с нами, а также многочисленных примеров того, как они прислушиваются к голосам за пределами Писания, я полагаю, что это справедливое и точное заявление. Хотя они считают Писание неотъемлемым элементом христианской жизни, они не верят, что в Писании Бог даровал нам достаточно знаний, необходимых для жизни и благочестия.

Они рассматривают Писание как необходимый инструмент, который Бог дал нам, чтобы научить нас слышать Его голос в наших мыслях. Но я верю, что Писание само по себе

---

[64] Там же, 87. Курсив мой.

является живым Божьим Словом. Это не средство, которое помогает мне слышать голос Бога за его пределами. Писание и есть голос Бога. Это Его Слово.

Эти проповедники рассуждают так, будто Бог не проговорил к нам в Писании. По словам Роберта Морриса, если в своей жизни мы не слышим «голоса Бога», мы просто «говорим с Богом, но ничего не слышим в ответ»[65]. Это слова человека, который не считает Писание голосом Бога. Как можно говорить, что, имея 66 книг, которые Бог писал через Святого Духа на протяжении многих веков ради благословения Божьего народа, мы «ничего не слышим в ответ»?

Эти авторы не считают, что Писания достаточно для того, чтобы установить любовные, личные и близкие отношения с Богом. Вот почему они призывают нас прислушиваться к Божьему голосу в побуждениях, видениях, снах, впечатлениях и знамениях. По их мнению, у христианина, у которого есть Писание, и только Писание, «проблемы с самим основанием его христианской веры»[66], и он отлучен от общения с Богом — источника Божьей любви, заботы и водительства.

Эти проповедники не считают, что в Писании содержится достаточное откровение о природе и характере Бога. Чарльз Стэнли смело заявляет: «Я уверен, что главная причина, по которой Бог продолжает говорить нам сегодня, состоит в том, что Он хочет, чтобы люди Его знали. Если бы Бог перестал нам говорить, сомневаюсь, чтобы мы смогли когда-либо Его узнать»[67]. Вряд ли этот человек верит, что Писание является

---

65 Morris, *Frequency*, 6.
66 Blackaby and King, *Experiencing God*, 87.
67 Стэнли Ч. Как слушать Бога. М.: Прикосновение, 2002. С. 9. Курсив мой.

достаточным откровением о природе Бога. Стэнли полагает, что, если бы Бог не продолжил давать нам откровение о Себе, мы были бы лишены важнейшей информации о природе Бога. Это абсурдное посягательство на достаточность Писания. Мы унижаем достоинство Божьего Слова, если утверждаем, что обретаем истинное знание о Боге через внутренние побуждения, субъективные послания и косвенные знамения — например, слово от Бога о том, где купить индейку на День благодарения. Нелепо заявлять, что сегодня мы нуждаемся в новом откровении от Бога, чтобы «…мы смогли… Его узнать». Величайшее откровение о природе Бога явлено в Писании, а также в воплощении Иисуса Христа. Бог не нашептывает его нам тихим, нежным голосом, в ощущениях и впечатлениях.

Хотя учителя, которых я критикую, не стали бы открыто на словах отрицать достаточность Писания, они отрицают это учение на практике. Тот факт, что они проповедуют внебиблейское откровение, по сути, указывает на то, что они отвергают это важнейшее христианское учение.

Писание — это все, что нам нужно!

Бог записал для нас Свою волю. Он сохранил Писание для нас. Он предоставил его нам на человеческом языке, дал нам возможность читать, знать и понимать его. Я могу долго размышлять на эту тему. Писание неизменно. Оно не зависит от моих чувств, эмоций или перепадов настроения. Я не ломаю голову над тем, что слышу — Божье Слово или сотни обманчивых «голосов». Божье Слово заключено в Писании и подтверждено знамениями и чудесами. Сегодня оно так же «живо и действенно», как и в то время, когда было написано (Евр. 4:12).

Наивысшее, совершенное и окончательное откровение Бога заключено в личности Христа. Христос явлен нам на страницах Писания. Если вы думаете, что вам нужно что-либо еще, помимо этого, вы неправильно понимаете природу Писания. Вы не верите в его авторитетность.

Какие основания у вас есть не верить в его достаточность? Почему вы думаете, что какие-либо из методов, продвигаемых проповедниками учения о необходимости слышать голос Бога, обязательны для жизни и благочестия? Действительно ли вам нужно слышать голос Бога вне Писания? Только в случае, если Писания недостаточно.

ГЛАВА 5

ЛОЖНАЯ ПРЕДПОСЫЛКА 2:

Мне следует ожидать, что я услышу голос Бога вне Писания

Одна из главных доктрин христианства — вера в то, что Бог открыл Себя человечеству по Своей воле. Христиане верят в личного, трансцендентного Бога, Который добровольно решил открыть Себя нам.

Если бы Бог не открыл Себя нам в личности Христа и в Писании, наше знание о Нем ограничивалось бы тем, что явлено в творении. Но даже в этом случае наше представление о Боге было бы искаженным и недостоверным, поскольку грех испортил Божье творение, наложив на него проклятие (Рим. 8:18–22). Мы наблюдаем падшее творение, которое выглядит и функционирует не так, как Бог задумал изначально. Более того, всякое наше наблюдение запятнано нашим собственным грехом, нравственной тьмой и развращенным умом. Откровения в творении достаточно, чтобы привлечь нас к ответственности за наши грехи (Рим. 1:18–21), но недостаточно, чтобы искупить нас от Божьего правосудия.

Согласно Посланию к Евреям 1:1–2, величайшим и окончательным откровением о Божьей природе и воле является Иисус Христос: «Бог, многократно и многообразно говоривший издревле отцам в пророках, в последние дни сии говорил нам в Сыне, Которого поставил наследником всего, через Которого и веки сотворил». Кульминацией Божьего откровения является личность Христа. Ветхий Завет предвосхищает это откровение, а Новый Завет объясняет его. С точки зрения библейского христианства 66 книг Библии, которые содержатся в Ветхом и Новом Завете, представляют собой полное, богодухновенное, безошибочное, непогрешимое, авторитетное и совершенное Слово живого Бога. Мы верим, что Бог изрек и сохранил для нас Свое Слово, действуя Своим провидением на протяжении всей истории.

Более того, ни один христианин не станет утверждать, что Бог не может общаться с людьми. Мы верим, что Бог всевластен и может делать все, что хочет (Пс. 113:11; Дан. 4:31–32). На протяжении всей библейской истории Бог ясно говорил с людьми и записывал это откровение для нас через людей, сохраняя его ради благословения и пользы Своего народа многие века.

Ни один верующий человек, любящий Писание, никогда не станет утверждать, что Бог не может говорить или что Он не проговорил. В этой связи нас интересует вопрос: «Обещал ли Он говорить со мной сегодня вне Писания?»

КАК ТОГДА, ТАК И СЕЙЧАС

Сторонники учения о необходимости слышать голос Бога утверждают, что Он говорит сегодня так же, как говорил в библейские времена. Чарльз Стэнли пишет: «Возникает вопрос: „Почему же Бог все еще желает нам говорить? Разве не достаточно того, что Он сказал в книгах Священного Писания, начиная с книги Бытия и кончая книгой Откровения?" Есть несколько неоспоримых причин, исходя из которых, Бог все еще оставляет открытыми пути общения со Своим народом — христианами» [68].

Обосновывая свое утверждение, Стэнли перечисляет эти четыре причины:

> Первая и основная причина состоит в том, что Бог любит нас так же, как любил Свой народ во времена Ветхого и Нового Заветов.
>
> <…> Вторая причина, по которой Бог говорит нам сегодня — это потребность в ясном и целенаправленном Божьем руководстве нашей жизнью. Божье водительство нужно нам так же, как в свое время в нем нуждались Иисус Навин, Моисей, Иаков, Ной.
>
> <…> Третья причина. Бог знает, что нам, как и верующим предыдущих эпох, необходимы утешение и уверенность. <…> Я уверен, что главная причина, по которой Бог продолжает говорить нам сегодня, состоит в том, что Он хочет, чтобы люди Его знали [69].

---

[68]   Стэнли Ч. Как слушать Бога. М.: Прикосновение, 2002. С. 8–9. Заметьте, что Стэнли невольно упоминает о «достаточности»: «Разве не достаточно того, что Он сказал в книгах Священного Писания, начиная с книги Бытия и кончая книгой Откровения?» Кто-то может не согласиться с идеей, которую я повторяю неоднократно: учителя, призывающие слушать голос Бога, отрицают достаточность Писания. Однако термины, которые они сами употребляют, выдают их истинные богословские взгляды. Из ответа Стэнли ясно, что он не считает, что Писания достаточно. Учителя, призывающие слушать голос Бога, постоянно говорят, что нам нужно нечто большее.

[69]   Там же.

В трех из четырех случаев, когда Стэнли обосновывает свое утверждение о том, что Бог по-прежнему говорит сегодня, он упоминает о том, как Бог общался с верующими древности, среди которых Иисус Навин, Моисей, Иаков или Ной. Стэнли полагает, что мы так же нуждаемся в том, чтобы Бог говорил с нами сегодня, как верующие в библейские времена нуждались в общении с Богом. По мнению Стэнли, той информации, которую Бог открыл им, недостаточно для нас. Она не передает Его любви к нам и не дает утешения и уверенности.

Стэнли пишет: «Бог обещает говорить нам. Это обещание красной нитью проходит через все Священное Писание. Но если мы сомневаемся, что Он способен нам говорить, нам будет нелегко услышать Его голос»[70]. Те, кто не принимает идею о том, что нам необходимо «слышать Бога», не сомневаются, что Бог может с нами говорить. Мы просто отрицаем, что Бог говорит с нами при помощи крайне субъективных, ненадежных и ложных методов, о которых проповедует Стэнли. Он полагает, что Божье откровение в прошлом представляет собой обетование откровения в настоящем.

Следуя примеру Стэнли, Генри Блэкаби пишет: «От Бытия до Откровения вся Библия свидетельствует о том, что Бог говорит со Своим народом. В наши дни Бог обращается к нам через Святого Духа»[71]. Блэкаби полагает, что, если Бог проговорил к Своему народу в Писании (от Бытия до Откровения) в то время, Он продолжает делать это и сегодня через Святого Духа.

Блэкаби пишет:

---

[70] Там же, 76.
[71] Blackaby and King, *Experiencing God*, 35.

> Самый очевидный факт, который следует из прочтения Библии, — это истина о том, что Бог обращается к Своему народу. Он говорил с Адамом и Евой в Эдемском саду в Книге Бытия. Он говорил с Авраамом и другими патриархами. Бог говорил с судьями, царями и пророками. Бог был во Христе Иисусе, когда Тот разговаривал с учениками. Бог говорил с ранней церковью, а также с Иоанном на острове Патмос в Книге Откровения. Бог на самом деле говорит со Своим народом, и вы можете ожидать, что Он будет говорить и с вами [72].

Этот аргумент в пользу того, что мы должны слушать Бога, основан на библейских отрывках, которые ясно учат, что Бог всегда говорит. В Писании нет ни одного отрывка с обетованием о том, что, если Бог говорил с Моисеем, Он будет говорить и со мной. Сторонники учения о необходимости слышать голос Бога полагают, что, если Бог открыл истину в прошлом, Он должен открывать ее сегодня таким же образом. Они считают, что сегодня Бог должен взаимодействовать со Своим народом так же, как Он взаимодействовал со святыми древности [73].

Когда они читают Библию, они не видят в ней совершенного, достаточного и полного откровения Божьей истины. Они видят в ней историческое свидетельство о том, как Бог говорил с людьми в прошлые времена. Библия представляет собой шаблон, позволяющий нам различать голос Бога в наше

---

[72] Там же, 83. Курсив мой.
[73] Я понимаю, что многие сторонники учения о необходимости слышать голос Бога цитируют различные стихи из Писания, чтобы обосновать свое утверждение о том, что Бог говорит сегодня. Я рассмотрю эти стихи в последующих главах. В этом разделе я анализирую только предпосылки, из которых они исходят, цитируя Писание.

время: она демонстрирует все способы, посредством которых мы можем слышать Божий голос сегодня.

В подтверждение этой мысли Марк Баттерсон ссылается на Послание к Евреям 1:1, но неверно его толкует. Он выборочно цитирует лишь часть первого предложения из Евреям: «Бог, многократно и многообразно говоривший издревле отцам…»[74] Затем он перечисляет несколько «странных и таинственных способов», которыми говорил Бог: горящий куст, знамения и чудеса, болезнь, рука, пишущая на стене вавилонского дворца, и ослица Валаама.

Затем Баттерсон отмечает: «Позвольте мне прояснить кое-что. Перечислив различные способы, которыми говорит Бог, автор Послания к Евреям сосредоточивается на величайшем Божьем откровении — Иисусе Христе. Он есть полное и окончательное Божье откровение»[75]. Пока что все хорошо. Но Баттерсон не останавливается на этом. В следующем абзаце он пишет: «Говорит ли сейчас Бог „многообразно", как и раньше? Я верю, что да. Я верю, что Бог говорит сейчас так же, как Он говорил в те времена, но теперь у нас есть явное преимущество: Писание — это наш резонатор»[76].

Вы заметили явное противоречие? Баттерсон пишет: «Он [т. е. Иисус Христос] есть полное и окончательное

---

[74] Mark Batterson, *Whisper: How to Hear the Voice of God* (New York: Crown Publishing Group, 2017), 54.

[75] Там же, 55.

[76] Там же. Курсив мой. Обратите внимание, что в этом отрывке прямо сказано, что этими способами Бог говорил в пророках «издревле». Слово «издревле» здесь противопоставляется выражению «в последние дни сии», когда Бог дал нам откровение во Христе. Автор Послания к Евреям говорит, что Бог давал «многократное» и «многообразное» откровение о Себе в предыдущую эпоху истории откровения — «издревле». Марк Баттерсон утверждает, что «Бог говорит сейчас так же, как Он говорил в те времена». Это высказывание прямо противоречит тому самому отрывку, который цитирует Баттерсон.

Божье откровение», но при этом отмечает: «Я верю, что Бог говорит сейчас так же, как Он говорил в те времена…» Если Христос — окончательное Божье откровение, то Бог говорит сейчас не так, как тогда. Либо Христос — окончательное откровение Бога, либо Бог продолжает говорить и сегодня. Если Бог продолжает говорить сегодня, то Христос не является Его окончательным откровением. Баттерсон не может одновременно верить и в то, и в другое.

Для сторонников учения о необходимости слышать голос Бога «странные и таинственные способы», которыми Бог говорил в прошлом, служат примером того, как Он говорит сегодня. Действительно ли они верят, что Бог будет общаться через говорящего осла, через руку, пишущую послания на стенах, и через горящие кусты? Если Бог говорит теми же способами, почему у нас нет видеодоказательств того, что подобные вещи регулярно происходят среди нас сегодня?[77]

Кроме того, обратите внимание, что Баттерсон называет Писание «нашим резонатором».

В том же разделе он пишет:

>> Верить, что Бог говорит только через Библию, — значит связывать руки Богу, Который открывает нам Себя в Библии. Да, Писание обеспечивает нам систему сдержек и противовесов.

---

[77] См. Чис. 22:22–30, Исх. 3:1–9 и Дан. 5:1–28. Некоторые могут возразить, что я довожу их учение до абсурда. Я просто довожу их учение до логического завершения. Я лишь прошу учителей, призывающих слушать голос Бога, быть последовательными. Они утверждают, что Бог сегодня говорит то же самое, что и раньше, используя те же методы и средства. Они проповедуют, что Писание демонстрирует различные средства, которые Бог до сих пор использует. Я сомневаюсь, что кто-либо из этих учителей ожидает услышать Божий голос через говорящего осла. Тот факт, что они этого не ожидают, убедительно доказывает, что они не верят, что сегодня все происходит так же, как в библейские времена.

И Бог никогда не скажет ничего, что противоречит Его благой, угодной и совершенной воле, открытой в Писании [78].

По мнению учителей, призывающих слушать Бога, ценность Писания в том, что с его помощью можно проверить, является ли голос, который мы слышим, голосом Бога. Мы обращаемся к Писанию и проверяем, соответствуют ли наши личные откровения образцу прошлых откровений Бога. «Резонатор» либо подтверждает, что голос, который я слышу, — это голос Бога, либо показывает, что я ошибаюсь.

Баттерсон утверждает, что у нас есть преимущество, которого не было у святых прошлого. У нас есть Писание — «резонатор», и с его помощью мы можем проверить голос Бога. Но как мы узнаем, что «резонатор» не ошибается? Откуда мы можем знать, что святые древности поняли Бога правильно, если у них не было «резонатора», проверяющего голос Бога?

Посмотрите, к какой большой путанице приводит богословский субъективизм во взглядах тех, кто призывает слушать Бога. С одной стороны, они утверждают, что Бог сегодня говорит так же, как Он говорил в библейские времена, абсолютно тем же образом, так же часто и с таким же качеством. С другой стороны, они говорят, что Библия нам нужна как «резонатор», с помощью которого мы можем «проверять» Божий шепот. Если древние святые не нуждались в «резонаторе», когда слышали Божий шепот, то разве нам нужно проверять истинность подобного шепота при помощи некоего «резонатора»? Откуда мы знаем, что святые древности поняли Бога правильно без «резонатора»? По словам Баттерсона, они были в менее выгодном положении, чем мы.

---

[78] Batterson, *Whisper*, 55.

Откуда нам знать, что Писание достоверно, авторитетно и непогрешимо, если эти люди слышали тот же шепот, что и мы, но записывали его без «резонатора»?

Единственный способ разрешить это сложное противоречие для тех, кто призывает слушать голос Бога, — это согласиться с одним из следующих утверждений:

1. Сегодня Бог не может говорить с той же точностью, ясностью и авторитетом, как в библейские времена. Раньше Он давал ясное и точное откровение, истолкование которого не требовало «резонатора». Однако по какой-то причине Он больше не может этого делать.

2. Сегодня Бог не говорит с той же точностью, ясностью и авторитетом, как в библейские времена. Он говорит другими способами и не так ясно, как раньше. Сегодняшнее Божье откровение — это неполноценное, неясное послание, которое можно неправильно понять и необходимо проверять с помощью внешнего стандарта — «резонатора».

3. Нет никакого основания считать, что Писание более богодухновенно и надежно, чем моя последняя случайная мысль[79].

---

[79] Даллас Виллард излагает как раз это учение в книге «Слышать Бога». В главе под названием «Божье Слово и Божье владычество» Виллард утверждает, что субъективный голос Бога, который мы получаем, имеет ту же природу, что и письменное Слово Божье: «Библия — одно из следствий Божьего слова». Виллард дает новое определение понятию «непогрешимость», тем самым отвергая библейское учение. Он отрицает, что текст непогрешим сам по себе: «Он непогрешим в этом смысле именно потому, что Бог никогда не оставляет его». Иначе говоря, текст следует считать «непогрешимым» только тогда, когда Бог использует его для Своих искупительных и коммуникативных целей. Что касается безошибочности Писания, Виллард пишет: «Безошибочность оригинальных текстов становится действенной для искупительных целей только тогда, когда этот текст посредством его современных производных постоянно помещается в контекст вечного живого Слова». По мнению Вилларда, Библия не является объективно непогрешимым и безошибочным откровением, а может лишь считаться таковым, когда

Какой бы вариант они ни выбрали, они вынуждены признать, что эта основополагающая предпосылка учения о слышании голоса Бога неверна. Она приводит их либо к отрицанию уникальности Писания, либо к отрицанию того, что Бог говорит сегодня так же, как и много лет назад.

ОБЩЕНИЕ И ОТНОШЕНИЯ

Сторонники учения о необходимости слышать голос Бога утверждают, что, поскольку наш Бог — «говорящий» Бог, Он всегда говорит. В книге «Сила шепота» Билл Хайбелс пишет в главе «Наш говорящий Бог»: «На протяжении всей истории Бог говорил с нами. <…> Если сказать вкратце, наш Бог — это Бог, Который общается с нами. Так всегда было и будет»[80]. В подтверждение мысли о том, что Бог всегда общается со Своим народом, Хайбелс приводит примеры Илии, Давида, Моисея и других библейских героев, с которыми разговаривал Бог.

С точки зрения Хайбелса, Вилларда и Блэкаби, общение Бога с людьми — это неотъемлемый элемент Его любовных отношений с нами. Хайбелс цитирует Вилларда: «Люди сотворены для того, чтобы постоянно находиться в отношениях с Богом, в рамках которых они разговаривают с Богом и слышат Его голос»[81]. Для Вилларда личное и прямое общение

Бог действует через него, чтобы доносить до нас Свой голос в настоящем. Конечно, Он мог бы использовать и множество других средств, все из которых в тот самый момент становятся для нас Его непогрешимым и безошибочным словом. Описывая различные виды откровений, Виллард заявляет: «Но *все это слова* Бога, как и Его голос, который мы слышим, когда *слышим Бога лично*» (185).

[80]   Hybels, *The Power of a Whisper*, 41.
[81]   Там же, 59; Виллард Д. Слышать Бога. М.: Триада, 2023. С. 18.

с Богом вне Писания настолько важно, что он задается вопросом: «Как могут установиться близкие отношения и общение с Богом — да и не только с Богом, но и с людьми — без личной беседы, без диалога?»[82] Он заявляет: «Таким образом, к нашему списку следует добавить еще один пункт: общение. Когда это нужно, Бог непосредственно обращается к каждому — чего и следует ожидать во взаимоотношениях между теми, кто знает и любит друг друга, и делает общее дело»[83]. Нам следует «ожидать» такого регулярного общения.

Эти авторы не могут представить себе отношения с Богом без личного, индивидуального откровения вне Писания. Роберт Моррис заявляет, что наша способность слышать голос Бога — это «естественный результат подлинных и постоянных отношений с Богом»[84]. Присцилла Ширер пишет: «Когда мы обретаем позиционную святость, мы становимся членами Божьей семьи. Бог будет говорить с нами в контексте этих отношений»[85]. Они утверждают, что, как и любые любовные, близкие отношения, наши отношения с Богом требуют постоянного двустороннего общения.

Обратите внимание на предпосылку, лежащую в основе этого учения: Бог недостаточно сказал нам в Писании. Необходимо нечто большее. Учителя, призывающие слушать голос Бога, не понимают, что чтение Писания и молитва представляют собой двустороннее общение. Мы говорим с Богом в молитве. Он говорит с нами в Писании. В молитве мы приносим Богу наши прошения, хвалу и поклонение. Мы высказываем Ему чувства нашего сердца, сокрушение

---

82   Виллард Д. Слышать Бога. М.: Триада, 2023. С. 23. Курсив автора.
83   Там же, 58. Курсив мой.
84   Morris, *Frequency*, xviii.
85   Shirer, *He Speaks to Me*, 92. Курсив мой.

о наших грехах и ликование нашей радости. Когда мы читаем Писание, мы слышим, как Бог говорит через Свое письменное Слово о Своей любви к нам, искупительных целях и непоколебимых обетованиях. В Писании Бог открывает нам Свою суверенную волю в отношении всего творения и индивидуальную волю в отношении нас, Его народа[86]. ЭТО двустороннее общение.

ТЕКСТ ИЗ ПИСАНИЯ НА ПОМОЩЬ!

Иоанна 10:4: «И когда выведет своих овец, идет перед ними; а овцы за ним идут, потому что знают голос его».

Иоанна 10:27: «Овцы Мои слушаются голоса Моего, и Я знаю их; и они идут за Мною».

Проповедники учения о необходимости слышать голос Бога цитируют Писание, пытаясь доказать, что Бог обещал говорить с нами сегодня вне Писания. Самый цитируемый текст — это глава 10 Евангелия от Иоанна. Почти все сторонники этого учения апеллируют к словам Иисуса из проповеди о добром Пастыре.

Генри Блэкаби несколько раз цитирует главу 10 Евангелия от Иоанна. В главе с ироническим названием «Бог говорит через Библию» он пишет:

> Христос сравнил Свои отношения с Его последователями с отношениями пастыря и овец. Он сказал: «...а входящий дверью есть пастырь овцам. ...Овцы слушаются голоса его...

---

[86] Хотя Писание не говорит нам конкретно, как поступать, когда мы принимаем различные решения, Бог открыл нам все, что необходимо для принятия решений во славу Божью. См. главу 17.

…Овцы за ним идут, потому что знают голос его» (Ин. 10:2–4). Аналогичным образом, когда Бог будет говорить с вами, вы узнаете Его голос и последуете за Ним [87].

Заимствуя образы из проповедей Иисуса, Блэкаби приходит к следующему выводу: «Из Писания, которое является для нас руководством, мы знаем, что Бог может говорить с людьми уникальными способами. Его народ услышит и узнает Его голос» [88]. Обратите внимание, что для Блэкаби Писание само по себе не является голосом Бога. Это руководство о том, как услышать и узнать голос Бога, Который обращается к каждому из нас лично особым образом вне Писания.

Далее в подтверждение своего вывода Блэкаби цитирует главу 10 Евангелия от Иоанна: «Важно ли знать, когда Святой Дух говорит с вами? Да! Откуда вы знаете, что говорит Святой Дух? Я не могу дать вам готовую формулу. Но я могу сказать, что вы узнаете Его голос, когда Он проговорит к вам (Ин. 10:4)» [89].

Чарльз Стэнли пишет:

> Проблема не в том, что мы не верим в способность и желание Бога говорить нам, а в том, что мы не способны распознать Его голос. Но Он — наш Пастырь, а мы — Его овцы, которые «знают голос Его» (Иоан. 10:4). Следовательно, существуют ключи к разгадке секрета распознания голоса Божьего [90].

---

87   Blackaby and King, *Experiencing God*, 102.
88   Там же, 103.
89   Там же, 111.
90   Стэнли Ч. Как слушать Бога. М.: Прикосновение, 2002. С. 47.

В главе под названием «Как распознать голос Божий» Стэнли отмечает:

> В Евангелии от Иоанна Иисус недвусмысленно утверждает, что обычно верующий человек легко узнает голос Божий: «Овцы Мои слушаются голоса Моего, и Я знаю их, и они идут за Мною» (Иоан. 10:27). <...> Исполненные Духом истинные верующие могут распознать голос Божий [91].

Роберт Моррис называет главу 10 Евангелия от Иоанна «одним из основополагающих библейских отрывков, в которых описываются такие близкие отношения с Богом» [92]. Моррис пишет: «В центре внимания главы 10 Евангелия от Иоанна следующая истина: Бог хочет, чтобы мы жили, слушая Его голос» [93]. Моррис утверждает, что наша способность слышать Бога «...проявляется в первую очередь не в поведении. Это отражение нашего естества» [94]. Он акцентирует внимание на том, что Иисус называет нас Своими овцами. По мнению Морриса, все, кто принадлежит Христу, способны слышать Его голос в силу того, что мы Его овцы. Моррис называет это нашей «врожденной способностью»: «Овцы рождаются овцами. У них есть врожденная способность слышать своего пастыря. Это встроено в их ДНК» [95].

По мнению Морриса, глава 10 Евангелия от Иоанна учит нас тому, как «великий Пастырь» лично руководит

---

[91] Там же, 50.
[92] Morris, *Frequency*, 6.
[93] Там же.
[94] Там же.
[95] Там же, 10.

каждой овцой ежедневно. Моррис пишет: «Кто такой Иисус? Иисус — наш добрый Пастырь. А кто мы такие? Мы овцы. И как добрый Пастырь направляет Своих овец? Своим голосом. Именно так мы должны жить: нам следует слушать голос Иисуса. Мы обретаем жизненную силу, когда регулярно и отчетливо слышим Его голос»[96].

По словам Морриса, 10 глава Евангелия от Иоанна — это обетование Иисуса о том, что Он будет регулярно говорить с вами вне Писания: «Иисус заявляет, что добрый Пастырь — это Он Сам, и обещает, что Его овцы услышат Его голос»[97].

Присцилла Ширер также ссылается на главу 10 Евангелия от Иоанна и пишет: «Христиане — овцы Господни. Он наш Пастырь. По мере того, как мы возрастаем в Господе, мы учимся распознавать Его голос и понимать Его послания»[98]. По мнению Ширер, в этом суть обетования, которое дает нам Христос:

> Обращаясь к Своим ученикам в Евангелии от Иоанна 10:27, Иисус дал им — и нам — верное обетование: «Овцы Мои слушаются голоса Моего». Никаких «если». Никаких «но». Никаких исключений. Никаких условий. Если вы Его дитя, Его овца, вы можете быть настолько уверены в том, что Бог говорит с вами, насколько уверены в том, что существует стул, на котором вы сидите[99].

---

[96] Там же, 9.
[97] Там же, 10.
[98] Shirer, *He Speaks to Me*, 163. Джойс Майер делает такое же заявление: она утверждает, что голос Пастыря — это «мир в сердце». См. следующий источник: Joyce Meyer, *How To Hear From God: Learn to Know His Voice and Make Right Decisions* (New York: Faith Words, 2003), 94.
[99] Shirer, *Discerning the Voice of God*, 33–34. Курсив мой.

На главу 10 Евангелия от Иоанна также ссылается Джойс Майер, чтобы обосновать свое учение о том, что, когда Бог дает личные откровения, мы «просто знаем», от Него они или нет. Она пишет: «Люди спрашивают: „Как мне быть уверенным в том, что я слышу Бога?" В Слове говорится, что мы просто знаем, что это Его голос, а не чей-то еще»[100]. Майер утверждает, что верующий обладает естественной способностью «просто знать», кто говорит с ним — Бог или дух обольщения.

Глава 10 Евангелия от Иоанна — это ключевой отрывок, на который ссылаются авторы, призывающие нас слышать Бога. Суть их учения по главе 10 Евангелия от Иоанна можно свести к следующему:

1. Иисус обещал, что будет говорить со Своими овцами.

2. Следует ожидать, что наш Пастырь будет регулярно общаться с нами через впечатления, побуждения и ощущения.

3. Все христиане способны слышать и узнавать голос Пастыря[101].

Но действительно ли об этом сказано в главе 10 Евангелия от Иоанна? Говорил ли Иисус, что Он будет постоянно общаться с каждым верующим лично вне Писания, чтобы помогать ему в повседневной жизни и направлять его?[102]

---

[100] Meyer, *How to Hear From God*, 236.

[101] Они утверждают, что, хотя у нас есть врожденная способность различать Его голос, это все равно навык, которому необходимо учиться. Они пишут целые книги о том, как научиться «слышать» Бога.

[102] На протяжении семи лет я проповедовал по Евангелию от Иоанна на воскресном утреннем богослужении. Материалы, в которых я подробно рассматриваю все эти отрывки и их контекст, доступны на сайте нашей церкви: kootenaichurch.org.

ГЛАВА 10 ЕВАНГЕЛИЯ ОТ ИОАННА: КОНТЕКСТ

В подтверждение своего учения авторы, призывающие слушать голос Бога, приводят четыре стиха из главы 10 Евангелия от Иоанна[103]:

10:3: «Ему придверник отворяет, и овцы слушаются голоса его, и он зовет своих овец по имени и выводит их».

10:4: «И когда выведет своих овец, идет перед ними; а овцы за ним идут, потому что знают голос его».

10:16: «Есть у Меня и другие овцы, которые не сего двора, и тех надлежит Мне привести: и они услышат голос Мой, и будет одно стадо и один Пастырь».

10:27: «Овцы Мои слушаются голоса Моего, и Я знаю их; и они идут за Мною».

Христос обещал, что те, кто принадлежат Ему, будут слышать Его голос и следовать за Ним. Он также пообещал, что Его овцы не будут следовать за чужим голосом.

10:5: «За чужим же не идут, но бегут от него, потому что не знают чужого голоса».

10:8: «Все, сколько их ни приходило предо Мною, суть воры и разбойники; но овцы не послушали их».

Стих 6, который мы часто пропускаем, является ключевым для понимания всей проповеди о добром Пастыре: «Сию притчу сказал им Иисус; но они не поняли, что такое Он говорил им» (10:6). Иоанн прямо утверждает, что слова

---

[103]   Тот факт, что эти авторы цитируют отдельные фразы из этих четырех стихов, вырывая их из контекста и никак не поясняя его, указывает на то, что что-то здесь неладно. Обычно это свидетельствует о том, что они неправильно истолковывают эти отрывки и искажают смысл, заложенный в них автором.

Иисуса о том, что овцы «слышат Его голос» или «знают Его голос», — это образные выражения. Те, к кому Он обращался, не понимали, что Он имел в виду. В этом отрывке мы видим очевидную иронию: те, кому Иисус говорил, что они должны «слышать Его голос», не понимали, что Он говорил.

К кому же относятся местоимения «они» и «им» в шестом стихе? К кому была обращена эта проповедь? Чтобы ответить на этот вопрос, нам придется вернуться к событиям, описанным в главе 9, игнорируя искусственное разделение текста на главы. Давайте прочитаем разговор, описанный в конце этой главы.

В главе 9 Евангелия от Иоанна Иисус исцелил слепорожденного (9:1–7). Это неоспоримое чудо привлекло внимание фарисеев, которые опросили исцеленного. Этот человек, который некогда был слепым, рассказал основные подробности своей встречи с Иисусом (9:13–17). Фарисеи отказались поверить свидетельству этого человека и усомнились в том, что он действительно был слеп и прозрел (9:18). Они опросили его родителей. Из-за страха, что их могут выгнать из синагоги, родители исцеленного отказались рассказывать фарисеям какие-либо подробности, которые могли бы разозлить их. Они только подтвердили, что этот человек был их сыном и что он родился слепым (9:18–23).

Неудовлетворенные таким ответом, фарисеи еще раз позвали исцеленного, чтобы допросить его. Они хотели опровергнуть его слова, чтобы дискредитировать чудо, совершенное Иисусом. Несмотря на то, что этот человек не был ни дебатером, ни богословом, он держался перед фарисеями с удивительным самообладанием, отстаивая неоспоримые факты: «…одно знаю, что я был слеп, а теперь вижу».

Не найдя возможности опорочить этого человека или опровергнуть чудо, фарисеи «выгнали его вон» из синагоги (9:24–34).

Иисус услышал о том, что сделали фарисеи, и нашел человека, которого Он исцелил. Иисус открыл ему, что Он Божественный Сын Человеческий. В ответ исцеленный слепорожденный исповедал свою веру, сказав: «Верую, Господи!» Затем он поклонился Иисусу (9:38). Этот человек обрел не только физическое, но и духовное зрение. Он поверил во Христа и поклонился Ему.

В следующем стихе (9:39) Иисус истолковал значение совершенного Им чуда: «На суд пришел Я в мир сей, чтобы невидящие видели, а видящие стали слепы». Очевидно, что Иисус говорил не о физических явлениях, а описывал духовную истину, которую Его чудо было призвано продемонстрировать.

В Ветхом Завете было предсказано, что Мессия принесет свет тем, кто находится во тьме, и вернет им зрение. Те, кто ходит в духовной тьме, увидят свет истины[104]. Чудо дарования слепым физического зрения было прообразом более великой духовной реальности: духовно слепые прозревали и находящиеся во тьме выходили на свет.

На других Его пришествие подействовало иначе. Те, кто утверждал, что обладает духовным зрением, оказались слепыми. Именно это имел в виду Иисус, когда отвечал фарисеям в заключительных стихах главы 9 Евангелия от Иоанна: «Услышав это, некоторые из фарисеев, бывших с Ним, сказали Ему: неужели и мы слепы? Иисус сказал им: если бы вы были слепы, то не имели бы на себе греха; но как вы говорите, что видите, то грех остается на вас» (ст. 40–41).

---

[104] Исаии 9:2; 29:18; 32:3; 35:5; 42:7; Луки 7:18–23.

Фарисеи поняли, что Иисус не имел в виду физическое зрение. Они думали, что обладают острым зрением, но на самом деле были духовно слепы. Эти люди не видели собственной слепоты. Поскольку они не признавали, что слепы и нуждаются в прозрении, они оставались во тьме. Это был Божий суд над ними.

Чудо исцеления слепорожденного было яркой иллюстрацией учения Иисуса. Этот человек был слеп как физически, так и духовно. Иисус даровал ему физическое зрение, тем самым открыв и его духовные глаза. А фарисеи, которые отказались признать свою духовную слепоту, отреагировали на чудо нераскаянным неверием и заявили, что они видят (ст. 41).

В заключение главы 9 Иисус упрекает неверующих фарисеев в том, что они не желают признать свою духовную слепоту. В главе 10 Иисус продолжает речь к фарисеям. Проповедь о добром Пастыре обращена к тем же неверующим фарисеям, упомянутым в Иоанна 9:40. Самое интересное, что проповедь о добром Пастыре обращена не к овцам. Можно предположить, что среди слушающих были овцы (истинно верующие), среди которых слепорожденный и ученики. Однако эта проповедь была адресована не им. Эти слова были адресованы фарисеям, неверующим людям и лжепастырям Израиля.

Чтобы понять смысл метафоры, мы должны понимать контекст, в котором она употребляется. Слепорожденный человек осознал, что Иисус — это Сын Человеческий, Бог во плоти. Он принял Христа и Его недвусмысленные заявления о Своей божественности. Он поверил в Иисуса как в Сына Человеческого и поклонился Ему. Он был Божьей овцой. Лжепастыри Израиля — религиозные вожди, которым было поручено заботиться о Божьем стаде, — отлучили его от церкви. Они оскорбили и оклеветали его, изгнав из синагоги. В этой проповеди истинный Пастырь обратился к лжепастырям, упрекая их в том, что они несправедливо обошлись со слепорожденным.

СМЫСЛ МЕТАФОРЫ

> Ему придверник отворяет, и овцы слушаются голоса его, и он зовет своих овец по имени и выводит их. И когда выведет своих овец, идет перед ними; а овцы за ним идут, потому что знают голос его. За чужим же не идут, но бегут от него, потому что не знают чужого голоса (Ин. 10:3—5).

В районах Иудеи, где было распространено пастушество, в деревнях находились загоны, в которых овцы ночевали. Днем пастухи выводили свое стадо на пастбище, а ночью возвращали овец в общий загон, где овцы из разных стад ночевали вместе. Когда они подходили к двери, пастух останавливался и осматривал каждую овцу, прежде чем отправить ее в общий загон.

Овечий загон представлял собой огражденное место с высокими стенами и одной дверью. Обнесенный стеной загон обеспечивал укрытие от непогоды и защиту от хищников. С овцами на ночь оставался один человек, наемник. Иначе говоря, один работник стерег несколько отар в ночное время.

Утром приходил пастух и собирал овец. Привратник открывал дверь, и пастух звал своих овец. Овцы, узнав его голос, следовали за ним до пастбища. Овцы, которые не принадлежали ему, оставались внутри загона, потому что они не шли на голос чужого пастуха. К нему приходили только его овцы, потому что узнавали его голос. Благодаря этому пастух быстро и безошибочно отделял своих овец от всех остальных. В этом заключается культурный аспект метафоры, которую Иисус привел в стихах 3—5.

Однако фарисеи не уловили смысл метафоры. Иоанн отмечает: «Сию притчу сказал им Иисус; но они не поняли, что такое Он говорил им». Это примечание автора помогает нам правильно истолковать слова Иисуса. Он рассказал им «притчу». Иисус не имел в виду, что мы буквально слышим Его голос. Если бы это было так, Иоанн не сказал бы, что это была «притча». Если выражение «слушать голос» пастыря в этом отрывке — это образ, значит, речь не идет о том, что мы буквально «слышим» его.

Иоанн отмечает, что фарисеи не поняли, о чем говорил Иисус. Иисус более подробно объяснил эту притчу в Евангелии от Иоанна 10:7—18:

> Итак, опять Иисус сказал им: истинно, истинно говорю вам, что Я — дверь овцам. Все, сколько их ни приходило предо Мною, суть воры и разбойники; но овцы не послушали их. Я есмь дверь: кто войдет Мною, тот спасется, и войдет, и выйдет, и пажить найдет. Вор приходит только для того, чтобы украсть, убить и погубить. Я пришел для того, чтобы имели жизнь и имели с избытком. Я есмь пастырь добрый: пастырь добрый полагает жизнь свою за овец. А наемник, не пастырь, которому овцы не свои, видит приходящего волка, и оставляет овец, и бежит; и волк расхищает овец, и разгоняет их. А наемник бежит, потому что наемник, и нерадит об овцах. Я есмь пастырь добрый; и знаю Моих, Мои знают Меня. Как

Отец знает Меня, так и Я знаю Отца; и жизнь Мою полагаю за овец. Есть у Меня и другие овцы, которые не сего двора, и тех надлежит Мне привести: и они услышат голос Мой, и будет одно стадо и один Пастырь. Потому любит Меня Отец, что Я отдаю жизнь Мою, чтобы опять принять ее. Никто не отнимает ее у Меня, но Я Сам отдаю ее. Имею власть отдать ее и власть имею опять принять ее. Сию заповедь получил Я от Отца Моего.

На примере этой аналогии Иисус показывает, что Он является и дверью для овец (10:7), и их пастырем (10:11). В отличие от воров и грабителей, Иисус приходит, чтобы даровать жизнь Своим овцам (10:9–10). Он не наемник, который бежит от опасности, но Тот, Кто отдает за них Свою жизнь (10:11, 15, 17, 18). Он добрый Пастырь, Который желает собрать Своих овец, спасти и хранить их в безопасности вечно.

Главный вопрос в том, что значит слышать голос Христа.

Если мы читаем этот отрывок в контексте, нетрудно увидеть, что эта метафора описывает спасение. Иисус не говорил о том, что в повседневной жизни верующие слышат шепот Пастыря во впечатлениях и побуждениях. Он говорил о деле спасения овец, которое пришел совершить. Иисус упоминает, что Он дарует им вечную жизнь (10:10) и отдает за них Свою жизнь (10:17–18).

Далее в этом же отрывке, проповедуя во время праздника обновления, Иисус использует те же самые образы и приводит ту же аналогию, чтобы обличить тех же враждебно настроенных евреев в неверии. В Евангелии от Иоанна 10:25–30 сказано:

> Иисус отвечал им: Я сказал вам, и не верите; дела, которые творю Я во имя Отца Моего, они свидетельствуют о Мне. Но вы не верите, ибо вы не из овец Моих, как Я сказал вам. Овцы Мои слушаются голоса Моего, и Я знаю их; и они идут за Мною. И Я даю им жизнь вечную, и не погибнут вовек; и никто не похитит их из руки Моей. Отец Мой, Который дал Мне их, больше всех; и никто не может похитить их из руки Отца Моего. Я и Отец — одно.

В подтверждение идеи о том, что Иисус обещает лично говорить со всеми Своими овцами, сторонники учения о необходимости слышать голос Бога ссылаются на стих 27. Но даже беглое изучение ближайшего контекста показывает, что рассматриваемый стих не имеет никакого отношения к этой идее. В нашем отрывке говорится о том, что овцы, которые слышат голос Иисуса, обретают спасение. Его овцы слышат Его голос и идут за Ним, а Он дает им вечную жизнь. Более того, тех, кто принадлежит Ему, Он сохранит в безопасности, и они «…не погибнут вовек; и никто не похитит их из руки…» Его. Иисус говорил о личном спасении каждой из Его овец, а не о личном откровении в шепоте и впечатлениях. Слышать Его голос — это образ (10:6), который означает «внимать Божьему призыву, привлекающему избранных ко Христу для спасения». В других библейских отрывках это понятие описывается словом «призыв» [105].

---

[105] См. также Рим. 1:7; 8:28–30; 9:24; 1 Кор. 1:2, 22–24; Гал. 1:6, 15; Еф. 4:1–4; 2 Фес. 2:13–14; 2 Тим. 1:9; 1 Пет. 5:10; 2 Пет. 1:3. Те, кто приходят к Сыну, делают это не своими усилиями, а благодаря тому, что Бог их призывает. Пастырь призывает овец к Себе. Следовательно, нас можно назвать «призванными». Нигде в Писании этот термин не применяется к неверующим.

Как и в отрывке выше в этой главе, здесь Иисус обращался не к верующим, а к неверующим иудеям, которые собрались вокруг Него в притворе Соломоновом, чтобы задавать Ему вопросы. То, что они были неверующими, следует из слов Иисуса в стихе 26: «Но вы не верите, ибо вы не из овец Моих…»

Иисус объяснял причину их неверия. Они не верили в Него, потому что не принадлежали Ему. Если бы они принадлежали Ему, они услышали бы Его голос и поверили бы. Если бы они принадлежали Ему (то есть были Его овцами), Он дал бы им вечную жизнь и сохранил бы их навечно. Его овцы в безопасности, потому что Отец дал их Сыну. Это люди, за которых Сын отдал Свою жизнь [106].

Овцы, слышащие голос Пастыря, — это образ, при помощи которого Иисус описывал Свой спасительный призыв к тем, кого Отец дал Ему (Его овцам). Бог всегда спасает и сохраняет всех овец Иисуса, которые откликаются на Его спасительный призыв. Говоря образным языком, «они слушаются голоса Его», а не «голоса чужого». Те, кто принадлежат Сыну, слышат Его, когда Он призывает их ко спасению. Иисус призывает именно тех, кто уже принадлежит Ему, что ясно следует из значения этого образа. Именно благодаря тому, что Его овцы принадлежат Ему (Отец дал их Ему), они слышат Его голос, приходят к Нему и обретают вечную жизнь. Фарисеи не поверили (то есть не услышали Его голос и не пришли к Нему),

---

[106] Эту истину мы находим во многих отрывках Евангелия от Иоанна, но наиболее подробно это учение изложено в главах 6, 10 и 17, где говорится о том, что замысел Отца в отношении избрания совершается на основании жертвы послушания Сына. В этих трех главах Господь Иисус упоминает о конкретной группе людей, которых Отец дал Ему в дар. Этих самых людей Бог гарантированно приводит ко спасению и хранит в вечности благодаря заместительной жертве Сына ради них.

потому что они не принадлежали Ему. Отец не дал их Иисусу (10:26). Именно так Иисус объясняет их упорное неверие.

ОБРАТНЫЙ ЛОГИЧЕСКИЙ ПОРЯДОК

Учителя, призывающие слушать голос Бога, утверждают, что, когда люди приходят ко спасению, они начинают слышать голос своего Пастыря. Однако в главе 10 Евангелия от Иоанна говорится, что, когда люди слышат голос Пастыря, это приводит их ко спасению. Сторонники учения о необходимости слышать голос Бога утверждают, что в результате спасения мы обретаем способность слышать голос Пастыря. Но в главе 10 Евангелия от Иоанна говорится, что слышание Его голоса дает нам спасение.

Учителя, призывающие слушать голос Бога, утверждают, что мы будем слышать голос Пастыря, если будем развивать с Ним близкие, любовные отношения. А в главе 10 Евангелия от Иоанна говорится, что мы слышим голос Пастыря, потому что принадлежим Ему, как дар от Отца.

Учителя, призывающие слушать Бога, утверждают, что мы начинаем слышать голос Пастыря после того, как обретаем спасение. А в главе 10 Евангелия от Иоанна говорится, что мы слышим Его голос до того, как обретаем спасение.

Учителя, призывающие слушать Бога, утверждают, что мы становимся овцами Христа в результате спасения. А в главе 10 Евангелия от Иоанна сказано, что мы — Его овцы еще до спасения, потому что Отец дал нас Сыну.

Учителя, призывающие слушать Бога, утверждают, что в главе 10 Евангелия от Иоанна Иисус дает нам обетование о том, что Он будет говорить со Своим народом вне Писания.

Но на самом деле в главе 10 Евангелия от Иоанна мы находим обетование Иисуса о том, что Он спасет, освятит и сохранит Своих овец навечно.

По мнению сторонников учения о необходимости слышать голос Бога, Иисус обещал, что мы будем получать личное, частное откровение от Бога регулярно, даже ежедневно. Но в главе 10 Евангелия от Иоанна говорится, что Иисус обещал, что те, кого избрал Отец (Еф. 1:4) и кого Он дал Сыну, непременно откликнутся на Его евангельский призыв с верой и обретут вечную жизнь.

В главе 10 Евангелия от Иоанна ВООБЩЕ не сказано об индивидуальном, частном откровении. Здесь ничего не говорится о том, что Иисус будет нашептывать вам Свои послания. Здесь не идет речь о естественной или приобретенной способности настраиваться на частоту Божьего шепота, влечений и побуждений. Здесь не говорится о том, что верующие будут беседовать с Иисусом, а Он будет шептать Свои указания в их духовные уши через ощущения и впечатления. В этой главе Иисус говорит о спасении — о том, что Он собирает Своих овец к Себе (10:16), спасает и сохраняет их, несмотря на духовную угрозу со стороны лжепастырей, воров и наемников.

Проповедники, призывающие слушать голос Бога, не просто неправильно понимают пару мелких деталей в тексте — они полностью извращают его смысл. Они меняют местами причину и следствие! Они берут детали, которые в тексте явно названы образами, и толкуют их как буквальное описание буквального общения. Такое превратное толкование может возникнуть только в результате вопиющего искажения слов Иисуса. То, как толкуют главу 10 Евангелия от Иоанна учителя, призывающие слушать голос Бога, — это непростительное извращение Писания людьми, которые должны знать, как толковать Писание!

Они пишут целые книги, чтобы научить нас определять значение впечатлений, которые нашептывает нам Бог, но сами не способны понять очевидный смысл написанного! Они думают, что понимают, что Бог шепчет им в знамениях, впечатлениях и внутренних побуждениях, но не могут точно понять очевидный смысл богодухновенного Божьего Слова. Если они не способны правильно истолковать такой объективно ясный и простой отрывок, как глава 10 Евангелия от Иоанна, как им можно доверять, когда они учат нас толковать смутные, субъективные и неясные впечатления?

НЕПОСИЛЬНОЕ БРЕМЯ

Искажение, неверное истолкование и неправильное применение Писания наносит огромный вред духовной жизни верующего. Глава 10 Евангелия от Иоанна не исключение. Наивным верующим внушают, что Христос обещает разговаривать с ними и у них есть врожденная способность слышать Его, потому что они христиане. К примеру, Шир ер пишет: «Если вы Его дитя, Его овца, вы можете быть настолько уверены в том, что Бог говорит с вами, насколько уверены в том, что существует стул, на котором вы сидите»[107].

Многие христиане так и не получают обещанного. Они не слышат заветного шепота. Их попытки распознать знамения, увидеть смысл в обстоятельствах и истолковать свои чувства приводят лишь к разочарованию, замешательству

---

[107] Shirer, *Discerning the Voice of God*, 34.

и неуверенности. Хотя их недоверие к впечатлениям и переживаниям в действительности является признаком большей духовной зрелости, чем стремление прислушиваться к шепоту, им внушают, что они в лучшем случае незрелые, второсортные верующие, а в худшем — вообще неверующие.

Такое искаженное толкование главы 10 Евангелия от Иоанна ложится непосильным бременем на ненаставленных верующих. Под влиянием этого небиблейского учения они начинают сомневаться в своей духовности, зрелости и спасении. Новообращенных нужно учить тому, что Бог говорит в Писании, и только в Писании. Мы не должны учить их искать откровение от Бога за пределами Библии, ведь Он не обещал нам никакого другого откровения.

ГЛАВА 6

ЛОЖНАЯ ПРЕДПОСЫЛКА 3:

Мне нужно научиться слышать голос Бога вне Писания

Можно многое сказать о книге по ее названию. Подобно тому, как название настоящей книги отражает мою богословскую позицию по этому вопросу, названия книг, написанных авторами, призывающими слушать голос Бога, отражают богословские взгляды этих людей. Что касается их убеждений и учения, они совсем не скрывают их.

Некоторые авторы отстаивают учение о непрекращающихся сверхъестественных дарах Святого Духа: они заявляют, что Бог дает людям Свое откровение в наше время так же часто, как и в библейские времена, если не чаще. Например, книга Джека Дира «Удивленный силой Духа»[108] и ее продолжение «Удивленный голосом Бога» — это богословский ответ на книгу Джона Мак-Артура «Харизматический хаос»[109].

---

[108]   Более подробную информацию об этих источниках вы найдете в библиографии в конце книги.

[109]   Джон Мак-Артур хорошо известен в евангелических кругах как сторонник и защитник учения о прекращении сверхъестественных даров Свято-

Дир пытается представить богословские и экзегетические аргументы в пользу учения о том, что Бог все еще говорит сегодня, как указывает подзаголовок в книге «Удивленный голосом Бога»: «Как Бог говорит сегодня через пророчества, сны и видения».

Другие авторы раскрывают секрет, который поможет нам услышать голос Бога. Например, «апостол» Джон Экхардт, член движения «Новая апостольская реформация», написал книгу «Бог все еще говорит: как слышать и получать откровения от Бога для своей семьи, церкви и общества», а Синди Джейкобс написала книгу «Божий голос: как слышать и говорить слова от Бога». Джойс Майер обещает научить нас следующему: «Слышать Бога: как научиться узнавать Его голос и принимать правильные решения».

Рискуя повториться, я хотел бы отметить, что многие из авторов, на которых я здесь ссылаюсь, не принадлежат к движению «Новая апостольская реформация», движению «Слово веры» или харизматическим кругам. Даже некоторые представители нехаризматического лагеря утверждают, что мы можем научиться слышать голос Бога. Присцилла Ширер написала как минимум две книги об этом: «Он говорит со мной: как подготовиться к тому, чтобы услышать Бога» и «Различение Божьего голоса: как распознать, когда говорит Бог». Марк Баттерсон обещает научить нас слышать Божий голос в своей книге «Шепот».

Сторонники учения о необходимости слышать голос Бога обещают научить читателей различать слова Пастыря,

___

го Духа, в частности откровения и знамений. Мак-Артур считает, что такие сверхъестественные дары, как знамения, действовали в ранней церкви, но по окончании апостольской эры они исполнили отведенную им Богом роль, и Святой Дух больше не дает их церкви.

которые Он шепчет им. Эти проповедники уверяют нас, что мы можем научиться слышать голос Бога.

Но так ли это? Когда кто-то обещает научить нас слышать Божий голос, мы задаемся вопросом: «Говорит ли Бог с нами таким способом?» Если Бог не говорит так, то никакое наставление не поможет нам научиться слышать Его. Если Он так не говорит, Его невозможно услышать. Поэтому любые попытки «научиться» этому напрасны.

ПРИОБРЕТЕННЫЙ НАВЫК?

Учителя, призывающие слушать голос Бога, полагают, что Бог говорит, а мы должны научиться слышать Его. Они употребляют такие выражения, как «учиться слышать Бога», «учиться узнавать Его голос» и «возрастать в способности различать голос Бога». Они предлагают подробные инструкции и сложные методы, которые якобы помогут нам настроиться на частоту Бога [110]. По их мнению, это важнейший навык в нашей жизни и служении.

Чарльз Стэнли заявляет: «Мне кажется, что самое ценное, чему можно научиться в жизни, это умение слушать Бога. <…> Священное Писание ясно говорит о том, что и сегодня Слово Божье столь же действенно, как и во времена написания Библии. Бог желает, чтобы люди услышали Его голос…» [111] Вопреки этому заявлению, в Писании нет ни одного примера того, как кто-то учился слышать голос Бога. Ни одного. Если голос Бога настолько «действенен», почему

---

[110]   Я критически рассматриваю методы, предлагаемые этими авторами, в последующих главах.

[111]   Стэнли Ч. Как слушать голос Бога. М.: Прикосновение, 2002. С. 8.

нам нужно учиться слышать его? Что это за «действенный» голос, который можно пропустить, если мы не научились его слышать? Где мы читаем, что Его голос «желает, чтобы люди услышали» его?

Стэнли цитирует слова Самуила (1 Цар. 3:4–10) в подтверждение того, что ему пришлось научиться слышать Бога. Стэнли пишет: «Илий научил Самуила слушать Бога. И если сегодня мы хотим быть Божьим народом, нам тоже нужно научиться слушать и понимать то, что нам говорит Бог» [112]. Он утверждает, что «...первое поручение, полученное им от Бога, было научиться слушать Его голос» [113].

Суть истории Самуила вовсе не в этом! Самуил без труда услышал Божий голос. Господь сказал ему: «Самуил!» Самуил встал и пошел к Илию, думая, что его позвал Илий. Стоит заметить, что все три раза, когда Господь обращался к Самуилу таким образом (ст. 4, 6, 8), Самуил слышал Божий голос. Ему не нужно было учиться слушать Бога! У него не было оснований думать, что с ним говорит Бог, потому что «...слово Господне было редко в те дни, видения были не часты» (ст. 1). Ирония в том, что для того, чтобы показать, насколько могущественно и часто Бог говорит с нами сегодня, Стэнли ссылается на отрывок, в котором написано о том, как редко Бог говорил в библейские времена! Однако в своей цитате Стэнли опускает эту неудобную для него контекстуальную деталь.

Самуилу не составляло труда услышать Бога или понять, что Он сказал. Но он не осознавал, что голос, который он ясно слышал и понимал, — это Божий голос. Он думал, что это был Илий.

---

[112] Там же, 76.
[113] Там же, 75.

Стэнли не одинок в неверном применении этого отрывка. В основании книги Присциллы Ширер «Он говорит со мной» лежит история Самуила. Ширер ссылается на эту историю как на пример того, как нужно готовиться к слышанию голоса Бога[114].

Искажая смысл аналогии с пастырем и овцами из главы 10 Евангелия от Иоанна, она пишет:

> Христиане — овцы Господни. Он наш Пастырь. По мере того, как мы возрастаем в Господе, мы учимся распознавать Его голос и понимать Его послания. Агнец умеет различать голос своего пастыря не так хорошо, как взрослая овца. Агнцы учатся этому, все больше познавая пастыря и откликаясь на его голос. Этот навык приходит со временем, в процессе построения отношений[115].

В другой книге на ту же тему Ширер пишет:

> Помните: приобретение привычки слышать голос Бога — это процесс, познавательный опыт, упражнение, включающее в себя такие активные элементы, как молитва, размышление, поклонение и слушание. Как и любые отношения, которые становятся крепче и ближе благодаря тому, что вы проводите время в общении с человеком, ваши отношения с Богом (то есть способность различать Его голос и выделять его из толпы)

---

[114] Shirer, *He Speaks to Me*. Она приводит шесть качеств, «благодаря» которым Самуил смог услышать Бога: простые отношения, преданное поклонение, особая святость, умиротворенная внимательность, неутолимый голод и дух служения.

[115] Shirer, *He Speaks to Me*, 163. Курсив мой.

также будут все больше углубляться и развиваться по мере того, как вы будете проводить с Ним время [116].

Ирония в том, что пример Самуила, на который ссылается Ширер на протяжении всей книги, доказывает прямо противоположное. Самуилу не нужно было учиться слышать голос Бога. Он слышал, как Бог говорил, даже не учившись этому. В истории о Самуиле мы не находим указаний на то, что это был «процесс, познавательный опыт, упражнение».

Генри Блэкаби утверждает, что Бог «хочет, чтобы вы научились слышать Его голос и познавать Его волю» [117] и чтобы «учились узнавать голос Бога в контексте близких любовных отношений, которые Он инициировал» [118].

Даллас Виллард заявляет, что слушание голоса Бога — это неотъемлемый элемент «двустороннего общения между нами и Богом» и что такому общению необходимо учиться [119]. Он утверждает, что, «когда мы учимся слышать Бога, в первую очередь мы приобретаем умение вести непрерывный разговор с Ним» [120]. Виллард также отмечает: «Пытаясь понять, как говорит с нами Бог и как Он указывает нам путь, мы должны прежде всего помнить, что умение слышать Бога — лишь часть жизни в Небесном Царстве» [121].

По мнению сторонников учения о необходимости слышать голос Бога, это далеко не все, чему мы должны учиться. Мы также должны учиться понимать Его [122], различать Его

---

[116] Shirer, *Discerning the Voice of God*, 34–35.
[117] Blackaby and King, *Experiencing God*, 90. Курсив мой.
[118] Там же, 96. Курсив мой.
[119] Виллард Д. Слышать Бога. М.: Триада, 2023. С. 10.
[120] Там же. Курсив мой.
[121] Там же, 34. Курсив мой.
[122] Shirer, *He Speaks to Me*, 86–87.

голос среди других[123], проверять, на самом ли деле это голос Бога[124], изобличать обман[125], искать мира в отношении Его голоса[126] и отличать Его голос от собственных мыслей[127].

Вы напрасно будете искать в Писании эти подробные указания, ведь ни одному библейскому герою не нужно было учиться слышать Бога, в том числе и Самуилу.

КАК МЫ УЧИМСЯ СЛЫШАТЬ БОГА

Как нам выработать в себе этот навык, который некоторые считают жизненно важным? Есть ли в Библии книга, где можно прочитать об этом, или конкретный пример, которому можно следовать? Существует ли секретная формула, помогающая нам приобрести этот важнейший навык? Нет.

Несмотря на то, что сторонники учения о необходимости слышать голос Бога обещают помочь нам получить этот навык,

---

[123] Там же, 164.

[124] Shirer, *Discerning the Voice of God*, 48.

[125] Стэнли Ч. Как слушать Бога. М.: Прикосновение, 2002. С. 50. Стэнли посвящает главу в своей книге тому, как не поддаться обману, пытаясь различить голос Бога.

[126] Joyce Meyer, *How to Hear from God: Learn to Know His Voice and Make Right Decisions*, (New York: Faith Words, 2003), 81. Майер акцентирует внимание на том, что мы должны обрести «мир в сердце». Она посвящает целую главу указаниям по поводу того, как руководствоваться ощущением мира в сердце. Я буду рассматривать вопрос о том, говорит ли Бог с нами через «мир в сердце», в главе 12.

[127] Виллард Д. Слышать Бога. М.: Триада, 2023. С. 114. В главе 5 Виллард с головой погружается в трясину субъективизма и путаницы, когда пытается научить нас искать в собственных мыслях голос Бога, но при этом проводит различие между нашими мыслями и голосом Бога. Пытаясь обосновать идею о том, что Бог говорит с нами тихим, нежным голосом, Виллард оставляет нам лишь субъективные впечатления, на которых стоит «не очень надежная печать» божественного авторитета. На странице 135 он заявляет, что Бог «будет учить нас различать мысли, которые принадлежат только нам, и мысли, которые принадлежит и нам, и Ему».

они старательно избегают любых заявлений о том, что у них есть формула для того, чтобы научиться слышать Бога. Они не могут привести в подтверждение своих мыслей тексты Писания, потому что в Писании нет ни одного примера того, как Бог добивался, чтобы Его услышали. В Библии не говорится, что это приобретенный навык или что мы должны приобрести его, чтобы услышать Бога [128].

Поскольку в Писании нет ни одного примера или образца, который бы демонстрировал учение о необходимости слышать голос Бога, проповедники этого учения могут предложить нам лишь «метод проб и ошибок», а также свой большой жизненный опыт. Джек Дир утверждает, что мы можем «выучить язык Святого Духа» методом проб и ошибок. «Только те, кто готов пытаться и терпеть неудачи, однажды научатся определять, какие впечатления исходят от Бога, а какие возникают просто в их собственной душе» [129]. Оправдывая ошибки «пророка» Рика Джойнера, которые Дир называет «унизительными неудачами», он смело заявляет: «Знаете, мы учимся на своих неудачах не меньше, чем на своих успехах» [130]. Дир пишет: «Невозможно выучить естественный язык или язык Святого Духа без проб и ошибок» [131].

Последствия этого учения катастрофичны. Когда кто-то утверждает, что он получил откровение от Бога, его слова претендуют на такую же авторитетность, как и фраза «Так

---

[128] Отрывки, которые обычно приводятся в подтверждение этой идеи (например, Ин. 10; 1 Цар. 3), вообще не касаются того учения, которое излагают эти авторы, или же эти авторы неверно истолковывают и искажают их.

[129] Jack Deere, *Surprised by the Voice of God: How God Speaks Today Through Prophecies, Dreams, and Visions* (Grand Rapids: Zondervan Publishing House, 1996), 170.

[130] Там же, 170.

[131] Там же, 171.

говорит Бог». Ошибиться в таком заявлении — значит представить Бога в ложном свете, вложив в Его уста свои слова. Это серьезное дело! Билл Джонсон из церкви «Вефиль» в Реддинге, штат Калифорния, директор Школы сверхъестественного служения церкви «Вефиль», рассказывает:

> Каждый год мы говорим нашим студентам, что они не смогут окончить школу, если не будут рисковать и терпеть неудачи в попытках научиться слышать Бога и ободрять других Его голосом. <…> Иногда они понимают голос Бога правильно, а иногда ошибаются. Но главное, что они попытались Его услышать. Было бы несправедливо лишить их права на ошибку, ведь только так они могут научиться распознавать Божий Голос для себя [132].

По мнению тех, кто призывает слушать голос Бога, опыт — наш лучший учитель. Чарльз Стэнли считает, что «часто мы не можем слышать Бога из-за нашей неопытности…» [133]. Ссылаясь на Евангелие от Иоанна 10:27, он говорит, что Иисус ясно показал нам, что «…истинные верующие могут распознать голос Божий» [134]. Как же отличить голос Бога от других голосов? Стэнли отвечает: «Для некоторых зрелых христиан различать голос Божий среди множества иных голосов не составляет особого труда. Для других, в особенности для незрелых верующих, это гораздо более сложная проблема» [135].

---

[132] Cindy Jacobs, *The Voice of God: How to Here and Speak Words from God* (Minneapolis: Baker Publishing Group, 2016), 16.

[133] Стэнли Ч. Как слушать Бога. М.: Прикосновение, 2002. С. 124.

[134] Там же, 50.

[135] Там же.

Присцилла Ширер пишет: «Приобретение привычки слышать голос Бога — это процесс, познавательный опыт»[136].

Как же эти проповедники предлагают нам учиться слышать голос? На опыте. Чтобы приобрести этот навык, необходим опыт, но получить его можно только методом проб и ошибок. Нам нужен опыт, чтобы не быть обманутыми, но этот опыт мы можем получить лишь тогда, когда будем верить обману и допускать унизительные ошибки.

Если бы только у нас было «вернейшее Слово» от Бога, конкретное, достаточное и неизменное откровение Его воли, к которому мы могли бы обратиться в поисках водительства. Если бы только у нас было откровение, в божественном происхождении которого мы бы не сомневались. Тогда нам не приходилось бы полагаться на субъективный опыт, чувства и наши «пробы и ошибки». Если бы только.

ГДЕ ИМЕННО ОБ ЭТОМ ГОВОРИТСЯ?

В каком отрывке говорится, что мы должны учиться слушать голос Бога? Где в Библии сказано, что Его голос трудно услышать и различить и что Бог ждет, чтобы Его услышали? [137] Вы не найдете такого отрывка. Тем не менее, несмотря на отсутствие прецедентов, явного учения или примеров в Писании, проповедники учения о необходимости слышать голос Бога утверждают, что он так легко заглушается шумом повседневной жизни и так тихо звучит в глубине нашего отвлекающегося разума, что мы рискуем его пропустить.

---

[136] Shirer, *Discerning the Voice of God*, 34.
[137] Стэнли Ч. Как слушать Бога. М.: Прикосновение, 2002. С. 8.

Сторонникам учения о необходимости слышать голос Бога нужно продемонстрировать два аргумента из Писания.

Во-первых, они должны привести примеры, которые показывают, что Бог пытался говорить, но Его не слышали, или что предполагаемый адресат Божьего слова не смог его услышать. Эти проповедники утверждают, что сегодня Бог говорит также, как Он говорил в библейские времена, поэтому им не составит труда привести множество таких примеров. Если в наше время это происходит постоянно, то, значит, это происходило постоянно и в те времена. А это значит, что сторонники этого учения могут продемонстрировать десятки и десятки случаев, когда Бог не смог донести до человека Свое слово, потому что этот человек был неспособен услышать его.

Авторы, призывающие слушать голос Бога, утверждают, что это происходит с нами каждый день. В книге «Частота» Роберт Моррис пишет: «Нам нужно настроиться на частоту небес и услышать голос Бога»[138] и «Бог говорит все время, но слышат только те, кто настраивается на правильную частоту благодаря смирению и послушанию»[139]. Похоже, Божий голос — это своего рода радиостанция, которая всегда вещает. Нам просто нужно настроиться на соответствующую частоту, чтобы улавливать небесные послания, постоянно поступающие к нам. Наверняка легко привести множество библейских примеров того, как Бог говорил с людьми, но затем разочаровывался, потому что предполагаемые адресаты Его посланий не были настроены на правильную частоту. Нам нужен всего лишь один пример, пример одного человека, который бы не услышал Бога, потому что не научился слышать Его голос.

---

138 Morris, *Frequency*, 124.
139 Там же, 132.

Во всем Писании нет ни одного примера человека, который бы развивал в себе этот навык или нуждался в этом [140].

Во-вторых, эти проповедники должны указать на отрывки из Писания, которые заповедуют верующим слушать этот шепот. В Библии рассматривается широкий спектр тем, необходимых для нашего освящения и возрастания в зрелости. Библия содержит учение о том, как принимать гонения (1 Петра), как относиться к женам и мужьям (Ефесянам 5), как умерщвлять грех (Римлянам 6), как воспитывать и дисциплинировать детей (Притчи), как решать конфликты и обращаться со своими господами или рабами (Колоссянам 3). Библия дает нам подробные указания о том, какой порядок должен быть в церкви (1 Тимофею 3), как применять церковную дисциплину (Матфея 18), какова роль женщин в служении (1 Тимофею 2, 1 Коринфянам 11), а также на многие другие важные темы. Где же тот самый отрывок, в котором говорится, что мы должны слушать Бога? [141] Где хотя бы один из

---

[140]   В ответ сторонники учения о необходимости слышать Бога могут заявить, что в Писании есть множество примеров того, как Бог упрекал евреев в том, что они не хотели слышать или не слушали Его. Однако эти примеры, а их десятки, показывают совсем не то, о чем мы здесь говорим. Это не то же самое по нескольким причинам. Во-первых, это были мятежные, жестокосердные, неверующие евреи, а не искренние, мягкосердечные и послушные верующие. Во-вторых, «слово», которого они не услышали и не вняли ему, не было частным откровением, которое Бог дал им через мысли, знамения или «тихий голос». Это откровение Бог посылал евреям через избранных Им пророков, например, Исаию, Иезекииля или Иеремию. В-третьих, евреи слышали и понимали Божье Слово, которое возвещали пророки. Но они не желали верить ему. Их проблема не в том, что они не настроились на нужную «частоту», а в том, что они отвергли ясное Божье Слово в нераскаянном неверии. В-четвертых, Бог наказал их не потому, что они не научились слышать Божий голос, а потому, что, услышав и поняв его, они отказались повиноваться ему.

[141]   Эти авторы не могут ссылаться на главу 10 Евангелия от Иоанна, поскольку этот отрывок совершенно не касается того метода, который они пропагандируют. Они приводят ряд отрывков из Писания для обоснования

апостолов говорит, что нам нужно приобрести этот навык, столь важный для нашей церкви, окружающего общества и всей страны?[142] Где же та глава, тот самый ясный отрывок, где бы говорилось об этом важнейшем методе, без которого у нас обязательно будут «проблемы с самим основанием нашей христианской жизни»?[143]

Нигде в Писании Бог не повелевает верующим искать Божьего голоса для себя лично, прислушиваться к нему или учиться слышать его. Мы не находим в Писании отрывков, где бы Бог заповедовал нам развивать в себе способность слушать Его. Присцилла Ширер сетует, что «по-видимому, целенаправленная привычка прислушиваться к голосу Бога в наши дни — это утраченное искусство»[144]. В связи с этим она дает нам совет, лишенный всякого библейского основания: «Однако, если мы хотим слышать, как Он говорит, мы должны также научиться молиться без слов. Слушать Его голос»[145]. Ширер утверждает, что мы «должны „слушать" Бога, если хотим услышать, как Он говорит с нами»[146]. Хотя она настойчиво утверждает, что «слушание Бога — это

своих подходов. Я рассматриваю эти отрывки и методы в следующем разделе.

[142]   Blackaby and King, *Experiencing God*, 68.

[143]   Там же, 83—84.

[144]   Shirer, *Discerning the Voice of God*, 23.

[145]   Там же, 25.

[146]   Там же. Чтобы обосновать свою идею из Писания, Ширер ссылается на Исаию 55:3: «Приклоните ухо ваше и придите ко Мне: послушайте, и жива будет душа ваша…» Но в этом стихе вообще не говорится о том, что отдельные люди получают личное откровение от Бога. В этом стихе записано повеление Бога, Который через пророка призывает израильский народ прислушаться к Его словам, чтобы отвратиться от своих грехов и остаться в живых. Здесь Бог призывает слушать открытое Божье Слово, а не впечатления, которые кто-то нашептывает нам в мыслях. Честно говоря, такого рода серийные злоупотребления Писанием непростительны, но это обычная практика среди учителей, призывающих нас слушать голос Бога.

целенаправленное занятие, которому мы должны посвятить себя»[147], вы не найдете такого совета на страницах Писания. Ни Иисус, ни апостолы, ни ветхозаветные авторы нигде не призывали Божий народ к такому действию.

Этому есть простое объяснение: если Бог не говорит, то, как бы мы ни старались учиться слышать Его, мы не сможем Его услышать. А если Бог говорит, ничто из того, что может отвлекать вас, не помешает вам услышать Его[148].

Невозможно научиться слышать то, чего не говорят. Вы не пропустите то, что Бог хочет донести до вас. Поэтому учение о том, что нужно учиться слышать голос Бога, — это полная чушь.

АПОСТОЛЬСКОЕ УЧЕНИЕ

Мы не только не находим в Писании примеров, которые показывают, что люди должны пытаться услышать голос Бога, но и видим обратные примеры.

Когда Павел находился в римской тюрьме в ожидании казни (2 Тим. 4:6–8), он не призывал Тимофея искать личного откровения, прислушиваться к тихим голосам и внутренним впечатлениям. Он призывал его обратиться к записанному Божьему Слову. Павел напомнил ему о «священных писаниях» и об их богодухновенности (2 Тим. 3:14–17). Он поручил Тимофею «проповедовать Слово», а не «слушать голос Бога».

Подобным образом, Петр, зная, что его ждет неминуемая смерть (2 Пет. 1:12–15), призвал своих читателей обращаться

---

[147]   Там же.
[148]   Это ясное и простое умозаключение придумал не я. По-моему, я впервые услышал это утверждение от Грега Каукла, спикера служения «Испытано истиной» (str.org), в подкасте его регулярной еженедельной радиопередачи.

к записанному Божьему Слову. Это Слово, данное через апостолов и пророков, он описал как «вернейшее пророческое слово» (ст. 19). Петр считал записанное Слово более верным, чем даже самый богатый и славный жизненный опыт (ст. 16–18).

В последние дни своей жизни апостолы были больше всего озабочены не тем, что «целенаправленная привычка прислушиваться к голосу Бога» стала «утраченным искусством», а тем, что затмевается свет богодухновенного, безошибочного записанного Слова живого Бога. Осмелюсь сказать, что, к сожалению, страхи апостолов оправдались в лице тех, кто в своих книгах учит людей прислушиваться к Божьему голосу. Учителя, призывающие слушать голос Бога, позволяют субъективным впечатлениям, невнятному шепоту и ненадежному опыту затмевать ясное Слово живого Бога.

Абсолютно точно то, что ни один из апостолов не считал это упражнение необходимым для тех, кто служит пресвитером[149] в церкви. В пасторских посланиях есть два отрывка, в которых перечисляются качества служителей (1 Тим. 3:1–7; Тит. 1:5–9). Ни в одном из этих отрывков апостол Павел не упоминает о «способности слышать Бога», «различать Божий голос» или «слышать слово от Бога для себя». В соответствии с учением авторов, призывающих слушать голос

---

[149]   Писание не проводит различия между такими понятиями, как «пастор» и «пресвитер». Эти два слова употребляются в Писании для обозначения одной и той же должности. Пресвитер — это пастор, а пастор — это пресвитер. Следовательно, библейские качества, которыми должен обладать пресвитер, соответствуют требованиям к «епископу» (1 Тим. 3:1–7) или пастырю (Еф. 4:11). Помимо отрывка, упомянутого здесь в этом разделе, см. Деян. 20:17–35 и 1 Пет. 5:1–5. На эту тему я настоятельно рекомендую к прочтению превосходную книгу Александра Строка «Библейское руководство церковью» (Самара: Благая Весть, 2024).

Бога, естественно было бы ожидать как минимум упоминания о том, что пресвитеры должны быть «способны ясно слышать Бога». Блэкаби утверждает, что, если христианин «не знает, когда говорит Бог, у него проблемы с самим основанием его христианской жизни!»[150]

Если это признак живой и зрелой веры, почему это качество не упоминается среди требований, предъявляемых к пресвитерам? Если Бог дает важные указания нашим церквям тихим шепотом и в едва уловимых впечатлениях, почему от руководителей церкви не требуется, чтобы они «умели ясно слышать Бога»? Мы ожидаем, что наиболее зрелые верующие, способные направлять других, сами будут культивировать в себе способность различать голос Пастыря. Как они могут передавать этот важнейший навык другим, если сами не приобрели его? Но в Библии нет такого требования. Если способность слышать Бога — настолько важный навык, как утверждают сторонники этого учения, тогда такое непростительное упущение со стороны Святого Духа — не что иное, как вопиющая халатность!

Вопреки утверждениям сторонников учения о необходимости слышать голос Бога, Писание не учит, что способность настраиваться на «частоту» Бога и вести с Ним «диалог» — это признак христианской зрелости. Христианская зрелость — это не способность распознавать знамения и истолковывать впечатления. Библейские авторы не призывают верующих прислушиваться к голосу Бога вне Писания. Задача Святого Духа в том, чтобы просветить их ум к пониманию объективного записанного Божьего Слова, а не сообщать им «слово от Бога» в смутных впечатлениях и случайных мыслях.

---

[150] Blackaby and King, *Experiencing God*, 83–84.

ПРОТИВОПОЛОЖНЫЕ ПРИМЕРЫ

Если позиция, которую я отстаиваю, верна, то мы можем ожидать, что, когда Бог говорит, Его без труда можно услышать. Мы ожидаем увидеть в Библии примеры того, как верующие и неверующие слышат Бога, даже не учившись этому. Это именно то, что мы видим!

Когда Бог говорил с Моисеем (Исх. 3—4), Моисею не требовались особые указания по поводу того, как настроиться на частоту Бога. Иисусу Навину (Нав. 1) не нужно было учиться слышать голос Бога, чтобы получать послания от Него. Для того, чтобы точно услышать Бога, Ною не понадобились годы, чтобы приобрести этот навык методом проб и ошибок, неверно истолковывая Божьи откровения и совершая унизительные промахи.

Сторонники учения о необходимости слышать голос Бога утверждают, что сегодня Он говорит так же, как и в библейские времена. Однако их представление о том, как Бог говорит, не имеет ничего общего с тем, о чем мы читаем в Писании. Ни одному пророку не требовалось тратить годы, чтобы научиться слышать Бога. В Писании мы не находим примеров верующих, которым было трудно Его услышать. Этому есть простое объяснение: когда Бог хочет сказать что-то, Он говорит. Никто никогда не учился слышать Бога, потому что способность слышать Его — это не то, чему нужно учиться! Бог не шепчет! Он не заикается. Его не сложно услышать. Ему не трудно говорить. Он не пытается донести до нас Свое слово.

В Писании также приводятся примеры того, как язычники, бунтари, жестокосердные неверующие люди слышали Бога, не учившись этому методом проб и ошибок долгие годы.

До того, как Бог призвал Авраама из Ура Халдейского, он и члены его семьи были идолопоклонниками (Нав. 24:2). Когда Бог давал Аврааму Свои повеления и обетования, Аврааму не составило труда услышать Бога и понять Его слово (Быт. 12:14). Ему не нужно было учиться слышать Бога. Авраам был язычником-идолопоклонником, у которого отсутствовал многолетний опыт распознавания «тихого, нежного голоса». Бог говорил, и Авраам ясно слышал Его, без долгих лет обучения методом проб и ошибок.

Разве Савлу из Тарса нужно было учиться слушать голос Пастыря до того, как Христос обратился к нему по дороге в Дамаск (Деян. 9:1–19)?[151] Позже в Деяниях Павел описывает свое обращение (Деян. 22:3–21) и то, как Иисус разговаривал с ним вскоре после его обращения (ст. 17–21). Савлу, гонителю Церкви, не нужно было учиться «слушать» Бога или настраиваться на Его «частоту», чтобы услышать своего Пастыря. Не имея опыта различения голоса Бога и будучи Его врагом, Савл из Тарса без труда услышал Бога. Позже, уже будучи новообращенным, без многолетней практики, опыта, проб и ошибок, он смог услышать Бога, когда Тот проговорил к нему.

Бог смог обратиться к Корнилию, не рожденному свыше верующему. Да, Корнилий был одним из «боящихся Бога», но не был спасен (Деян. 10:1–8). Он оставался неверующим, но ему не нужно было учиться слышать, что говорит Бог. Навуходоносор никогда не учился слушать Божий голос (Дан. 4:28–29), но он услышал Бога.

---

[151] История обращения Савла из Тарса (позже названного апостолом Павлом) подробно описывается в Деяниях трижды (Деян. 9:1–19; 22:3–21; 26:9–18).

Все эти примеры — пример Авраама, Навуходоносора, Савла из Тарса и Корнилия — доказывают, что, если Бог захочет, чтобы Его кто-то услышал, человек обязательно услышит Бога. Для этого не требуется никаких особых навыков. Почему эти неверующие люди смогли услышать Бога, а современные верующие не могут сделать этого без особого наставления и обучения, которое предлагают учителя, призывающие слышать Бога?

Почему верующим нужны годы практики, опыта, проб и ошибок, чтобы услышать Бога, а неверующим, например Аврааму или Савлу, этого не потребовалось?

Вспомните главное заявление сторонников учения о необходимости слышать голос Бога: Бог говорит сегодня «точно так же, как и в библейские времена». Они заявляют: «Бог не изменился! Он не замолчал. В Библии полно примеров того, как Бог говорит с людьми. Он делает то же самое и сегодня!»

В Библии содержится множество примеров, когда Бог разговаривал с разными людьми. Однако в ней нет ни одного примера того, как Бог обращается к людям тихим, нежным голосом на такой частоте, которую могут услышать только те, кто развил в себе особую способность. Примеры из Писания доказывают обратное тому, что утверждают учителя, призывающие слушать голос Бога. Он не шепчет Свое Слово. Когда Бог говорит, Его слышат. Нет примеров того, как Бог говорил, но Его не слышали. Мы не находим примеров того, как люди учились слышать Его.

Никому не нужно учиться слышать Бога. Если Бог не говорит, вы не услышите Его, как бы ни уединялись для этого. Если бы Он заговорил, вы бы не пропустили этого. Он никогда не пытается говорить. Бог не шепчет.

ЧАСТЬ 3
КРИТИЧЕСКИЙ АНАЛИЗ МЕТОДОЛОГИИ

Представьтесебеизвестнуюбиблейскуюисториюнасовременномевангельскомжаргоне.Онаможетзвучатьпримерно так:

Моисейработалпастухомибылоченьзанятымчеловеком. Он пас овец у своего тестя Иофора. Моисей провел много бессонных ночей, надзирая за стадом, и долгие дни стриг овечью шерсть. При таком образе жизни у Моисея не оставалось времени, чтобы уединиться и прислушаться к голосу Бога. Он жаждал услышать Божий голос, чтобы получить новое откровение. Зная, что Бог точно так же говорил со многими другими до него (с Иовом, Ноем и Авраамом), Моисей ожидал от Бога личного водительства.

Моисею нужно было уединиться и настроиться на частоту Бога, чтобы он мог различить тихий шепот Его голоса. Моисей вышел в пустыню Мадиамскую, недалеко от горы

Хорив, чтобы послушать тихий, нежный голос Бога. Однажды, когда он сидел один в тишине и внимательно слушал свои мысли, пытаясь услышать Божий голос, ему в голову пришла мысль: «Мне нужно перестать пасти овец». Может, это шепот Бога?!

— Господи, это Ты? Ты велишь мне перестать пасти овец? — молился Моисей.

Он внимательно прислушался, но услышал только блеяние своего стада. Вокруг стояла тишина, и он засомневался: действительно ли он услышал Бога, или это был какой-то другой «голос»? Для Моисея было в новинку слышать Божий шепот. Он еще не совсем научился настраиваться на голос великого Пастыря. Пока что было еще не время, но Моисей…

Подождите! Он снова что-то почувствовал. У Моисея было стойкое впечатление, что ему нужно оставить работу пастуха, потому что Бог призывает его к «другому делу». Он еще не знал, что это за «дело». Его впечатления были все еще смутными и неясными, но он никак не мог выбросить из головы фразу «другое дело».

— Господи, это Ты? Это Ты со мной говоришь? К чему Ты меня призываешь, Господи?

Моисей сидел молча, пытаясь услышать Бога. Он отчетливо услышал в своем сердце два голоса, которые шептали ему, что он должен бросить пастушескую работу. Но чем еще ему можно было заняться? Единственное, что ему было знакомо, — это образ жизни египетского принца, который воспитывался в доме фараона и наслаждался всеми прелестями хорошей жизни. Моисей вернулся в мыслях к тем дням, когда он жил в Египте. Там его соплеменники-евреи все еще находились в рабстве. Когда ему казалось, что пастушеская жизнь тяжела, он всегда утешал себя тем, что не был рабом в Египте.

Моисей вспомнил обетование, которое Бог дал его отцам через Иосифа: «...Бог посетит вас и выведет вас из земли сей в землю, о которой клялся Аврааму, Исааку и Иакову»[152].

Моисей почувствовал, как Господь проговорил к его сердцу тихим шепотом: «ТЫ избавишь их!»

— Это не может быть голос Господа! — подумал Моисей. — Он бы не повелел мне совершить такой безумный поступок!

Затем Моисей вспомнил другие, казалось бы, абсурдные поступки, которые Бог велел совершать другим. Он сказал Ною построить ковчег, а Аврааму принести в жертву своего сына! «Может быть, Бог и вправду дает людям необычные повеления», — подумал он.

— Господи, ты повелеваешь мне пойти в Египет и освободить евреев? Ты это имеешь в виду, Господи? Я получил сильное впечатление и думаю, что это от Тебя.

Молчание.

Моисей решил искать знамений от Бога, подтверждающих Божьи слова, которые он услышал. Несколько дней спустя он вернулся домой со стадом. Моисей вошел в шатер и поздоровался со своей женой Сепфорой. Обернувшись, он заметил на стене новый гобелен.

— Где ты его купила? — поинтересовался Моисей.

— Я взяла этот гобелен четыре дня назад у египетских купцов на рынке.

— Ты сказала «египетских»? — спросил Моисей.

Четыре дня назад! Это был именно тот день, когда Моисей почувствовал, как Господь обратился к его сердцу и сказал:

---

[152] Бытие 50:24–25.

145

«Ты избавишь их!» Наверняка это было не случайно. Должно быть, это знамение!

Моисей начал молиться:

— Господи, если это знамение от Тебя, разъясни мне его смысл. Дай еще один знак, чтобы я понял, что Ты хочешь, чтобы я вернулся в Египет и освободил сынов Израилевых.

Моисей рассказал Сепфоре о значении этого гобелена, о своих впечатлениях и их истолковании. Той ночью, засыпая, он все думал о Египте. Моисею снилось то время, когда он жил в Египте в доме фараона и ел с ним за одним столом. О, как же ему хотелось во сне вернуться в Египет!

Когда Моисей проснулся, он задумался над тем, не был ли его сон знамением от Бога, подтверждающим тот шепот, который он слышал в пустыне. Моисей рассказал об этом сне Сепфоре. Она ответила:

— Если это побуждение от Бога, в подтверждение Он должен послать тебе мир в сердце. Что у тебя на душе — мир или тревога?

— Не знаю, — сказал Моисей. — Я только недавно стал учиться слышать голос Бога. Я уверен, что это Божий голос, но у меня не хватает опыта, чтобы узнать это наверняка. Скорее всего, Бог пытается мне что-то сказать, но я не могу определить, понимаю ли Его правильно.

— Давай расстелем руно, — предложила Сепфора.

— Руно! — воскликнул Моисей. — Конечно! Это должно решить проблему раз и навсегда.

Моисей стал молиться:

— Господи, мне нужно одно последнее знамение. Если Ты хочешь, чтобы я продолжил пасти овец, сделай так, чтобы, когда я завтра пойду на рынок, египетские купцы все еще были там. Если я приеду, а они уже уедут в Египет, тогда я буду знать, что Ты хочешь, чтобы я также возвратился в Египет. Так я пойму, к чему именно Ты меня призываешь.

На следующий день Моисей поехал на рынок и обнаружил, что египетские купцы вернулись в Египет. Увидев, что Господь подтвердил его первоначальные впечатления, Моисей почувствовал мир в своем сердце оттого, что все это время Бог пытался сказать ему именно это. Он чувствовал, что Бог призывает его к конкретным действиям.

Позже той ночью, когда Моисей тихо сидел в своем шатре и читал свиток Книги Иова, он обратил внимание на следующие слова: «Можешь ли ты связать узел Хима и разрешить узы Кесиль?»[153] Ему сразу же бросилось в глаза слово «узы»! Оно «ожило» в сознании Моисея, когда он почувствовал, как Господь сказал ему: «Мой народ в узах в Египте!» Он применил этот стих к себе! Господь подтвердил Моисею, что он разрушит узы рабства израильтян и выведет Божий народ из Египта.

* * *

Похожа ли эта история на то, как описывается встреча Моисея с Богом в главах 3–4 Исхода? Похоже ли она на какой-либо другой случай, описанный в Библии, когда Бог говорил с людьми?

Учителя, призывающие слушать голос Бога, заявляют, что именно так верующие «слышат Божий голос». По мнению этих авторов, так Бог обращается к нам сегодня — точно так же, как Он говорил со святыми древности. Эти авторы

---

153   Иов. 38:31.

считают, что при помощи всех этих средств и всеми этими способами (а также многими другими) Бог тихо нашептывает нам Свое откровение. Мы слышим Божий голос во внутренних впечатлениях, сверхъестественных знамениях и словах из Библии, которые бросаются нам в глаза и которым мы приписываем смысл, чуждый замыслу автора. Сторонники учения о необходимости слышать голос Бога полагают, что мы убеждаемся, что этот шепот от Бога, когда получаем от Него подтверждение, обретаем мир в сердце и видим Божье знамение в ответ на «расстеленное руно». Учителя, призывающие слушать голос Бога, применяют все эти методы, но ни один из них не имеет ничего общего с учением Писания.

В этом разделе я рассмотрю различные методы, которые пропагандируют учителя, призывающие слушать голос Бога, а также отрывки, на которые они ссылаются. Мы узнаем, говорит ли Бог сегодня точно так же, как Он говорил со святыми в древности [154].

---

[154] См. главы 4, 5 и 6.

ГЛАВА 7

Я УСЛЫШАЛ «ТИХИЙ, НЕЖНЫЙ ГОЛОС»

Практически во всех книгах о том, как нужно слушать голос Бога, упоминается история, как пророк Илия услышал «тихий, нежный голос» (3 Цар. 19:12, Перевод Библейской Лиги ERV. — Прим. перев.) [155]. Никакое другое выражение, описывающее разговор Бога с человеком, так не напоминает центральное понятие учения о необходимости слышать Бога, как фраза «тихий, нежный голос». Это выражение настолько быстро и прочно вошло в обиход современных христиан, что большинство верующих, вероятно, считают, что оно описывает обычный способ общения Бога со Своим народом. Сквозь призму этой истории из главы 19 Третьей Книги Царств многие стали толковать все учение о Божьем откровении.

Многие применяют этот образ для описания не внешнего, слышимого голоса Бога (что следует из значения слова

---

[155] «Тихий, нежный голос» — всего лишь один из вариантов перевода этого выражения. Как мы увидим далее, существуют и другие варианты.

«голос»), а впечатлений, мыслей и внутренних побуждений, которые часто принимаются за голос Святого Духа. Илия — это пример для современных верующих, а «тихий, нежный голос» — образец того, как Бог дает откровение нам сегодня. Вам не стоит верить мне на слово. Послушайте, что говорят сами сторонники этого учения.

ТОЛКОВАНИЕ ВЫРАЖЕНИЯ «ТИХИЙ, НЕЖНЫЙ ГОЛОС» С ПОЗИЦИИ УЧЕНИЯ О НЕОБХОДИМОСТИ СЛЫШАТЬ БОГА

Даллас Виллард утверждает, что тихий, нежный голос (или «веяние тихого ветра») — это один из многих способов, с помощью которых Бог говорит с нами: «В пределах же личного опыта общения с Богом нет ничего важнее того, что в Библии названо „веянием тихого ветра“»[156]. Давая определение этому понятию, Виллард ссылается на главу 19 Третьей Книги Царств, а затем поясняет этот «непримечательный, неброский, скромный и, возможно, не сразу заметный»[157] способ общения Бога с людьми.

По его мнению, «тихий, нежный голос (или внутренний голос, как его еще называют) — это наиболее предпочтительный и ценный способ личного общения Бога с людьми ради

---

[156] Виллард Д. Слышать Бога. М.: Триада, 2023. С. 98. Это цитата из главы под названием «Тихий, нежный голос и его соперники». Виллард подчеркивает «общую важность» таких форм Божьего откровения, как письменное Слово и Иисус Христос, утверждая, что их нельзя сравнивать с другими формами Божьего общения. Я указываю на это, чтобы представить учение Вилларда в справедливом свете. Он пытается (на мой взгляд, безуспешно) отстоять уникальность Писания. Невозможно провести различие между этой и другими формами Божьего откровения, если мы утверждаем, что Бог все еще говорит с нами при помощи всех этих средств.

[157] Там же.

достижения Его целей»[158]. Очевидно, это не так. Нигде не говорится, что это «внутренний голос». В главе 19 Третьей Книги Царств сказано, что это «тихий, нежный голос». Виллард называет его «внутренним голосом», но в Писании этого не говорится.

Роберт Моррис считает этот голос из Третьей Книги Царств 19:12 «мягким шепотом»[159] и выдвигает предположение: «Это может быть то, что мы сегодня называем впечатлением в сердце. Бог вложил в сердце Илии то, что Он хотел ему сказать. Мы не знаем наверняка, какой метод Бог использовал для этого. Но, возможно, тихий, нежный голос — это не что иное, как побуждение Святого Духа»[160].

2 июля 2018 года Бет Мур написала в «Твиттере»[161] высказывание, в котором она извратила смысл образов из Третьей Книги Царств: «Время сдаваться, и время продолжать пытаться. Иногда, когда время продолжать пытаться, нам кажется, что пришло время сдаваться. Отличить первое от второго помогает тихий, нежный голос Святого Духа внутри вас, говорящий: „Попробуй еще раз“»[162]. Изучая этот отрывок, мы увидим, что «тихий, нежный голос» звучал не «внутри» Илии.

Марк Баттерсон акцентирует внимание на «мягком шепоте», о котором говорится в Третьей Книге Царств 19:12. Он отмечает, что в других переводах это выражение выглядит как «веяние тихого ветра»[163] или «тихий, нежный звук»[164].

---

[158] Там же, 118.

[159] Новый русский перевод. — *Прим. перев.*

[160] Morris, *Frequency*, 33.

[161] Twitter — социальная сеть, деятельность которой запрещена на территории Российской Федерации. — *Прим. ред.*

[162] https://twitter.com/bethmoorelpm/status/1013765999143849985.

[163] Синодальный перевод. — *Прим. перев.*

[164] Современный перевод WBTC. — *Прим. перев.*

Баттерсон заявляет: «Бог может говорить внешним голосом, и Он не боится его применять. Но когда Бог хочет, чтобы Его услышали, когда Он собирается сообщить что-то очень важное, что нельзя пропустить, Он часто говорит шепотом, который чуть выше абсолютного порога слышимости» [165].

Баттерсон утверждает, что Бог приближает нас к Себе следующим образом:

> Когда кто-то говорит шепотом, нужно подойти к нему очень близко, чтобы услышать его. По сути, вам придется подставить ухо ко рту человека. <…> Именно поэтому Он говорит шепотом. Он хочет быть настолько близким к нам, насколько это возможно, с точки зрения Бога! Он любит нас, очень любит [166].

Насколько важен тихий голос? Баттерсон пишет:

> Ничто не способно изменить вашу жизнь так, как шепот Бога. Ничто не определит вашу судьбу так, как способность слышать Его тихий, нежный голос. <…>
> Так мы слышим Божий призыв и отвечаем на него.
> Так рождаются мечты размером с Бога.
> Так совершаются чудеса [167].

В своей книге Баттерсон уделяет много внимания примерам наставлений, которые Бог «нашептывал» ему относительно его личной жизни и служения. Баттерсон предупреждает нас, что мы не должны пропускать Божий шепот: «Так как

---

[165] Batterson, *Whisper*, 9.
[166] Там же, 9–10.
[167] Там же, 11–12.

женамнеупуститьтевозможности,которыепредназначил
длянасБог?Мыдолжныувеличитьгромкостьтихого,неж-
ного голоса Бога и сделать так, чтобы он стал самым громким голосом в нашей жизни»[168]. Вы помните, чтобы Илия
говорил что-либо подобное? Конечно же, нет!

КО МНЕ ПРИШЛА МЫСЛЬ!

Большинство авторов, призывающих нас слушать голос
Бога,считаютпророкаИлиюглавнымпримеромбиблей-
скогогероя,которыйслышал«Божийшепот»[169].Приведу
парупримеров,чтобыпроиллюстрироватьэтонаблюдение.

В книге «Как различить голос Бога» Присцилла Ширер
призываетчитателейзадатьсявопросом:«Какиесильныевну-
тренниеустремленияяпочувствовал?ИкакОнподтверждает
этопосланиедругимивнешнимиспособами?»[170]Оназаявляет,
что Бог «неумолим»[171] в Своих попытках привлечь наше

---

[168] Там же, 167.
[169] Некоторые из авторов, которые призывают применять дары откровения в церкви, воздерживаются от того, чтобы приводить Илию в качестве примера, и не ссылаются на главу 19 Третьей Книги Царств. Сэм Стормс (в книге «Применение силы на практике») пытается обосновать необходимость продолжающихся даров откровения (пророчества и слов знания), но не ссылается на Илию. То же самое можно сказать и о Джеке Дире, который, хотя и упоминает события из жизни Илии, не говорит о «тихом, нежном голосе» ни в одной из своих двух книг о харизматических дарах («Удивленный силой Духа» и «Удивленный голосом Бога»). Богослов Уэйн Грудем не отрицает способ Божьего водительства, который я критикую, но в разделе своего труда по систематическому богословию, посвященном этой теме, он не цитирует историю об Илии («Систематическое богословие»). Стормс, Грудем и Дир попытались подойти к этому предмету более серьезно с экзегетической и богословской точки зрения, чем цитируемые здесь авторы. Пожалуй, чаще всего выражение «тихий, нежный голос» неверно применяют авторы, чьи книги рассчитаны на более неразборчивую аудиторию.
[170] Shirer, Discerning the Voice of God, 78.
[171] Там же, 69.

внимание посредством впечатлений: «Он будет постоянно бомбардировать ваши мысли и сердце Своим посланием, пока вы не убедитесь в его подлинности»[172]. По словам Ширер, одним из признаков того, что эти мысли исходят от Бога, является та сила, с которой они нас бомбардируют: «Он знает, что мы не всегда хорошо улавливаем Его сигналы. Все зависит от того, где мы находимся или чем занят наш разум. <...> Зачастую стойкие внутренние ощущения, подкрепляемые внешним подтверждением, — это именно то средство, при помощи которого Бог направляет верующих к Своей воле»[173].

Позже Ширер пишет:

>> Я часто понимаю, что Бог говорит со мной, когда мне приходит в голову мысль, которая меня удивляет или, возможно, приносит мне некоторый дискомфорт, и я знаю, что не могу сделать этого своими силами. Когда я приношу такую мысль к Господу в молитве, когда я обращаюсь к Его Слову и даже ищу благочестивого совета и когда моя совесть, которую направляет Святой Дух, не дает мне покоя, пока я не начну действовать, я понимаю, что со мной говорит Бог[174].

Не каждая наша мысль является словом от Бога, а только настойчивые мысли, которые приносят нам дискомфорт или удивляют нас. В качестве примера Ширер приводит историю о том, как однажды утром во время тихого времени с Богом ей «на память пришло имя старой подруги», а затем ее посетила мысль: «Позвони ей. Ты ей нужна»[175]. Она

---

[172] Там же, 80–81.
[173] Там же, 81–82.
[174] Там же, 125. Курсив мой.
[175] Там же, 143–144.

позвонила и узнала, что ее подруге нужна помощь в семье и на работе. Ширер утверждает, что эти мысли внушил ей Святой Дух.

Книга Билла Хайбелса «Сила шепота» содержит множество примеров того, как люди действовали согласно своим внутренним побуждениям, которые они считали голосом Бога. Хайбелс призывает читателей прислушиваться к побуждениям и повиноваться им. Он называет мысли, чувства и впечатления «неслышимым» или «тихим» шепотом: «Без малейшего преувеличения я могу смело заявить, что тихий шепот Бога избавил меня от жизни, полной скуки и саморазрушения. Он изменил мой путь, спас меня от искушения и придал мне сил в минуты глубочайшего отчаяния»[176]. Псалмопевец обещает, что Писание будет совершать такое действие в жизни Божьих детей[177]. Хайбелс приписывает это действие «неразборчивому шепоту».

Баттерсон утверждает, что чем более внезапно возникает мысль, тем более вероятно, что она от Бога. Однажды, когда он проходил мимо здания на Капитолийском холме, разрисованного граффити, ему в голову пришла мысль: «Из этого наркопритона могла бы получиться отличная кофейня». Затем он пишет: «Эта мысль возникла из ниоткуда, что иногда указывает на ее сверхъестественное происхождение»[178]. Баттерсон считает, что наши мысли — это средство, через которое Бог передает нам Свое откровение, потому что Бог

---

[176] Hybels, *The Power of a Whisper*, 17.

[177] Псалмопевец говорит, что Божье Слово направляет наш путь (Пс. 118:21, 33–38, 97–104, 128, 163, 176), спасает нас от искушения (Пс. 118:9–11, 110–112, 133, 158, 165, 176) и заряжает нас энергией в минуты сильнейшего отчаяния (Пс. 118:25–28, 50–53, 81–88, 143, 145–147).

[178] Batterson, *Whisper*, 14.

«обитает в синапсах нашего мозга и говорит с нами на уровне мыслей, идей и мечтаний» [179].

Даллас Виллард советует читателям обратиться к своим мыслям как к источнику божественного откровения: «И тут мы рассмотрим два важнейших способа общения Бога с нами: посредством человеческой речи и посредством внутреннего голоса — голоса наших мыслей» [180].

Сторонники учения о необходимости слышать голос Бога приравнивают мысли, впечатления, идеи, влечения, побуждения и чувства к «тихому, нежному голосу» из главы 19 Третьей Книги Царств. Конечно, если это «наиболее предпочтительный и ценный» способ, которым Бог говорит со Своим народом, это должно очевидным образом следовать из текста.

ОБРАТИМСЯ К КОНТЕКСТУ!

Контекст Третьей Книги Царств 19:12 раскрывает причину, почему Бог обратился к Илии таким способом на горе Хорив. Предыстория встречи Илии с Богом, Который проговорил к нему тихим, нежным голосом, описана в предшествующих двух главах.

Первое упоминание об Илии в Библии относится ко времени правления Ахава (3 Цар. 17). Нам ничего не сказано о происхождении Илии, его воспитании или призвании к пророческому служению. Тем не менее он сразу же начинает говорить от имени Бога. Глава 17 начинается с того, что Илия

---

[179] Там же, 119.
[180] Виллард Д. Слышать Бога. М.: Триада, 2023. С. 107. Это цитата из главы под названием «„Веяние тихого ветра" и другие голоса».

предсказывает засуху. В завершении главы 18 в ответ на его молитву Господь посылает дождь.

В этих двух главах описываются четыре важных чуда. Сначала Господь повелел Илии скрыться у потока Хораф, к востоку от Иордана, где вороны сверхъестественным образом приносили ему хлеб и мясо дважды в день (17:3–7). Во-вторых, Господь послал Илию в дом вдовы в Сарепте, где Господь чудесным образом умножал масло и муку в ее доме долгое время (17:8–16). В-третьих, Илия воскресил сына вдовы из мертвых (17:17–24). Четвертое и, пожалуй, самое запоминающееся чудо заключалось в том, что Илия бросил вызов 450 пророкам Ваала на горе Кармил, где Бог ниспослал огонь на пропитанную водой жертву всесожжения. Пророки Ваала были схвачены и убиты (18:20–40). В течение этого короткого времени Бог проявил Свое провидение, заботу, благость и силу — все это на благо Илии. Илия противостал крупнейшему идолопоклонническому культу того времени и победил его. Это было публичное порицание нечестивого царя Ахава и его кровожадной жены Иезавели.

Когда Иезавель начала преследовать Илию, чтобы убить его, он бежал. После того, как Илия увидел сверхъестественное проявление Божьей силы, он пал духом (19:4, 10, 14), потому что думал, что он последний из израильтян, кто поклоняется Богу Яхве. По Своей благодати Бог давал возлюбленному пророку отдых и пищу (которую ему приносил ангел — 19:5–8). Затем Илия совершил сорокадневное путешествие к горе Хорив, где он встретился с Богом, Который проговорил к нему тихим, нежным голосом.

Этот краткий обзор позволяет нам сделать три важных наблюдения.

Во-первых, чудеса, сопровождавшие драматическое противостояние Илии пророкам Ваала и прекращение засухи, — это события, в ходе которых Бог использовал естественные стихии сверхъестественным образом[181]. Бог ответил на молитву Илии тем, что ниспослал огонь, который пожрал всесожжение (3 Цар. 18:38). Убив пророков Ваала, Илия помолился о дожде. Бог ответил: «...небо сделалось мрачно от туч и от ветра, и пошел большой дождь» (3 Цар. 18:45). Бог видимым образом проявил Свою силу в огне, ветре и дожде.

Во-вторых, после сверхъестественных событий, которые Бог совершил через естественные стихии, чтобы победить пророков Ваала, Он не сделал ничего, чтобы обратить к Себе или уничтожить злую царицу Иезавель. Илия боялся ее угроз (19:2). Хотя раньше Бог сверхъестественным образом восполнял нужды своего пророка и защищал его, последняя угроза в адрес Илии Его, похоже, никак не обеспокоила. Несмотря на то, что царская семья охотилась за Илией, Бог не совершил в его жизни чудесного избавления. Бог молчал.

В-третьих, ранее в своем пророческом служении Илия часто получал прямые и ясные указания от Бога, ни одно из которых не было названо в Библии «тихим, нежным голосом». До того, как Илия услышал звук тихого, нежного голоса, Бог не раз говорил с ним. Слово от Бога к Илии всегда сопровождалось фразами «и было к нему слово Господне» или «ибо так говорит Господь Бог Израилев»[182]. Дважды к Илии обращался ангел (19:5, 7). Если общение Бога

---

181   Первые два наблюдения я позаимствовал у Дэна Филлипса (https://bib-chr.blogspot.com/). Я взял их из его статьи под названием «Мысли по поводу главы 19 Третьей Книги Царств», предоставленной по запросу нашему общему другу Джастину Питерсу (https://justinpeters.org/).
182   3 Царств 17:2–4, 8–9, 14; 18:1; 19:9, 11.

с Илией является для нас образцом, то почему мы считаем образцом только тихий, нежный голос, а не ясное, прямое и недвусмысленное откровение, которое пророк получал от Бога в другое время? Очевидно, такое общение с Богом не было нормой в жизни Илии.

ПЕРЕЙДЕМ К ТИХОМУ, НЕЖНОМУ ГОЛОСУ

Теперь мы можем рассмотреть встречу Илии с Господом на горе Хорив, когда Господь проговорил к нему тихим, нежным голосом.

> И вошел он там в пещеру и ночевал в ней. И вот, было к нему слово Господне, и сказал ему Господь: что ты здесь, Илия? Он сказал: возревновал я о Господе, Боге Саваофе, ибо сыны Израилевы оставили завет Твой, разрушили Твои жертвенники и пророков Твоих убили мечом; остался я один, но и моей души ищут, чтобы отнять ее (3 Цар. 19:9—10).

Во-первых, обрати внимание, как Бог обращается к Илии: «И вот, было к нему слово Господне, и сказал ему Господь...» (ст. 9). Вопрос, который задал Господь, не прозвучал тихим, нежным голосом. Он говорил напрямую с Илией, и тот без труда мог Его услышать. Божье Слово, обращенное к пророку, было ясным и недвусмысленным. В тексте не говорится, что Илия должен был приблизиться к Богу особым образом, чтобы услышать «едва различимый шепот». Ясный голос Бога, который услышал пророк, не описывается как «впечатление», «мысль» или «побуждение». Илия не сверял услышанное с письменным Словом, не советовался с другими верующими и не искал подтверждения в сверхъестественных знамениях. Другими словами, в этом отрывке о тихом, нежном голосе нет той чуши, которую мы обычно находим в книгах современных авторов, призывающих слушать голос Бога.

Во-вторых, заметьте, что Илия чувствовал себя одиноким и уязвимым. Его разыскивали как минимум сорок дней, чтобы погубить. Однако, несмотря на то, что пророку угрожала смерть, Господь не сделал ничего сверхъестественного, чтобы разрушить козни Иезавели.

> И сказал: выйди и стань на горе пред лицом Господним, и вот, Господь пройдет, и большой и сильный ветер, раздирающий горы и сокрушающий скалы пред Господом, но не в ветре Господь; после ветра землетрясение, но не в землетрясении Господь; после землетрясения огонь, но не в огне Господь; после огня веяние тихого ветра (3 Цар. 19:11–12).

Илия услышал ясное слово от Господа, Который повелел ему выйти и стать на горе перед лицом Господним. Как и раньше, Илия без труда услышал Бога. Это был не шепот. Илия не настраивался на частоту Бога. Нет и намека на то, что Богу пришлось «бомбардировать» его мысли и сердце Своим посланием, пока Илия не «убедился в его подлинности»[183].

В-третьих, обратите внимание, что в ходе этого сверхъестественного события Бог вызывает разрушения при помощи естественных стихий. Сильный ветер сокрушает скалы. От землетрясения содрогается пещера, где стоит Илия. Вокруг пещеры таинственным образом загорается огонь. Два

---

[183] Shirer, *Discerning the Voice of God*, 80–81.

из этих трех сверхъестественных событий были образами «избавлений», которые Господня рука совершила ранее. Огонь охватил жертвенник на горе Кармил (18:38), а ветер сопровождал следующий за ним сильный дождь (18:45). Однако мы читаем, что в этих чудесах не было Господа. Это важная деталь, учитывая, что «ветер, землетрясение и огонь — все это природные явления, которые часто символизируют присутствие или явление Бога»[184].

Хотя в этот раз Господь посылал и ветер, и землетрясение, и огонь, Он не сообщал в них Свое откровение Илии, как в предыдущих случаях. Господь не открывал Себя через эти впечатляющие стихии. В этот раз откровение Господа сопровождалось «веянием тихого ветра» (ст. 12).

Еврейское выражение, переведенное здесь как «веяние тихого ветра», в других переводах звучит как «тихий, нежный голос». Это довольно странное выражение, которое нигде больше не встречается в Библии. Сам по себе этот факт уже должен насторожить тех, кто усматривает в этих словах образец для нас. Это событие было настолько уникальным, что образ, описывающий его, больше нигде не употребляется в Писании. Опасно строить учение на одном неясном выражении, которое встречается в Писании только один раз. Как его можно считать примером того, как мы можем слышать Божий голос?

Существует множество возможных вариантов перевода этого выражения, о чем свидетельствует следующий список:

---

[184] См. Исх. 19:16–18; Втор. 5:23–26; Суд. 5:4–5; 2 Цар. 22:8–16; Пс. 17:8–16; 67:9; Евр. 12:18. Richard D. Patterson and Hermann J. Austel, "1, 2 Kings," in *The Expositor's Bible Commentary: 1 Samuel–2 Kings (Revised Edition)*, ed. Tremper Longman III and David E. Garland, vol. 3 (Grand Rapids, MI: Zondervan, 2009), 783.

«Веяние тихого ветра» (Синодальный перевод);

«Мягкий шепот» (Новый русский перевод);

«Тихий, нежный голос» (Перевод Библейской Лиги ERV);

«Тихий, нежный звук» (Современный перевод WTBC);

«Тонкий звук безмолвия» (Перевод под редакцией Кулаковых);

Септуагинта: φων☐α☐ρας λεπτ☐ς, κ☐κε☐ κύριος [звук легкого ветра — и явился Господь!] [185].

Очевидно, это сложное выражение для перевода! Совсем не ясно, что имеется в виду. Однако мы можем быть уверены в одном: это не было «стойким внутренним ощущением», «внутренним голосом» или «внутренним побуждением». Это явление было внешним для Илии, о чем совершенно ясно свидетельствуют стихи, приведенные ниже! Интересный факт: авторы, призывающие слушать голос Бога, редко упоминают следующие стихи в контексте своего учения о тихом, нежном голосе.

> Услышав сие, Илия закрыл лицо свое милотью своею, и вышел, и стал у входа в пещеру. И был к нему голос и сказал ему: что ты здесь, Илия? Он сказал: возревновал я о Господе, Боге Саваофе, ибо сыны Израилевы оставили завет Твой, разрушили

---

[185] В журнале Vetus Testamentum библеист Дж. Ласт предлагает совершенно иное толкование этого выражения. Он пишет: «Филологический анализ 3 Цар. 19:12, а также изучение контекста этого отрывка и связанных с ним традиций показывает, что выражение *qôl d^{e}māmâ ḏaqqâ* [קוֹל דְּמָמָה דַקָּה] следует переводить не так, как принято считать. Мы предлагаем перевод «грохочущий или громогласный голос». См. следующий источник: Lust, J. "A Gentle Breeze or a Roaring Thunderous Sound? Elijah at Horeb: 1 Kings XIX 12." *Vetus Testamentum* 25, no. 1 (1975): 110-15. doi:10.2307/1517376. Очевидно, этот вариант перевода сильно отличается от того, как многие привыкли толковать это выражение (особенно сторонники учения о необходимости слышать голос Бога).

жертвенники Твои и пророков Твоих убили мечом; остался я один, но и моей души ищут, чтоб отнять ее (3 Цар. 19:13–14).

Пророк вышел и остановился у входа в пещеру, чтобы услышать голос, который звучал снаружи. Если бы этот тихий, нежный голос был внутренним влечением, впечатлением или мыслью Илии, ему не нужно было бы идти к входу в пещеру, чтобы услышать его. Он мог бы остаться в пещере и послушать свои мысли. Илия услышал голос снаружи пещеры, а не в своей голове. Даже при беглом чтении текста становится очевидным, что то, что слышал Илия («тихий, нежный голос» или «веяние тихого ветра»), не было внутренним побуждением, которое возникло в синапсах его мозга.

Когда Илия подошел к входу в пещеру, «...был к нему голос и сказал ему...». В библейском тексте употребляются ясные слова. Илия услышал голос Божий отчетливо, ясно и безошибочно. Это не было впечатлением или мыслью. Бог говорил вслух, и Его слова были понятны.

УРОКИ ИЗ ИСТОРИИ ОБ ИЛИИ

«Веяние тихого ветра» не было шепотом Бога, вкладывающего впечатления в разум Илии. В Библии нет никаких указаний на то, что общение Бога с Илией тихим, нежным голосом следует считать примером того, как Бог общается с нами. Какие уроки мы можем извлечь из этого уникального и загадочного происшествия? Хочу предложить как минимум два.

Во-первых, даже такой пророк, как Илия, не должен был рассчитывать на чудесное и сверхъестественное избавление от своих проблем. Он впал в отчаяние из-за угроз Иезавели, которые казались ему непреодолимой трудностью. Пророк неоднократно жаловался на это Богу (19:10, 14). Это свидетельствует о том, что он желал и, возможно, даже ожидал сверхъестественного избавления. Когда Илия увидел, что чудесного освобождения не произошло, он пал духом (19:4). Господь ободрил Илию не тем, что проговорил к нему в грандиозных проявлениях Своего могущества (ветер, землетрясение и огонь), а тем, что напомнил ему, что в Израиле еще осталось семь тысяч человек, которые не преклонили колени перед Ваалом (19:18). Иначе говоря, Илия нуждался не в чудесном избавлении с великим проявлением Божьего могущества, а в том, чтобы услышать о верном остатке Божьего народа.

Во-вторых, это напомнило Илии, что служение верных Божьих людей редко сопровождается великим и ярким проявлением Божьей силы. Бог был не в громких и впечатляющих явлениях. Бог действует бесшумно, незаметно, в потаенных уголках мира. В этих местах совершается Божье дело руками Его остатка, который верно трудится. «Веяние тихого ветра» или «тонкий звук безмолвия» — это удачное описание многих проявлений Божьего дела в этом мире. Оно совершается почти незаметно. Богу нет нужды использовать такие впечатляющие, сверхъестественные явления, как землетрясения, пожары и сильные ветры, чтобы хранить Свой верный остаток.

ТАКОЕ ПРИМЕНЕНИЕ НЕ СОГЛАСУЕТСЯ С ТЕКСТОМ

Можете ли вы сказать, что сторонники учения о необходимости слушать Бога применяют этот текст в соответствии сего истолкованием? Я согласен, что слова «тихий, нежный голос» описывают неясный и неопределенный звук, который однажды предшествовал ясному общению Бога с одним из Его пророков. Но даже если это так, этот перевод в лучшем случае неоднозначен. Многие неверно применяют этот отрывок, пытаясь обосновать идею о том, что Бог говорит с нами бесшумными голосами, которые мы слышим только в наших мыслях.

Даллас Виллард заявляет:

> Это «веяние тихого ветра» несет в себе весть, в которой запечатлена самая сущность Бога и которую нам еще предстоит научиться читать. Но главное в том, что способ, каким передается нам эта весть, сведен почти на нет; он принимает форму нашей мысли, хотя исходит эта мысль не от нас [186].

Это настоящая риторическая уловка! Виллард берет отрывок, где говорится о внешнем, слышимом звуке, и толкует его так, будто здесь идет речь о ваших мыслях, которые, по его утверждению, исходят от Бога. В отрывке о «веянии тихого ветра» буквально нет ничего, что могло бы служить подтверждением этого учения. Нет никаких указаний на то, что это была мысль в голове Илии. Если бы Святой Дух хотел, чтобы мы истолковали это выражение как «мысль», Он мог бы побудить автора книги написать именно так.

Хотя Виллард заявляет, что мы научимся «читать» такое откровение, он не может показать ни одного стиха в повествовании об Илии, где был бы хотя бы отдаленный намек на это. Илии не нужно было «учиться читать» Божье откровение.

---

[186] Виллард Д. Слышать Бога. М.: Триада, 2023. С. 98.

Более того, мы не видим ни одного случая в Библии, когда кто-то «учился читать голос Бога». Писание этому не учит. Библейское повествование ясно гласит: все, с кем говорил Бог, в том числе Илия, слышали и понимали Его.

Виллард пишет: «Тихий, нежный голос (или внутренний голос, как его еще называют) — это наиболее предпочтительный и ценный способ личного общения Бога с людьми ради достижения Его целей»[187]. На самом деле «тихий, нежный голос» — это не то же самое, что «внутренний голос». Отнюдь. Писание не называет его так. Нигде в Писании наши мысли не называются «тихим, нежным голосом» Бога. Нигде в Писании Божий голос не описывается как «внутренний голос». Это лжеучение, придуманное Далласом Виллардом и облеченное в псевдобиблейские термины.

Далее, если это «наиболее предпочтительный и ценный способ» общения, почему мы находим его в одном месте, описывающем одну уникальную встречу с одним пророком? Почему мы нигде не читаем о том, что Бог применял этот метод в общении с Ноем, Моисеем или Павлом? Если бы это был наиболее предпочтительный способ общения для Бога, естественно было бы ожидать, что о нем будет говориться повсюду в Писании. Как можно верить, что этот метод настолько «ценен» и «предпочтителен», если он упоминается в Библии только один раз и для его описания используется выражение, перевод которого звучит, мягко говоря, неопределенно?

Виллард заявляет: «Важно иметь в виду: человек не всегда осознает, что слышит голос Божий. Более того: необязательно знать о нем, чтобы его услышать. <…> Поэтому, когда вы слышите голос Бога, вы не можете сразу определить, что это

---

187 Там же, 101.

Его голос»[188]. Разве об этом говорится в главах 17–19 Третьей Книги Царств? Неужели Илия не осознавал, что слышит чей-то голос? В тексте сказано, что Илия прекрасно понимал, что Бог не в ветре, не в землетрясении и не в огне. Звук легкого ветра был совсем другим. Но Илия вышел и услышал голос Бога не в веянии тихого ветра, а после него.

Я не пытаюсь придраться к словам Далласа Вилларда, но он зациклен на тихом, нежном голосе больше, чем все остальные авторы. Как видите, его учение совершенно небиблейское и опасное.

ПОПЫТКА СДЕЛАТЬ ИЗ МУХИ СЛОНА

Имеем ли мы право считать этот случай из жизни Илии образцом для нас?

Учителя, призывающие слушать голос Бога, очень избирательно подходят к выбору «образцов» того, как его нужно слушать. Почему мы считаем нормативным именно откровение Бога в тихом, нежном голосе из главы 19 Третьей Книги Царств, а не ясное откровение, о котором говорится в главах 17 и 18 и которое Илия получал от Бога много раз? До того, как Бог проговорил к пророку у входа в пещеру, Илия много раз ясно и недвусмысленно слышал «Слово Господне». Однако почему-то мы игнорируем эти тексты в пользу такого неясного выражения, как «веяние тихого ветра» или «тонкий звук безмолвия». Почему? Потому что учителя, призывающие слушать Бога, могут превратить этот «тихий, нежный звук» во что угодно. Они изобретают собственный метод слышания Бога и проецируют его на

---

188   Там же.

тихий, нежный голос. Это создает видимость библейского прецедента для их учения.

Незадолго до того, как Илия услышал «веяние тихого ветра», он дважды встречался с ангелом. Что же касается «веяния тихого ветра», его он услышал только однажды. Почему же тогда мы считаем веяние тихого ветра нормативной формой откровения, а разговор с ангелом — нет? Илия получал откровение от ангелов в два раза чаще, чем откровение в тихом, нежном голосе.

ЭТОТ СЛУЧАЙ УНИКАЛЕН

Почему мы не берем пример с Илии в том, как добывать еду во время засухи? Почему нельзя следовать примеру Илии, чтобы продемонстрировать ошибочность учения Свидетелей Иеговы, которые приходят к вам домой? Учителя, призывающие слушать голос Бога, не учат вас устраивать жертвенники и просить Бога ниспослать огонь с небес, чтобы разоблачить их ложного бога. Они не учат вас подражать Илии в том, как расправляться с лжепророками — убить 450 человек зараз. Почему они не говорят, что эти события из жизни Илии также являются образцом для современных христиан?

Вероятно, они считают Илию человеком, которого Бог наделил уникальными дарами и использовал особым образом. Они могут возразить: «Эти сверхъестественные события уникальны, потому что они характеризуют особое служение Илии как Божьего пророка. Мы не должны ожидать, что эти явления будут нормой жизни для всех верующих». Да, именно так. То же самое касается и откровения, которое получил

Илия. Он был пророком и слышал, как говорил Бог. Нелогично утверждать, что откровение, которое Илия получил в «Слове Господнем», было не уникальным, а нормативным. Нет никаких оснований полагать, что Илия является для нас примером. Бог не обещает нам в Писании, что мы будем переживать подобные ситуации. Более того, мы наблюдаем обратное. Илия был уникальным человеком, которому было отведено уникальное место в замысле и целях Бога.

Разве голос Бога, повелевший Чарльзу Стэнли купить индейку, Марку Баттерсону открыть кофейню, а Присцилле Ширер позвонить подруге, — это точно такое же откровение, что и слово, которое Бог говорил Своим пророкам? Разве в обоих случаях речь идет об одинаковом способе передачи откровения и идентичном качестве откровения? Если это не так, то эти авторы не могут утверждать, что современный «шепот с небес» — это такое же откровение Бога, как и Его откровение в Библии. Игра окончена! Учителя, призывающие слушать голос Бога, вынуждены признать, что они учат нас искать откровения, не имеющие ничего общего с Божьим откровением в Библии.

ИТОГ

Проповедники учения о голосе Бога утверждают, что тихий, нежный голос — это способ, которым Бог сегодня разговаривает со Своим народом. По их мнению, история Илии является ярким примером этого «наиболее предпочтительного и ценного» способа услышать Божий голос. Тем не менее в главе 19 Третьей Книги Царств мы не находим ни одной из идей, которые они распространяют. Илия без труда слышал Божий голос. У него не было сомнений, что это говорит Бог. Он не настраивался на частоту Бога. Он не пытался из всех сил услышать какой-то шепот по средь какофонии посторонних звуков. Он не учился слышать Божий голос.

Ничего из того, что сторонники этого учения подразумевают под «тихим, нежным голосом», не вытекает из этого отрывка. Все детали, которые мы находим в тексте, опровергают учение проповедников, призывающих слушать Бога, в отношении того, чего нам следует ожидать, когда мы слышим тихий, нежный голос в свой адрес.

ГЛАВА 8
МОЙ ВЗГЛЯД УПАЛ НА ЭТОТ СТИХ

— Господь сказал мне, как назвать нашего малыша, — ответил он с улыбкой [189].

— Что-что? — переспросил я с явным недоверием.

— Сегодня утром Господь сказал мне, как нам нужно назвать нашего малыша.

Я продолжил обедать, ожидая объяснений от моего друга, который сидел со мной за столом. Несмотря на то, что мы были хорошими друзьями, у нас возникало много подобных дискуссий. Мой друг утверждал, что он получил водительство от Бога, а я оспаривал его слова, и между нами завязывалась оживленная дискуссия по поводу внебиблейских откровений.

Нередко от него можно было услышать такие фразы: «Святой Дух сказал мне…» или «Господь направил меня…». В этот раз он поделился: «Господь сказал мне, как назвать нашего малыша».

---

[189] Это был реальный разговор, но я изменил некоторые имена и детали, чтобы защитить невиновных.

— Какое имя вы решили дать малышу и как Господь сказал тебе это? — спросил я, не скрывая своего скептицизма. Мой друг привык, что я отвечаю ему далеко без восторга.

— Сегодня утром я читал главу 18 Книги Иисуса Навина, и мне бросилось в глаза имя Вениамин. Я почувствовал, как Святой Дух обратился к моему сердцу и сказал, что мы должны назвать нашего ребенка Вениамином. Я продолжил читать эту главу, и это имя встретилось мне несколько раз. Это было подтверждение слова от Господа.

— Интересно, — ответил я.

— Ты не веришь, что Господь сказал это мне? — спросил он.

— Нет.

— Разве ты не веришь, что Господь и сегодня говорит со Своим народом?

— Нет, я верю, что Господь говорит со Своим народом. Он обращается к нам в Своем записанном Слове и продолжает говорить через него, — сказал я, чтобы разрешить недоразумение, которое часто возникает из-за непонимания моей позиции.

— Конечно! — сказал мой друг, который, похоже, подумал, что я выразил согласие с его точкой зрения. — Это и был голос Бога в Писании. Когда я читал Библию, Дух через Свое Слово дал мне личное откровение в тексте. Так ты веришь, что Бог сказал мне, как назвать моего сына?

— Нет, не верю, потому что я не считаю, что смысл этого отрывка таков: «Тебе нужно назвать своего сына Вениамином». Этот отрывок был написан с другой целью, и Святой Дух вложил в него другой смысл, когда руководил его написанием, — ответил я.

— Значит, ты не веришь, что на основании отрывка, который я читаю, Святой Дух может дать мне личное откровение, применимое к моей жизни? — спросил он.

— Я не верю, что Святой Дух открывает в этом отрывке смысл, который не был заложен в него. Я не верю, что Он желает, чтобы мы искали в тексте личного откровения, не связанного с тем значением, которое заложил в него автор.

Это не убедило моего друга.

— Как бы ты тогда объяснил то, что со мной произошло? Почему мне бросилось в глаза имя Вениамин? Почему я почувствовал, что оно запечатлелось в моем сердце?

— Видишь ли, — начал объяснять я, — я знаю, что вы с женой думаете и молитесь о том, как назвать вашего сына. Сегодня ты читал Библию и наткнулся на вполне подходящее имя: Вениамин. Красивое имя. Раньше оно не приходило тебе в голову, но, когда ты его прочитал, тебе понравилось, как оно звучит. То же самое могло произойти с тобой, когда ты читал газету, телефонный справочник или книгу имен. Ты склоняешься к имени Вениамин. Это здорово. Однако я не думаю, что ты можешь утверждать, что это слово от Бога.

* * *

Джона заинтересовала Бекки, молодая девушка, которая посещала группу для незамужних и неженатых в церкви. Они пообщались пару раз, и Джону показалось, что она открыта для дружбы. В прошлое воскресенье Джон и Бекки беседовали у питьевого фонтанчика в фойе перед богослужением. Джон подумывал пригласить ее на свидание. В тот вечер, читая Бытие, он наткнулся на Бытие 24:16: «...девица была прекрасна видом, дева, которой не познал муж. Она сошла к источнику, наполнила кувшин свой и пошла вверх».

Вот она — прямо перед ним! Красивая девушка, которая пришла попить воды. Это ощущение было похоже на то, что он испытал ранее в тот день в церкви. Джон подумал: возможно, таким образом Господь показывает, что Бекки — это «та самая» девушка.

Он стал взволнованно читать дальше и увидел следующие слова: «И преклонился человек тот и поклонился Господу…» и «Господь прямым путем привел меня…» (ст. 26–27). Как и человек из этой истории, Джон стал поклоняться Богу после встречи с Бекки у фонтана. Девушку, о которой говорилось в Бытии, звали Ревекка. А девушку, которая интересовала Джона, звали Бекки. «Это не может быть совпадением! — подумал Джон. — Конечно, это действие Господа!» Затем он снова прочитал: «Господь прямым путем привел меня…» Эти слова бросились в глаза Джону и словно ожили: они стали для него актуальными, как никогда раньше. Он почувствовал, что Господь дал ему новое откровение из Писания.

* * *

С вами когда-нибудь случалось такое? Вам когда-нибудь бросалось в глаза слово, фраза или стих из Библии, когда вы читали его за утренним кофе? Со мной такое было. Можно ли сказать, что в этих случаях мы «слышим голос Бога»? Учителя, призывающие слушать Божий голос, сказали бы, что эти два примера показывают, как можно его услышать. Я верю, что Бог говорит с нами в Писании, но вопрос в том, как именно Бог говорит с нами в Писании?

ВЗГЛЯД СТОРОННИКОВ УЧЕНИЯ О СЛЫШАНИИ БОГА НА ПИСАНИЕ

Учителя, призывающие слушать голос Бога, верят, что Библия — это Божье Слово, и причисляют ее к другим средствам, через которые Бог говорит с нами. Они призывают нас читать Писание регулярно, потому что в их представлении Писание выполняет две функции. Во-первых, Бог может проговорить к нам через стих, который «оживает» и бросается нам в глаза.

Во-вторых, Писание помогает нам понять, когда Бог говорит к нам через другие средства.

Как утверждает Присцилла Ширер, «зачастую мы слышим Его авторитетный голос, действующий через Писание или облеченный в контекст Писания»[190]. Писание — это «контекст» Божьего Слова, оболочка Его авторитетного голоса. Что же подразумевается под этим «контекстом Писания»? В следующем же абзаце Ширер пишет:

> Опять же, это еще одна причина, по которой так важно глубоко пребывать в Божьем Слове, чтобы различать Его голос. Чем больше Писания вы сохраняете в своем сердце… тем больше возможностей вы даете Святому Духу быстро напоминать вам его и давать через него послания, адресованные лично вам в конкретный момент. Видите ли, Библия не только очерчивает границы, в которых находится всякое слово от Бога, но и является главным средством, через которое Бог говорит[191].

---

[190] Shirer, *Discerning the Voice of God*, 146–147.
[191] Там же, 147.

По мнению Ширер, Писание само по себе не является посланием Бога к вам. Это контекст, или оболочка, в которой звучат послания от Бога, «адресованные лично вам». Это средство, через которое Бог может говорить. Подобно тому, как почтовая служба — это способ доставки личных писем, Писание — это средство, с помощью которого Бог может доставить вам послание. С точки зрения учителей, призывающих слушать Бога, Писание — это не само послание, а лишь способ его доставки. Личное послание — это любое слово, которое «оживает для вас». Цитирую Ширер:

> Когда Божье Слово бросается вам в глаза и цепляет вас, — то есть ошеломляет, как будто вас разбудил раскат грома, — не спешите читать Библию дальше. Остановитесь прямо там. Сосредоточьтесь на тех словах, на которых уже сосредоточилась ваша душа. Это не случайное явление или совпадение. Сам Бог говорит через Свое Слово. Это живое Божье Слово в действии [192].

Ширер цитирует Энн Грэм Лотц: «Когда Он говорит, Он обращается к нам на языке нашей личной жизни, через стих или отрывок из Писания, который сразу бросается нам в глаза, и кажется, что он адресован лично нам» [193].

Учителя, призывающие слушать голос Бога, ценят Писание не потому, что это Божье Слово, а потому, что через него мы сможем услышать голос Бога, когда какое-то слово или фраза «бросятся нам в глаза» и «зацепят» нас.

Ширер пишет:

---

[192] Там же, 149.
[193] Там же, 93.

> Поэтому, чем лучше вы познакомитесь со Словом, тем точнее вы сможете услышать Бога. Библия устанавливает рамки, в пределах которых Бог дает нам Свои послания. Все, что говорит Дух, будет укладываться в рамки уже написанного[194].

Ширер сознательно употребляет такие слова, и они хорошо отражают точку зрения учителей, призывающих слушать Бога: «Библия устанавливает рамки, в пределах которых Бог дает нам Свои послания». Писание не является голосом Бога, но потенциально может стать каналом его передачи, когда «оживает», бросается нам в глаза или цепляет нас. По мнению тех, кто призывает слушать Бога, можно читать Писание и при этом не слышать голос Бога. Вы познакомитесь со структурой, средством и контекстом, через которые может прозвучать Божий голос, но самого Божьего голоса не услышите. Послание, которое вы получаете, когда что-то цепляет вас, — это голос Бога, а не сам текст. Это очень тонкое различие, и, хотя на первый взгляд его трудно уловить, оно важно.

Марк Баттерсон высоко отзывается о Писании, когда называет его «высшим авторитетом», «вдохновленным

---

[194] Там же, 128. Говоря «укладываться в рамки», Ширер имеет в виду, что ваше личное откровение никогда не будет противоречить Писанию и побуждать вас нарушать Писание. Большинство учителей, призывающих слушать Бога, сразу же делают эту оговорку. Это не позволяет нам считать откровением от Бога всевозможные странные мысли. Ширер называет Писание «общим откровением» Бога и противопоставляет его «конкретному посланию, точно соответствующему обстоятельствам, в которых вы сейчас находитесь» (там же, 149). Она приводит пример: однажды Бог проговорил к ней «таким образом, что [она] просто не могла не услышать Его, когда Он „оживил" [для нее] короткий стих из Писания» (там же, 145). Ширер считает, что Писание становится Божьим голосом только тогда, когда библейские стихи «оживают» для читателей.

Богом» [195] и «богодухновенным» [196] Словом, но затем подрывает его авторитет, когда учит нас читать Библию, чтобы мы «учились различать Божий голос» [197]. Баттерсон пишет:

> Существует скрытая форма идолопоклонства, которая называется библиопоклонством. Речь идет об отношении к Библии как к самоцели, а не как к средству для достижения цели. Цель познания Библии — это не само познание Библии. <...> Цель — научиться распознавать голос вашего небесного Отца и откликаться на него, чтобы возрастать в близости с Ним [198].

«Цель» чтения Библии — обрести возможность услышать голос Бога с помощью различных средств, которые Баттерсон продвигает в своей книге. Библия помогает нам распознать Божий голос, когда (или если) Бог обращается к нам. С точки зрения учителей, призывающих слушать Бога, Библия — это не голос Бога, а богодухновенная книга, которая учит вас тому, как слышать голос Бога. Библия — это не само Божье послание, но она помогает нам различить Божье послание, когда Он передает его нам. Именно так учителя, призывающие слышать Бога, рассматривают Писание.

ВЗГЛЯД БЛЭКАБИ НА БИБЛИЮ

В главе под названием «Бог говорит через Библию» Блэкаби заявляет, что Писание — это Божье Слово. Однако, как и другие проповедники учения о слышании голоса Бога,

---

195   Batterson, *Whisper*, 64.
196   Там же, 65.
197   Там же, 66.
198   Там же, 67.

которыетакимобразомотдаютданьортодоксальномууче-
нию,Блэкабинемедленноопровергаетсказанноеследую-
щим комментарием о природе Писания:

>> Библия описывает полное откровение Бога о Себе человече-
ству. Это описание взаимодействия Бога с людьми и Его слов,
обращенных к ним. Бог говорит с вами через Библию. Вы когда-нибудь читали Библию и вас внезапно охватывало новое
понимание какого-либо отрывка? Так с вами говорил Бог![199]

Блэкабипроводиттонкоеразличие,незаметноедляболь-
шинствачитателей.МыискажаемприродуПисанияипри-
нижаемегоавторитет,когдазаявляем:«Библияописывает
полное откровение Бога о Себе человечеству». Писание
и есть полное откровение Бога о Себе человечеству. Это
не мелочные придирки! «Моя жена» и «описание моей
жены» — это не одно и то же, как и «откровение Бога»
и «описание откровения Бога».

Посмотрите, что он говорит далее: «Это описание взаимодействия Бога с людьми и Его слов, обращенных к ним».
Описание взаимодействия Бога с людьми? Описание Его
слов? Писание — это не «описание» того, что сказал Бог. Это
и есть то, что сказал Бог. С точки зрения Блэкаби, ценность
Писания не в том, что оно является самим Божьим Словом,
а в том, что оно показывает нам пример того, как будет звучать
Божье Слово, когда мы услышим его за пределами Писания.

Блэкаби пишет: «Вас внезапно охватывало новое понима-
ниекакого-либоотрывка?ТаксвамиговорилБог!<…>Когда
выначинаетепониматьдуховныйсмыслиприменениеотрывка

---

199   Blackaby and King, *Experiencing God*, 103.

Писания, действует Божий Дух»[200]. Эти слова напоминают образы, которые использует Ширер, когда она говорит, что нам «бросается в глаза» конкретный библейский отрывок.

Немаловажно то, что Блэкаби употребляет выражения «духовная истина» и «духовный смысл». Божий Дух говорит через Библию только тогда, когда текст бросается нам в глаза и мы обретаем «новое понимание» этого текста, постигаем его новый «духовный смысл и применение». Очевидно, когда мы читаем Книгу Левит и открываем для себя смысл, который вложил в текст автор, это не является «встречей с Богом».

В другой главе, «Бог говорит через обстоятельства», Блэкаби приводит пример, иллюстрирующий его подход к Писанию.

> Ранее я рассказывал вам о борьбе нашей дочери Кэрри с раком. Это было трудное время для всей нашей семьи. Врачи говорили нам, что Кэрри должна проходить курс химиотерапии и лучевой терапии на протяжении шести-восьми месяцев. Но мы знали, что Бог любит нас. Мы молились: «Господи, что Ты собираешься совершить через эти обстоятельства, к которым нам нужно приспособиться?»
>
> Когда мы молились, нам на ум пришло обетование из Писания, которое, как мы полагаем, было от Бога. Мы не только услышали обетование, но и получили много писем и звонков от людей, которые цитировали одно и то же место Писания. В этом стихе говорится: «Эта болезнь не к смерти, но к славе Божией, да прославится через нее Сын Божий» (Ин. 11:4).
>
> Мы еще больше убедились в том, что Бог говорит с нами, когда увидели, как согласуются между собой слово из Библии,

---

[200] Там же. Курсив мой.

молитва и свидетельства других верующих и указывают на одно и то же [201].

Отрывок, который процитировал Блэкаби, никак не касается болезни его дочери. Это не обетование, а история о том, как конкретный человек, Лазарь, заболел конкретной болезнью. Иисус не давал здесь «обетования», на которое кто-либо может сослаться. Он говорил о болезни Лазаря, приведшей к смерти, для того чтобы явно продемонстрировать силу Иисуса воскрешать людей (Ин. 11:25—26). После того как Лазарь умер от болезни, о которой говорится в 11:4, Иисус воскресил его из мертвых.

Смысл Евангелия от Иоанна 11:4 в следующем: болезнь Лазаря послужит к Божьей славе, когда Иисус воскресит его из мертвых. По мнению Блэкаби, Евангелие от Иоанна 11:4 следует понимать так: Бог обещал, что его дочь Кэрри не умрет от рака. Блэкаби превращает описание болезни конкретного человека в обетование об исцелении своей дочери. Он берет слова Писания, вырывает их из оригинального контекста и вкладывает в них смысл, совершенно не связанный с намерением автора.

Блэкаби воспринимает этот отрывок как обетование в свой адрес. Хуже того, он находит успокоение в том, что другие также неверно толкуют этот отрывок. Затем Блэкаби перекладывает ответственность за искажение смысла Писания на Святого Духа и говорит: «Святой Дух взял Божье Слово и открыл нам Божью волю по поводу окончательного исхода этого дела» [202].

Вот что Блэкаби подразумевает под «духовным смыслом» отрывка. Блэкаби увидел в этом отрывке «духовный смысл»

---

201   Там же, 119—120.
202   Там же, 120.

(«духовное применение») — «новое понимание», не связанное с самим текстом. Обретение этого нового понимания и есть «встреча с Богом». Так называемое обетование Святого Духа прозвучало в словах из главы 11 Евангелия от Иоанна, но оно не было никак связано с тем, о чем говорится в этой главе.

Не осознавая собственных ошибок в толковании Писания, Блэкаби пишет: «Не выискивайте места в Писании, которые, на ваш взгляд, подтверждают то, что вы хотите сделать из эгоистических побуждений, и затем не говорите, что это Божья воля. Это очень опасно. Не делайте так»[203]. Но именно так Блэкаби поступает с Евангелием от Иоанна 11:4. Он вкладывает в этот отрывок смысл, чуждый тексту, и объявляет его обетованием Святого Духа.

А что, если чей-то близкий человек умрет от болезни после того, как эти люди подумают, что Бог им дал подобное обетование? Возможно, они искренне верили, что слышали Божий голос в этих словах. Когда трудные обстоятельства в их жизни заканчиваются трагедией, а не триумфом, единственный вывод, к которому они могут прийти, — это то, что Бог не сдержал данного им Слова. Хотя в случае с дочерью Блэкаби все обошлось, это никоим образом не оправдывает его неправильного применения Библии.

ВИЛЛАРД О БОЖЬЕМ СЛОВЕ

Даллас Виллард придерживается гораздо более мистических взглядов на то, как Бог говорит с нами через Писание.

---

[203] Там же, 112. Блэкаби предупреждает об опасности открытого нарушения нравственных заповедей Писания, но подобное злоупотребление Писанием не менее вопиюще, потому что, по сути, он приписывает Богу то, чего Он не говорил.

Его точка зрения граничит с язычеством. Виллард расширяет определение «Божьего слова» и делает его настолько широким и расплывчатым, что оно включает в себя почти все. Он заявляет: «Словом Своим Бог сотворил мир, правит миром и спасает Свое творение. Сотворение, правление и спасение — это и есть Божье слово»[204]. Это хитрая риторическая уловка, которая превращает все действия Бога в «Его Слово». В другом месте Виллард утверждает, что речь Бога — это «духовная сила»: «Таким образом, слово, изрекаемое личностью, должно пониматься как духовная сила — независимо от того, исходит она от нас, от Бога или от другого личностного начала, и независимо от того, добрая эта сила или злая»[205].

Если речь Бога — это духовная сила, то любое проявление «духовной силы» можно назвать «Божьим словом». Виллард заявляет:

> Слово Божье в его прямом, изначальном смысле — это Его речь, обращенная к нам. <…>
>
> Любые проявления Божьего разума — это Его «слова». И неважно, являются ли средства выражения по отношению к человеческому разуму внешними (явления природы — Псалом 18:1–5, другие люди, воплощение Бога во Христе (Логос), Библия) или внутренними (наши собственные мысли, намерения, чувства). Бог правит всем миром, включая дела человеческие, посредством Своего слова, понимаемого именно в таком смысле[206].

---

[204]   Виллард Д. Слышать Бога. М.: Триада, 2023. С. 135.
[205]   Там же, 137.
[206]   Там же, 138.

Определение, которое Виллард дает термину «Божье Слово», настолько широкое, что оно включает в себя почти все, что когда-либо существовало или происходило! «Божье Слово» — это Христос, явления природы, другие люди, Библия, человеческие мысли, намерения, чувства, Божье творение, Божье провидение в управлении миром и Божье искупление. Поскольку Виллард считает все Божьи дела действием Божьего Слова, он полагает, что Бог всегда говорит, всегда общается и действует при помощи этой «силы слова». Божье Слово, в понимании Вилларда, напоминает энергию, которая вибрирует во всем существующем и имеет практически бесконечное количество проявлений.

Следовательно, Виллард не проводит знак равенства между Божьим Словом и Писанием. Подчеркнув, что «слово Божье» — это не то же самое, что Писание, он задает вопрос: «И, наконец, как нам следует понимать отношение Библии к слову Божьему… и к Слову, Которое есть Бог и Которым держится мир?»[207] Он отвечает:

> Библия — одно из следствий Божьего слова и единственное Священное Писание. Безошибочное изначально, оно непогрешимо и во всех своих версиях, ведущих нас к спасительному союзу с Богом в Его царстве. <…> В свете всего сказанного становится ясно, что хотя Библия — это Слово Божье, слово Божье — это не только Библия[208].

Хотя Виллард заявляет, что Библия — это Священное Писание, он не может сказать, что в Библии заключено

---

207   Там же, 159.
208   Там же, 159–160.

все Божье Слово. Это лишь одна из форм Божьего Слова, пусть и письменная. Виллард утверждает, что Библия — это «одно из следствий Божьего слова». Учитывая его определение «Божьего слова», к «следствиям» этого слова можно отнести почти все: мою ангину, лай собаки моего соседа или ненастную погоду.

Виллард хочет показать, что придерживается ортодоксальных взглядов: говоря о Писании, он применяет к нему термины «безошибочное» и «непогрешимое», но в свете его учения эти термины лишены смысла. Это не более чем прикрытие, с помощью которого учителя, призывающие слушать голос Бога, пытаются скрыть свое неортодоксальное учение под маской ортодоксальности в глазах христиан, признающих авторитетность Библии. Почему мы должны считать Писание «единственным», если это всего лишь «одно из следствий Божьего слова»? Что делает его единственным и уникальным? Почему безошибочно именно Писание, а не мои мысли, если и то и другое — это слово Бога? Как я могу считать непогрешимым Писание, а не свои сны, если и то и другое в равной степени является Божьим словом? Невозможно утверждать, что одно из проявлений Божьего слова авторитетно (Писание), а другое — нет (впечатления). Сторонники учения о необходимости слышать голос Бога не могут возразить на это!

Учение о богодухновенности, безошибочности и непогрешимости Писания имеет смысл только тогда, когда мы верим, что Писание является Божьим Словом. А если мы верим, что Бог говорит вне Писания, это учение лишается основания. Писание уникально, потому что только оно является Божьим Словом. Учителя, призывающие слушать голос Бога, утверждают, что впечатления, побуждения, голоса, обстоятельства, знамения, «орошенное руно», видения, сны и шепот также являются Божьим Словом, но не безошибочным, непогрешимым или богодухновенным. Это различие бессмысленно и несостоятельно с библейской точки зрения.

Когда Бог говорит, Его Слово безошибочно. Иначе и быть не может. Все, что говорит Бог, безошибочно, потому что Он не может лгать (Тит. 1:2). Бог не может изрекать «небогодухновенные» слова[209]. Он не может произносить ошибочные или недостоверные слова, потому что Он непогрешимый Бог, Который не может ошибаться и не ошибается[210]. Эти понятия применимы к Писанию не потому, что это письменное Божье Слово, древний документ или потому что оно было написано апостолами. Эти качества присущи Писанию благодаря его Источнику. Если Писание исходит от Бога, оно непременно должно обладать этими качествами. Любое откровение, послание или слово от Бога также должны иметь эти качества. Если Писание — это всего лишь один из многих способов услышать Божий голос, то нет никакого рационального или библейского основания полагать, что это «единственное» или «особое» Божье откровение.

---

[209]   Слово, переведенное как «богодухновенный» в нашем переводе Библии (2 Тим. 3:16), происходит от греческого θεόπνευστος («теопнеустос» — выдохнутый Богом) и относится к Священным Писаниям. Богодухновенные Священные Писания — это слова, которые «...изрекали... святые Божии человеки, будучи движимы Духом Святым» (2 Пет. 1:21).

[210]   По мнению Мак-Артура и Мейхью, «с исторической точки зрения понятия „безошибочность" и „непогрешимость" всегда были неразрывно связаны» (Мак-Артур, Мейхью, *Библейское учение*). «Безошибочность» означает, что Писание не содержит ошибок. Этот термин применяется в отношении оригинальных рукописей Писания. «Непогрешимость» означает, что Писание не вводит нас в заблуждение и не содержит ложных утверждений. Поскольку Писание непогрешимо, оно *всегда* достигает цели, которую Бог определил для него.

БИБЛИЯ — «ПЕЧЕНЬЕ С ПРЕДСКАЗАНИЕМ»

Подход некоторых авторов к вопросу о том, как мы слышим Божий голос, приводит к вопиющему искажению библейских текстов, как показывает пример применения Блэкаби Евангелия от Иоанна 11:4. Это неизбежно, поскольку такой подход поощряет людей искать в отрывке «послание» или «духовный смысл» лично для себя, не обращая внимания на то, о чем этот текст говорит на самом деле. Вместо того чтобы, изучая контекст стиха, попытаться понять смысл, заложенный в него автором, христианин, жаждущий «личного слова от Бога», будет искать «новое понимание» текста. Отдельные слова, фразы и даже цифры сплетаются вместе в личное откровение.

Такой взгляд на Писание не поощряет экзегетический подход к изучению и применению Библии. Он способствует выработке гностического, мистического подхода, выраженного в том, что мы выискиваем в тексте персонализированные послания, которых там нет. Тем самым мы превращаем Библию в сборник изречений, похожих на «печенье с предсказанием», которые можно толковать в свете текущих обстоятельств.

Я мог бы привести примеры применения такого подхода к Писанию из всех источников, которые я критически рассматривал[211], но ни один из этих авторов не овладел искусством манипулирования Писанием так, как Роберт Моррис. В его сочинениях мы находим многочисленные примеры, которые

---

[211] Такое злоупотребление Писанием со стороны авторов, призывающих слушать Бога, приобретает огромные масштабы. Призыв искать личного откровения в библейских словах и фразах, вырванных из контекста, лежит в основе учения проповедников, которые учат нас слушать голос Бога.

демонстрируют подход к Писанию, искажающий смысл библейского текста.

Моррис заявляет, что Бог повелел ему стать пастором церкви, когда ему было тридцать лет. Когда представилась возможность стать старшим пастором, он стал усердно «искать лица Господня и слушать Его голос» по этому вопросу. Моррис утверждает, что, когда он поклонялся и молился Богу, с ним произошло следующее: «Я ясно ощутил, как Святой Дух побуждает меня прочитать главу 3 Евангелия от Луки. Этот отрывок постоянно крутился у меня в голове: Луки 3, Луки 3, Луки 3»[212]. Моррис прочитал главу 3 Евангелия от Луки и дошел до стиха 23: «Иисус Христос Сам начал Свое служение примерно в тридцатилетнем возрасте». Затем Моррис добавляет: «Это было подтверждение, которого я искал. Я испытал мир, который превыше всякого ума. Это подтверждение глубоко укоренилось в моем сердце»[213].

В этом тексте Моррису бросилось в глаза число 30. Он воспринял это как голос Бога, подтверждающий, что он должен заняться служением в возрасте 30 лет. Если бы Моррис увидел число 30 на бумажке, которую он нашел внутри печенья с предсказанием, он мог бы истолковать это так же. По моему мнению, если человек с одинаковой вероятностью слышит Божий голос и в послании из печенья с предсказанием, и в Писании, он не признает авторитетность Писания.

В другой раз Моррис рассказывает, как он подумывал о том, чтобы переехать поближе к новой церкви. Он утверждает, что Бог показал ему, как действовать, следующим странным образом:

---

[212] Morris, *Frequency*, 43.

[213] Там же.

" Однажды в воскресенье примерно в то же время мы сидели в церкви и поклонялись Господу, и я почувствовал сильное побуждение прочитать Бытие 35:1, но прочитать его из Библии, которая была у Дебби. Это было странно. Я знал, что говорится в Бытии 35:1 в моем переводе Библии. Я снова открыл его и прочитал стих в моем переводе, «Новой версии короля Иакова»: «Бог сказал Иакову:„Встань, пойди в Вефиль и живи там; и устрой там жертвенник Богу"».

Ранее Бог уже запечатлел этот стих в моем сердце, когда дал мне откровение об открытии церкви. Он хотел, чтобы я переехал куда-нибудь, поселился там и устроил жертвенник Господу. Отлично. Я так и поступил. Но почему я почувствовал явное побуждение прочитать этот стих в Библии Дебби? У нее был «Новый живой перевод». Я отложил свою Библию, открыл Библию Дебби и прочитал этот стих в ее переводе: «Бог сказал Иакову:„Приготовься, переезжай в Вефиль и поселись там. Построй там жертвенник... Богу"».

Переезжай в Вефиль.

Именно это новое слово Бог и хотел показать мне. Не просто жить там, а переехать туда [214].

Моррис взял одно слово из одного перевода, вырвал его из контекста и воспринял как «слово от Бога», касающееся конкретных обстоятельств его жизни. Для Морриса, который получил личное откровение от Бога, неважно, в чем истинный смысл библейского повеления Бога Иакову. Моррис увидел слово «переезжай» и подумал, что через это слово Бог обращается лично к нему. Если мы привыкли слушать голос Бога в Библии именно так, послание, которое

мы извлекаем лично для себя из библейского отрывка, может быть вообще никак не связано с истинным смыслом этого отрывка [215].

Для того, чтобы услышать голос Бога при помощи этого метода, вовсе нет нужды обращаться к Библии. Моррис мог натолкнуться на слово «переезжай» в любом другом источнике (в газете, комиксе или бумажке из печенья с предсказанием) и объявить это личным откровением от Бога. Послания, которые Бог якобы дает нам таким образом, так же оторваны от контекста газетной статьи, как и от контекста Библии. Итак, почему же учителя, призывающие слушать голос Бога, советуют нам искать такие послания в Библии? Потому что в Писании они находят богатую почву для подобных измышлений. Более того, они могут претендовать на то, что их послание имеет божественный авторитет, если оно взято из Божьего Слова.

Это суеверный, а не ортодоксальный взгляд на Писание. Проповедникам этого учения неинтересен смысл, заложенный в текст автором: они исповедуют постмодернистский подход к Писанию, который предоставляет читателю право определять значение текста. По сути, они задают следующие вопросы: «Что этот текст значит для меня?» и «Что этот отрывок говорит к моему сердцу?». Приверженцы этого метода не стремятся применить значение библейского текста к обстоятельствам читателя. Значение текста неважно.

---

[215] Цель чтения и изучения Писания состоит в том, чтобы определить намерение, заложенное в него авторами. Для того, чтобы определить значение библейского текста, необходимо изучить контекст отрывка, его жанр, а также культурный, исторический и языковой фон. Текст Писания не может иметь для нас «значение», которого он никогда не имел для первоначальной аудитории.

Моррис читает Библию сквозь призму своих личных обстоятельств, чтобы найти некую точку соприкосновения между ними, пусть даже притянутую за уши. Библия — это шар судьбы в евангелическом мире учителей, призывающих слушать Бога! У Морриса есть достаточно примеров применения этого подхода, чтобы испытать терпение даже самых кротких из нас.

Моррис утверждает, что его дочь Илэйн, которая не раз испытывала странные побуждения, получила указание от Бога поступить в колледж в Талсе, штат Оклахома, на основании Откровения 4:1: «После сего я взглянул, и вот, дверь отверста на небе, и прежний голос, который я слышал как бы звук трубы, говоривший со мною, сказал: взойди сюда, и покажу тебе, чему надлежит быть после сего» (Откр. 4:1).

По мнению Илэйн, выражение «дверь отверста» означало для нее возможность поступить в колледж. Слово «труба» значило, что один человек бросил ей вызов, который поразил ее как «звук трубы». А слово «взойди» ясно указывало ей на то, что нужно отправляться в Талсу, потому что это было «к северу» от того места, где они жили [216].

Моррис рассказывает, что ему приснился сон, в котором Бог открыл ему, что он станет основателем церкви на 30 тысяч человек и что эта церковь достигнет 300 тысяч человек в Метроплексе Даллас/Форт-Уэрт [217]. На следующий день Моррис прочитал 1 Царств 11:8: «Саул осмотрел их в Везеке, и нашлось сынов Израилевых триста тысяч и мужей Иудиных тридцать тысяч». Моррис воспринял это как «подтверждение» слова, которое он получил от Бога.

---

[216] Morris, *Frequency*, 57–58.
[217] Там же, 81.

Моррис утверждает, что Бог повелел ему назвать свою церковь «Гейтуэй» («Врата») во впечатлении, которое он получил во время утреннего общения с Богом. Несколько дней спустя Моррис увидел слово «врата» в Бытии 28:16–17 в «Новом живом переводе».

По словам Морриса, ему «бросилось в глаза именно это выражение — „врата небесные"». Позже, когда он проезжал по району, где планировал открыть новую церковь, он получил подтверждение от Бога, что церковь нужно назвать именно так. Моррис увидел объявление: «Скоро открытие: торговый центр „Гейтуэй"»[218].

Это яркий пример того, как словами Писания можно манипулировать точно так же, как и словами из объявления об открытии торгового центра. И то и другое считается Божьим словом, обладающим одинаковой авторитетностью, и в обоих случаях применяется один и тот же герменевтический подход. Заявление Морриса о том, что он признает уникальность Писания, — это просто пустой звук.

Моррис, чья когнитивная непоследовательность просто ошеломляет, предупреждает своих читателей: «Иногда люди наугад открывают Библию, указывают на какой-либо стих и заявляют, что это слово от Господа непосредственно для их ситуации. И да, иногда Бог говорит с нами именно так. <...> Но чаще всего к этому методу следует относиться с некоторой долей недоверия»[219]. В другом месте он предупреждает: «Я знаю людей, которые применяют этот метод. Я не хочу ограничивать Бога в том, что Он может сделать, но позвольте мне просто сказать, что этот метод сопряжен с определенным

---

218   Там же, 84.

219   Там же, 16.

риском»[220]. Тем не менее это тот самый метод, при помощи которого он сам чаще всего пытается услышать голос Бога.

Как бы я хотел сказать, что такой подход к Писанию, при котором библейские тексты рассматриваются как печенье с предсказанием, применяет только Роберт Моррис. Но это не так. Отнюдь. Это визитная карточка учителей, призывающих слушать Бога. Писание рассматривается как набор разрозненных слов, которые могут «ожить» для нас в любой момент. Если вы не находите для себя послания от Бога в одном переводе Библии, поищите его в другом. Продолжайте искать, пока не услышите слово от Бога лично для себя.

КАК УСЛЫШАТЬ СЛОВО ЛИЧНО ДЛЯ СЕБЯ

Моррис дает несколько советов по поводу того, как услышать Божье Слово, приспособленное к нашим нуждам[221]. По его мнению, нам необходимо выработать привычку слушать «общее слово от Бога каждый день»[222]. Это неотъемлемый элемент «процесса, в ходе которого мы учимся ценить голос Бога». Но мы можем услышать «частный голос» Бога только тогда, когда оживет «общий голос».

---

[220]   Там же, 48.

[221]   Моррис проводит различие между «общим словом» Бога и Его «частным словом». Он называет Библию Его «общим голосом», а конкретные впечатления, которые мы получаем, когда читаем Писание, — Его «частным голосом». Моррис отмечает: «Писание всегда является Божьим голосом в том общем смысле, что Бог вдохновил его написание (2 Тим. 3:16). Бог также может говорить конкретно с нами через Библию, привлекая наше внимание к определенному отрывку, потому что Божье Слово живо и действенно (Евр. 4:12)». Morris, *Frequency*, 124. Такое разделение Божьего Слова на «общее» и «частное» является искусственным и не имеет основания в Писании.

[222]   Там же, 88.

Моррис предлагает четыре шага:
1. Назначьте встречу с Богом.
2. Успокойтесь и начните поклоняться.
3. Молитесь и читайте.
4. Слушайте и записывайте [223].

«Слушать Бога» — это одно из важнейших понятий учения о необходимости слышать голос Бога. Моррис пишет:

> Слушать Бога — одно из самых трудных дел для нас. Но если мы научимся слушать, тогда мы научимся слышать Божий голос. Я говорю «слушайте и записывайте», потому что один из способов, которые помогли мне научиться слышать голос Бога, — это записывать свои мысли и молитвы во время встречи с Ним [224].

Затем он заявляет: «Слушайте и записывайте. Вы не будете записывать богодухновенные слова, как это делали авторы Библии. Вы будете записывать своё личное применение богодухновенного Писания по образцу, который установили для нас библейские авторы» [225]. Это полная чушь. Мы не находим подобных библейских прецедентов. Нигде в Писании не говорится, что мы должны учиться слушать Бога и записывать услышанное.

Во-первых, невозможно, чтобы «частное слово» Бога было менее «богодухновенным», чем Его «общее слово». Это различие в мышлении Морриса не имеет абсолютно

---

[223] Там же, 88–95.
[224] Там же, 95.
[225] Там же, 95.

никакого библейского основания. Он стирает грань между этими понятиями, называя «личный голос» Бога «небогодухновенным» и приравнивая его к применению текста. Размышлять над Божьим Словом и применять Писание — это не то же самое, что получать новое откровение.

Во-вторых, авторы Библии не устанавливали для нас некий «образец». Они были каналом передачи Божьего откровения. Святой Дух руководил ими в процессе написания Библии, авторство которой принадлежит и людям, и Богу. У нас нет примеров, подтверждающих, что библейские авторы создавали Писание так, как утверждает Моррис. Если бы это был «образец» для нас, эта идея была бы отражена в Писании. Но там об этом не говорится. Учителя, призывающие слушать голос Бога, хотят, чтобы вы поверили, что, рассматривая Писание как шар судьбы, мы следуем образцу, установленному для нас апостолами. Но это не так.

ТАК ЧТО ЖЕ В ЭТОМ НЕ ТАК?!

Несмотря на то, что этот подход к Писанию популяризируют многие проповедники и применяет множество христиан, он чреват различными проблемами.

Во-первых, подход к Писанию, который пропагандируют учителя, призывающие слушать голос Бога, не основан на учении об авторитетности Писания. Эти проповедники полагают, что Библия сама по себе является не голосом Бога, а лишь средством или инструментом, при помощи которого можно услышать голос Бога. На практике это значит, что Писание не более уникально, чем дорожный знак, газетный заголовок или печенье с предсказанием. Для этих проповедников ценность Писания заключается в том, что оно помогает нам распознавать голос Бога вне Писания, если он «облечен» в библейскую терминологию.

Во-вторых, мы не находим примеров применения этого подхода в Писании. Нет никаких свидетельств того, что Павел, Даниил, Ной, Петр или Давид относились к Писанию подобным образом. Никто из них никогда не искал в библейских словах личного послания от Бога так, как это учат делать проповедники, призывающие слушать голос Бога.

Новый Завет изобилует цитатами из Ветхого Завета: в нем мы находим почти 350 прямых ветхозаветных цитат и несколько сотен аллюзий. Однако среди сотен аллюзий и цитат вы не найдете ни одного примера, который показывает, что новозаветный автор применяет Писание так, как это делают авторы, призывающие слушать голос Бога. Мы нигде не читаем о том, что Павел «внимательно слушал» Бога, ожидая, что ему бросится в глаза какой-нибудь библейский отрывок.

В-третьих, такому подходу к тексту не учит само Писание. Оно не проводит различия между «общим словом» Бога и Его «частным словом», которое касается конкретных обстоятельств в нашей жизни. Учителя, призывающие слушать голос Бога, утверждают, что способность слышать слово от Бога, обращенное лично к нам, — это самый главный аспект христианской жизни и ученичества, но ни Христос, ни апостолы никогда этому не учили.

В-четвертых, такой подход к Писанию — это вопиющее искажение библейского текста. Стремясь «услышать Бога», мы не пытаемся понять истинный смысл библейского текста, а ищем «слова» от Бога, обращенного лично к нам, и прислушиваемся к субъективным впечатлениям. Мы не обращаем внимания на значение текста, которое вложил в него автор, потому что этого не нужно делать. Мы ожидаем, что библейский текст «оживет» для нас и мы получим личное откровение, независимо от истинного значения текста. Нет нужды верно преподавать слово истины (2 Тим. 2:15), и практически никто из учителей, призывающих слушать Бога, не обладает этим умением.

В-пятых, этот подход неизбежно субъективен. Его сторонники извращают Писание, чтобы найти подтверждение любому посланию, которое они хотят увидеть в том или ином библейском тексте. Цифры, фразы и отдельные слова, встречающиеся в Писании, превращаются в тест Роршаха, при помощи которого мы оцениваем собственные субъективные, запутанные мысли. Мы не считаем Писание Божьим Словом в объективном смысле[226]: его ценность определяется способностью читателя увидеть в нем «личное послание» от Бога. Как видно из приведенных примеров, в рамках учения о необходимости слышать голос Бога мы можем обращаться с Писанием как угодно. Хотя некоторые более консервативные учителя, призывающие слушать голос Бога, содрогнулись бы от таких примеров, их богословские взгляды не предполагают никаких ограничений для субъективного искажения Писания.

Когда Писание становится духовным пластилином, из которого можно лепить все, что рисует нам воображение,

---

[226]   Говоря «в объективном смысле», я имею в виду, что статус и значение Писания как Божьего Слова не зависят от отклика или действий читателя (субъекта). Независимо от того, увлекает, вдохновляет или впечатляет читателя библейский текст или нет, Писание остается Божьим Словом. Значение текста никоим образом не определяется мнением читателя и не зависит от его реакции.

невозможно установить никакие рамки. Ни один учитель, призывающий слушать Бога, не может сказать, что искажение Робертом Моррисом Откровения 4:1 хуже, чем неправильное применение Генри Блэкаби Евангелия от Иоанна 11:4. Оба автора обращаются с Писанием одинаково и применяют один и тот же подход. Хотя у Морриса более замысловатое учение о «личном слове» от Бога, чем у Блэкаби, он точно так же извращает смысл Писания.

БУДЬТЕ ДОБРЫ, ОБЪЯСНИТЕ!

Вы можете задать мне вопрос: «А как вы объясните это? Если слово или фраза, которые „оживают" на страницах Писания, — это не голос Бога, тогда что это?»

В начале этой главы я сказал, что со мной такое случалось. Это не редкость. На самом деле даже неверующие нередко испытывают это чувство, что служит доказательством того, что это не голос Бога. Неверующие не «слушают» Бога так, как учат проповедники, призывающие слушать Его голос.

Есть очень простое объяснение тому, почему нам бросаются в глаза слова и фразы не только со страниц Писания, но и с дорожных знаков, из газет и меню китайского ресторана. Это феномен Баадера-Майнхоф. Иногда его называют «иллюзией частотности». Этот термин описывает явление, при котором нам начинает казаться, что недавно усвоенная или выученная информация встречается необычайно часто.

Приведу наглядный пример. Когда в нашем минивэне сломалась коробка передач, мы с женой решили купить новый автомобиль. Мы обратились в ближайший автосалон и обнаружили, что из-за наших предпочтений по цене и характеристикам наш выбор сузился до двух автомобилей «Додж караван» — красного и серебристого.

Мы бы предпочли красный, поскольку это один из цветов нашей любимой спортивной команды, но у красного минивэна не было таких характеристик, как у серебристого. Итак, мы остановились на серебристом автомобиле. Мы не могли назвать никого, у кого был бы серебристый минивэн. Более того, я вообще не мог вспомнить, когда в последний раз видел серебристый минивэн в нашем городе. Я думал, что мы будем единственной семьёй в городе с серебристым автомобилем «Додж гранд караван» 2010 года выпуска.

Вы можете догадаться, что произошло дальше. Мы отъехали со стоянки и по дороге домой увидели с десяток таких автомобилей. Они были повсюду! Как я раньше не замечал серебристые минивэны? Откуда они все взялись? Это и есть феномен Баадера-Майнхоф. Эти машины встречались мне и раньше, но я не замечал их, пока не купил такую машину сам.

Приведу ещё один пример. Вы идёте в церковь и слышите, как миссионер из Африки рассказывает о своём служении по открытию новых церквей в Эфиопии. Вы решаете каждый день на следующей неделе молиться за этого миссионера и за тот труд, который он совершает на африканском континенте. Затем вы слышите песню «Африка» группы «Тото» на радиостанции «Музыка 80-х» на работе в понедельник, во время обеда в закусочной в среду и в торговом центре в пятницу. Во вторник вы видите на небе облако — как вы уже догадались — в форме Африки. В субботу случайно читаете главу 8 Деяний, где говорится об эфиопском евнухе, который уверовал во Христа. Опять и опять! Африка! В понедельник вечером в новостях рассказывают о выборах в Южной Африке, а в четверг вы наталкиваетесь на рекламу африканского сафари в интернете!

Почему вы вдруг стали повсюду видеть Африку? Может, это голос Бога пытается таким образом привлечь ваше внимание? Нет. Это иллюзия частотности. В вашей жизни произошло что-то или что-то привлекло ваше внимание, и теперь вы чаще замечаете упоминания об этом или намеки на это.

Дочь Блэкаби заболевает, и он вспоминает стих, в котором говорится о болезни. Моррис встречает в Писании число, и оно совпадает с тем числом, о котором он думал ранее. Если после покупки серебристого минивэна я вижу такие же минивэны везде, куда бы ни поехал, то почему я должен удивляться, что замечаю в Писании детали, связанные с моими недавними мыслями или с выбором, с которым я столкнулся?

Если мы замечаем какие-то детали на страницах Писания, это не значит, что мы слышим Божий голос. Мы не можем сказать, что Бог «пытается» таким образом привлечь ваше внимание. Он не дает вам личных откровений. Он не «шепчет» вам. Давайте перестанем говорить, что все, что привлекает наше внимание, — это слово с небес. Это не так. Библия — это не печенье с предсказанием, шар судьбы или тест Роршаха, через которые мы узнаем, что Бог проговорил лично к нам. Мы должны прекратить так искажать Писание!

ГЛАВА 9

БОГ ДАЛ МНЕ ЗНАМЕНИЕ!

Когда мои дети были помладше, мне пришлось пересмотреть все серии мультсериала «Подсказки Бульки». Дети сидели у экрана и пристально наблюдали за тем, как маленькая, живая голубая собачка с пятнами и следовала подсказкам, помогающим ей решать загадки или находить сокровища. Спутник Бульки Стив носил с собой блокнот, куда он записывал подсказки, которые приводили героев к разгадке.

Звучит увлекательно? Совсем нет. Целевой аудиторией этого сериала были малыши. Я стал подозревать, что от просмотра этой телепрограммы мой мозг постепенно превращается в картофельное пюре. Этого было достаточно, чтобы новостные каналы показались очень увлекательными.

Много лет я думал, что христианская жизнь — это более духовная версия сериала «Подсказки Бульки» для взрослых. Жизнь полна загадок: «Какой дом мне купить?» «Какую работу выбрать?» «Как назвать своего ребенка?» Я был убежден, что у Бога есть конкретная воля по поводу этих вопросов в моей жизни, и, если я хочу быть послушным Ему, мне нужно слушать Его, чтобы Он открыл мне эту волю. В Писании не было прямых и конкретных указаний на этот счет лично для меня, поэтому я хотел, чтобы Бог открыл мне Свою волю. Я полагал, что Он будет делать это через внебиблейские средства: впечатления, тихий, нежный голос и, конечно же, знамения и знаки. Я имею в виду не одноименный фильм Мела Гибсона, а намеки, подсказки, стечение обстоятельств, которые должны указывать мне правильное направление, если я верно толкую их. Бог раскладывал передо мной хлебные крошки, а я следовал за ними к познанию Его воли.

Как это должно было выглядеть? Это было похоже на движущуюся мишень. Каждый день она могла выглядеть по-разному. Если я слышал звонок телефона, это мог быть знак, что пора позвонить маме. Если я видел китайское слово, вытатуированное на руке мужчины, который стоял рядом со мной в зале ожидания, это могло быть знамением о том, что мне пора съесть китайское блюдо на обед. Если я слышал песню «Кокомо» группы «Бичбойз» в лифте, то мог воспринять это как указание от Бога забронировать место в круизе по Карибскому морю.

Поскольку я постоянно нуждался в таком водительстве, я должен был всегда быть начеку, чтобы распознавать и изучать все знаки, которые попадались мне на пути. Все, абсолютно все могло быть знамением от Бога.

ЗНАМЕНИЯ В ПОНИМАНИИ УЧИТЕЛЕЙ, ПРИЗЫВАЮЩИХ СЛУШАТЬ БОГА

Сторонники учения о необходимости слышать голос Бога разработали сложную систему получения и толкования внебиблейскихоткровений. Одно из главных понятий в их методологии — знамения [227].

Присцилла Ширер утверждает: «Наша жизнь — это постоянно меняющийся перечень тесно переплетенных личных вопросов, в решении которых каждому из нас необходимо Божье водительство, чтобы хорошо ориентироваться в них» [228]. Ширер, по сути, заявляет, что, поскольку нам нужно принимать столько разных решений, Писания недостаточно. Она пишет:

> Конечно, у вас есть Библия, к которой можно обратиться за советом, но вы знаете, что ее нельзя просто открывать наугад и вырывать стихи из контекста, чтобы найти подтверждение собственному выбору. Вы искренне хотите услышать Бога. Вы хотите узнать, являются ли обстоятельства, которые вы недавно заметили в своей жизни, не просто совпадением. Или, может, вы хотите определить, отражают ли слова, которые вы услышали от кого-то в свой адрес, Божью волю и водительство [229].

По утверждению Ширер, мы должны замечать знамения, которые Бог посылает нам на нашем пути. Ширер рассуждает так, как будто есть только два способа получить личное водительство от Бога: «вырывать стихи из контекста» [230] или усматривать Божьи указания в обстоятельствах

---

[227] Не все учителя, призывающие слушать голос Бога, придают такое большое значение знамениям как средству различения Божьего голоса. Есть несколько исключений, о которых я упомяну позже в этой главе.

[228] Shirer, *Discerning the Voice of God*, 20.

[229] Там же, 21.

[230] Сама Ширер имеет привычку вырывать стихи из контекста и неправильно их применять. Она поступает так с главой 10 Евангелия от Иоанна

и знамениях. По ее словам, Библия ничего не говорит о том, как нам принимать важные решения. Мы должны «искренне хотеть услышать Бога» через знамения, которые Он постоянно посылает! В книге «Как различить голос Бога» Ширер предлагает нам задаться вопросом: «Какие сильные внутренние устремления я почувствовал? И как Он подтверждает это послание другими внешними способами?» [231]

Эти внешние знамения являются «подтверждением» внутренних побуждений или ощущения, которое Ширер называет «тихим, нежным голосом». Она отмечает:

> Когда Бог говорит с вами через Святого Духа внутри вас, а также подтверждает это другими средствами извне, тогда ищите Его указаний. Если вы заметили, что Бог постоянно дает вам одно и то же послание и подтверждает его побуждением Святого Духа, Писанием, вашими обстоятельствами и свидетельством других людей… обратите на это особое внимание. Бог повторяет Свое послание, чтобы удостовериться, что вы его поняли [232].

Ширер связывает это совпадение знамений с тем, что Бог «настойчиво» пытается достучаться до нас и ли «неустанно

(«Овцы Мои слушаются голоса Моего»), главой 19 Третьей Книги Царств («тихий, нежный голос») и с другими отрывками каждый раз, когда ей бросается в глаза какое-либо слово или фраза. Ширер постоянно цитирует стихи из Писания, никак не связанные с ее аргументами. Своим отношением к Писанию она показывает, что контекст не имеет для нее значения. Стоит отметить, что в системе взглядов тех, кто призывает слушать голос Бога, контекст не может играть существенной роли. Для сторонников этого учения важно не намерение автора, а впечатление, которое текст производит на читателя.

[231]   Там же, 78.
[232]   Там же.

пытается поговорить» с нами и «заставить нас слушать»[233]. По мнению Ширер, внешние знамения (обстоятельства и случайные события) должны совпадать с внутренними догадками, которые постоянно посещают нас: «Зачастую стойкие внутренние ощущения, подкрепляемые внешним подтверждением, — это именно то средство, при помощи которого Бог направляет верующих к Своей воле»[234].

Учителя, призывающие нас слушать Бога, утверждают, что, если нам постоянно попадаются на глаза определенные слова, фразы или темы, это значит, что Бог настойчиво пытается поговорить с нами. Если у нас в разуме постоянно повторяется одна и та же мысль, связанная с событиями нашей жизни, это значит, что Бог пытается привлечь наше внимание. Нам нужно искать такие знаки. Ширер приводит цитату из электронного письма, которое она получила от Бет Мур: «Я знаю, что Бог говорит со мной по поводу конкретного вопроса, когда мне кажется, что все, что я слышу или читаю на протяжении некоторого времени, указывает на одну и ту же проблему. Каждый раз, когда Бог обращается ко мне на определенную „тему“, я начинаю слушать, навострив уши»[235]. В заключение этой главы Ширер призывает своих читателей: «Если вы хотите распознать Божье водительство, попытайтесь

---

[233] Там же, 79. Бог «пытается» поговорить с нами? Такое представление о Боге недостойно Его. Что заставляет кого-то думать, что Бог «пытается» что-то сделать? В богословии тех, кто призывает слушать Бога, Он изо всех сил пытается привлечь наше внимание, открыть нам Свою волю и нашептать ее нам на ухо. Мы постоянно противодействуем попыткам Бога достучаться до нас своей неспособностью слышать. Мы не всегда «хорошо улавливаем Его сигналы» (с. 81), и этот бог все время пытается достучаться до нас, временами настойчиво. Но Бог Библии не таков. Бог Библии не «пытается» говорить. Он говорит.

[234] Там же, 82.

[235] Там же.

определить конкретную тему или повторяющийся мотив как в своем внутреннем духе, так и во внешних обстоятельствах»[236].

Марк Баттерсон соглашается с Ширер:

> Может ли Бог говорить слышимым голосом? Конечно! Но чаще всего Он говорит на «языке знамений». Я знаю, что это доставляет некоторый дискомфорт тем, кто пытается жить по «букве закона», и я понимаю, почему. Знамения могут быть субъективными. Мы предпочли бы полагаться на принцип Sola Scriptura («только Писание»). Однако, если мы себя ограничиваем лишь этим способом общения с Богом, проблема в том, что Бог говорит языком знамений в Писании[237].

Под «языком знамений» Баттерсон подразумевает не просто совпадение жизненных обстоятельств и повторяющиеся события вокруг нас, но и «расстеленное руно», «открытые и закрытые двери», мир в сердце, мечты и видения[238]. В качестве примеров «знамений» Он упоминает горящий куст, который увидел Моисей, и ослицу Валаамову[239].

Генри Блэкаби не против идеи о том, что мы получаем Божье водительство через «знамения». Он утверждает, что Бог говорит с нами через обстоятельства. Он пишет: «Бог действительно использует обстоятельства, чтобы говорить с нами. Но мы будем часто заблуждаться, если это будет нашим единственным средством определения Божьих указаний»[240]. Книга Блэкаби представляет собой руководство

---

236 Там же, 89.
237 Batterson, *Whisper*, 59.
238 Я рассматриваю некоторые из этих вопросов в последующих главах.
239 Там же.
240 Blackaby and King, *Experiencing God*, 89.

о том, как различать неявные знамения, которые помогают услышать голос Бога и получить Его водительство. Этой теме он посвящает главу под названием «Бог говорит через обстоятельства»[241].

Блэкаби предупреждает, что мы не должны искать «чудесных знамений», чтобы найти подтверждение тому, что считаем Божьей волей:

> Однако просьба к Богу о знамении часто является признаком неверия. <…> Часто, когда вы «расстилаете руно» перед Богом, как Гедеон, это свидетельствует о вашем неверии или нежелании поверить, что Бог даст вам ответ.
>
> Когда книжники и фарисеи попросили Иисуса дать им чудесное знамение, Он осудил их, назвав «родом лукавым и прелюбодейным» (Мф. 12:38–39). Они были настолько самолюбивыми и грешными, что даже не могли признать, что среди них был Бог (см. Лк. 19:41–44). Не уподобляйтесь тому нечестивому и прелюбодейному поколению, ищущему чудесных знамений для подтверждения истинности слова от Бога[242].

Тем не менее в своей книге Блэкаби побуждает нас искать естественных знамений для подтверждения истинности слова от Бога. Он призывает нас находить эти знамения в обстоятельствах, общении с другими людьми, своей молитвенной жизни, стихах Писания, вырванных из контекста, и, среди прочего, словах других верующих. Все эти «подтверждения» нужны нам для того, чтобы убедиться в истинности «слова

---

[241] Там же, 117.
[242] Там же, 88.

от Бога», которое мы якобы получили по какому-либо вопросу. Единственное, от чего предостерегает Блэкаби, — это поиск чудесных знамений, хотя, как ни странно, только такие знамения полностью убедили бы меня в истинности послания от Бога. Более того, это именно то, на что ссылался Иисус, чтобы подтвердить божественное происхождение Своих слов (Ин. 5:36; 10:25, 37−38; 14:10) [243].

ПРОБЛЕМА ЗНАМЕНИЙ

Говорит ли Бог с нами через знамения, которые Он бросает, как хлебные крошки, на нашем жизненном пути? Нужно ли нам учиться истолковывать обстоятельства и знаки, чтобы различать Божью волю? Я считаю, что такой подход к тому, чтобы слышать Бога и принимать решения, является совершенно небиблейским и в большинстве случаев представляет собой духовную опасность. Этот подход связан как минимум с тремя очень серьезными проблемами.

Во-первых, этот метод совершенно небиблейский, то есть в нем нет ничего библейского. Чтобы доказать, что метод слышания голоса Бога имеет библейское основание, его сторонникам необходимо продемонстрировать примеры его применения и учение о нем в Писании. Однако мы не находим ни того, ни другого.

В Писании нет примера того, как кто-то замечал знамения или истолковывал обстоятельства в попытках различить Божий голос. В Библии нет примеров того, как святые

---

[243] Апостолы Иисуса Христа ссылались на чудесные знамения, которые они совершали, как на доказательство того, что они говорили от имени Бога (2 Кор. 12:12; Деян. 2:22; 14:3).

определяли Божью волю, опираясь на подсказки от Бога, которые они замечали вокруг себя и в своих обстоятельствах. В Писании вы не найдете историй, похожих на следующую:

> В то утро Павел проснулся с мыслями о Кипре. На рынке он услышал, как два человека говорили об этой стране. На следующий день он увидел корабль, который отправлялся на Кипр. Павел сделал вывод, что у Бога было послание к нему на эту «тему». Он понял, что Бог пытался привлечь его внимание и сказать ему что-то о Кипре. Павел решил отправиться в миссионерское путешествие на Кипр (Воображения 15:12–14).

Моисей решил пойти в Египет и возглавить исход не потому, что он постоянно видел намеки на Египет вокруг себя. Он не пытался истолковать свои обстоятельства и увидеть в них повторяющуюся «тему»[244]. Авраам покинул Ур Халдейский не потому, что Бог дал ему целый ряд двусмысленных намеков на это. Бог говорил с ним так, чтобы Его было слышно. Ему не нужно было бросать Аврааму хлебные крошки, посылать субъективные впечатления и неясные подсказки, чтобы направлять Свой народ. Бог не говорит с нами на определенную «тему»[245].

---

[244] Баттерсон считает, что горящий куст — это пример знамения. Очевидно, что это утверждение абсурдно. Горящий куст был видимым сверхъестественным проявлением Божьего присутствия, через которое Бог проговорил ясно и недвусмысленно.

[245] Некоторые могут возразить на это, ссылаясь на Гедеона. О Гедеоне и его руне я расскажу в следующей главе, а сейчас достаточно сказать, что орошенное руно не было намеком, который Бог послал Гедеону в надежде, что он его заметит. Это был сверхъестественный ответ Бога на испытание предшествующего Божьего откровения, которое устроил Гедеон, а не Бог. Поэтому данный пример не имеет ничего общего с темой нашего разговора.

Писание повествует о сотнях мужчин и женщин, которые путешествовали, переезжали, женились, поклонялись Богу, создавали семьи, давали имена своим детям, строили города, вели войны, занимались торговлей, начинали служение и принимали бесчисленное множество других решений — и все это без каких-либо подсказок от Бога. В своей жизни они подчинялись открытому Божьему Слову и верили, что принятые ими решения и жизнь в соответствии с открытой моральной волей Бога будут прославлять Его и способствовать достижению Его целей. В Библии нет ни одного примера использования современной методологии, которую продвигают учителя, призывающие слушать голос Бога. Ни одного.

Мы читаем о мужчинах и женщинах, которые принимали решения и следовали воле Бога, когда Он говорил с ними[246], но это откровение было ясным, слышимым и недвусмысленным. Бог не говорил с ними через побуждения, впечатления и неясные знамения.

Дело не только в том, что в Библии нет примеров такого общения Бога с людьми. В Библии нет четкого учения об этом методе слышания Бога. Если бы в Библии были отрывки, в которых бы ясно излагалось учение о том, как применять этот метод — каких знамений нам искать и как их толковать, — тогда бы у нас было хотя бы какое-то основание полагать, что этот метод применялся в Библии.

Если бы был хотя бы один отрывок, в котором подробно объясняется этот метод, то у нас были бы основания полагать, что святые древности, апостолы и ранняя церковь

---

[246]   Речь идет о таких библейских героях, как Ной, Авраам, Исаак, Иаков, Давид, Соломон, Илия, Елисей, Иеремия, Даниил, Павел, Петр, Иоан и т. д.

регулярно использовали его. Можно было бы предположить, что, хотя у нас нет библейских примеров подробного применения этого метода, Библия ясно предписывает нам применять его.

Однако в Библии нет такого отрывка. У нас есть отрывки, где подробно излагается библейское учение по различным вопросам, имеющим важнейшее значение для христианской жизни и освящения[247], но можете ли вы вспомнить один отрывок, хотя бы один, где поясняется, как различать Божий голос в обстоятельствах?

Могут ли сторонники учения о необходимости слышать голос Бога привести хотя бы один отрывок, который предписывает нам искать Божьего водительства в намеках и неясных подсказках? Есть ли хоть одна заповедь о том, чтобы мы «пытались услышать Божий голос через обстоятельства и в своем окружении»? Нет.

Если бы это было важно для христианской жизни, как утверждают учителя, призывающие слушать голос Бога, нам следовало бы ожидать, что объяснению этого метода будут посвящены целые главы и даже целые книги в Библии. Мы бы ожидали найти в ней изложение принципов этого метода, ответы на вопросы и способы разрешения трудностей. Но в Библии нет никакого наставления на этот счет, ни слова. Как мы убедительно продемонстрировали в этом разделе, отрывки, которые обычно цитируют сторонники этого метода, вообще не говорят о том, что мы должны слышать голос Бога вне Писания.

---

247 Например, молитва (Псалтирь и Лк. 11), даяние (2 Кор. 8, 9), брак (Еф. 5 и 1 Кор. 7), духовные дары (1 Кор. 12–14; Еф. 4; 1 Пет. 4; Рим. 12), отношение к власти (Рим. 13 и 1 Пет. 2), лжеучителя и лжеучения (2 Пет. и Иуды) и десятки других тем.

ПУТАНИЦА СУБЪЕКТИВИЗМА

Во-вторых, если мы во всем ищем знамений, это порождает в нашем разуме лишь сплошную путаницу из субъективных чувств, впечатлений и догадок. Опасность этого метода в том, что он обращает наш взор внутрь себя, к нашим мыслям и впечатлениям, а не к Писанию. Это приводит к тому, что мы начинаем воспринимать свои мысли и впечатления как авторитетный источник божественного откровения о Божьей воле.

Учителя, призывающие слушать голос Бога, обычно поощряют своих читателей записывать свои мысли и впечатления, а также регулярно молиться о них[248]. Генри Блэкаби советует нам вести духовный дневник: «Если вы не ведете духовный дневник, вам нужно начать. Если Бог Вселенной говорит вам что-то, вы должны это записать. Когда Бог говорит с вами в ваше тихое время, немедленно записывайте то, что Он сказал, пока вы не забыли»[249]. Роберт Моррис пишет: «Я советую вам также записывать и эти впечатления. Записывайте мысли, которые соответствуют Божьему Слову и ободряют вас»[250]. И еще одна цитата: «Я говорю „слушайте и записывайте“,

---

[248] Сэм Стормс утверждает, что вам следует «записывать то, что, по вашему мнению, может быть словом Духа» (Storms, *Practicing the Power*, 101). С одной стороны, Стормс предупреждает, что мы не должны думать, что «каждая случайная мысль, возникающая в нашем сознании, исходит от Бога». Но с другой, он предлагает лишь совершенно субъективный взгляд на откровение, согласно которому многие из наших мыслей могут быть словом от Бога.

[249] Blackaby and King, *Experiencing God*, 108. В следующем абзаце Блэкаби рассказывает о том, как он записывает стихи из Библии, через которые Бог открывает ему Себя Самого. Он не ограничивается *только* стихами из Писания. По мнению Блэкаби, Бог говорит с нами различными способами, в том числе и через молитву. Это цитата из главы под названием «Бог говорит через молитву», и он утверждает, что «то, что Бог говорит вам в молитве, гораздо важнее того, что вы говорите Ему» (109).

[250] Morris, *Frequency*, 51.

потому что один из способов, которые помогли мне научиться слышать голос Бога, — это записывать свои мысли и молитвы во время встречи с Ним»[251].

Мы никогда не знаем, что за мысль пришла нам в голову: может, мысль, которая на первый взгляд кажется случайной, впоследствии окажется «словом Духа». Сопоставляя записанные впечатления со сложившимися обстоятельствами и внешними знаками, мы можем почувствовать, что Бог говорит с нами на определенную «тему». Учение о необходимости слышать Бога не направляет людей к безошибочному и достаточному Божьему Слову, в котором они обретут мудрость и водительство. Наоборот, это учение побуждает верующих руководствоваться практически всем, чем угодно, кроме Писания. По мнению этих проповедников, в Писании содержатся «общие принципы», но их недостаточно для того, чтобы получить водительство по насущным и важным повседневным вопросам, с которыми мы сталкиваемся.

Если вам нужен пример того, к чему логически приводит это учение, я хочу напомнить вам историю, которую рассказывает Хайбелс в книге «Сила шепота». Он описывает особенно трудный период в своей жизни, когда ему нужно было «услышать важное слово с небес».

> Несколько лет назад я решил провести день наедине с Богом. Я сел в лодку, отправился на озеро и приготовился услышать важное слово с небес. Я просидел там целый час, но так ничего и не услышал. Я просидел там еще один час, но по-прежнему

---

[251] Там же, 95. Полностью искажая смысл отрывка из Аввакума 2:2, Моррис приводит его в качестве примера того, как мы получаем «слово от Господа».

ничего не услышал. В середине третьего часа я подумал: «Мне хорошо в лодке, но, Боже, почему Ты молчишь?»

Я переживал сложный период в своем служении в церкви Уиллоу-Крик и сильно нуждался в ободрении свыше. Проходили часы, а я все сидел в лодке, не слыша ничего, кроме ветра и волн.

Когда я уже был готов поднять якорь и отправиться обратно в гавань, я увидел, как мимо проплывала банка из-под пива «Бад-лайт». Я стоял, смотрел на эту банку и думал: «Может, это весть от Бога? Если да, то что это значит? Мне нужно выпить пива „Бад-лайт"? Может, я должен сказать членам церкви, чтобы они не пили „Бад-лайт"? А может, в этой банке есть какое-то послание?»

Несколько минут я безуспешно пытался понять, что бы это значило. Затем я решил, что Бог, вероятно, просто показывает, что мне нужно уважать Его творение, поэтому я должен выловить пивную банку из воды и выбросить ее в мусор.

Я вернулся домой, и члены моей семьи, которые знали, что я целый день находился в «содержательном общении» с Богом, спросили меня: «Ну что Бог сказал тебе?»

Я ответил: «Он мне сказал: „Подбери пивную банку"».

Мы посмеялись над этим, но мне больше нечего было добавить. Я смотрел, ждал и слушал, но, по-видимому, Богу нечего было сказать мне в тот день — или, по крайней мере, я не мог этого услышать, несмотря на все мои усилия [252].

Билл Хайбелс, пастор одной из самых влиятельных церквей в Америке за последние сорок лет, пытался истолковать

---

[252] Hybels, *The Power of a Whisper*, 107–108. Я цитировал фрагмент из этого рассказа в главе 2.

послание от Бога, увидев пивную банку. Если Хайбелс хотел услышать, что думает Бог, почему он не открыл Библию? Если ему нужна была истина, которая бы помогла ему пережить трудные времена, почему он не начал тогда читать Псалмы? Он мог бы найти ободрение в словах, которые Павел сказал разочарованным служителям во Втором Послании к Коринфянам. Пророк Иеремия записал свои размышления о верности Бога в трудные времена для нашей пользы (Плач Иеремии). Вместо этого Хайбелс провел почти три часа в лодке в ожидании слова от Бога. Закрадывается подозрение, что, по его мнению, верующий может найти больше ободрения в созерцании плавающей пивной банки, чем в чтении Писания.

Вы можете подумать, что я выбираю нелепые примеры, чтобы доказать свою правоту. Отнюдь нет. Если вы поверите, что Бог дает нам послания в мыслях, внешних знамениях и обстоятельствах, связанных с какой-либо темой, вам ничто не помешает увидеть послание от Бога в плавающей банке. Если вы думаете, что Бог пытается говорить с вами через тексты песен[253], телепередачи, форму облаков или любой другой объект, способный привлечь ваше внимание, тогда в толковании послания в виде плавающей пивной банки есть смысл. Вы бы не хотели пропустить столь важное послание, которое шепчет вам Бог! Это логическое следствие методологии тех, кто призывает нас слушать Бога. Мы предоставлены своим чувствам, предчувствиям и влиянию постоянно меняющихся обстоятельств. Нас убеждают в том, что это шепот Бога.

---

[253] Джек Дир говорит: «Недавно я занимался на беговой дорожке и слушал в наушниках музыку на портативном CD-плеере. <...> Это была обычная музыка в стиле кантри-вестерн. Зазвучала песня о любви, и в словах этой баллады я услышал голос Бога» (Deere, *Surprised by the Voice of God*, 128).

Библия совсем не поощряет такое самосозерцание и сосредоточение на себе. Писание предупреждает нас, что мы не должны полагаться на собственное разумение (Прит. 3:5—6), однако учителя, призывающие слушать голос Бога, считают, что в глубине испорченного человеческого сердца (Иер. 17:9) мы можем услышать драгоценный шепот Бога, которому можно доверять. Библия нигде не призывает нас записывать свои мысли и исследовать их, чтобы находить в них послания от Бога. В Писании нет никаких указаний на то, что Бог будет говорить с нами через стечение событий, обстоятельств и внешних ситуаций. Ни одно внешнее знамение никогда нельзя с уверенностью назвать божественным откровением, как бы тесно оно ни было связано с конкретной темой. Нигде в Писании не говорится, что все это голос Бога. Учение о необходимости слышать голос Бога порождает сплошную путаницу неясных мыслей и неопределенных чувств.

Это подводит нас к третьей проблеме: рассматриваемая нами субъективная методология требует сложной системы внебиблейских принципов толкования. Поскольку мы не находим в Писании примеров применения метода, который продвигают сторонники этого учения, а также наставлений об этом, они вынуждены придумывать сложную систему толкования Божьего голоса. Эти авторы сами признают, что их совершенно субъективная методология неизбежно ведет их по пути обмана, заблуждения и даже глупости. Вспомните: научиться слышать Бога можно только путем «проб и ошибок».

Большинство процитированных здесь источников представляют собой руководства о том, как «научиться слышать и истолковывать голос Бога». Хотя их авторы неоднократно отрицают, что они дают читателям «систему» или «формулу», чтобы услышать Бога, они предлагают именно это. Они пропагандируют сложную систему методов, чтобы помочь нам «настроиться» на частоту Бога, лучше улавливать Его сигналы и выполнять духовные упражнения, которые позволяют нам услышать голос Бога. Мы должны находиться в состоянии спокойствия, не отвлекаться, проявлять смирение, быть открытыми к научению, готовыми повиноваться, испытывать духовный голод, быть святыми, доверять Богу, быть жертвенными, готовыми послужить, восприимчивыми, ищущими и внимательными[254]. Это библейские добродетели, но нигде в Писании не говорится, что они необходимы для того, чтобы услышать Бога[255].

Учителя, призывающие слушать голос Бога, продвигают сложные методы толкования знамений. Как мы можем узнать, исходит ли от Бога мысль, которая постоянно посещает нас? Может ли это быть знамением? Возможно! Ширер утверждает, что Бог «настойчиво» пытается достучаться до нас и говорит с нами на определенную «тему». Но не стоит слишком увлекаться, ведь обстоятельства могут быть обманчивыми. Мы должны убедиться, что это слово от Бога на определенную тему бросает нам вызов, обращено к нам лично, достоверно, авторитетно и приносит нам мир[256]. Если

---

[254] Об этих требованиях пишет Присцилла Ширер в книге «Он говорит со мной». Все остальные учителя, которые призывают слушать Бога, следуют ее примеру. Ширер основывает свою книгу на повествовании о том, как Самуил услышал призыв Бога к пророческому служению в главе 3 Первой Книги Царств.
[255] В качестве противоположных примеров я бы упомянул Авраама, Моисея, Савла из Тарса и Навуходоносора.
[256] В книге Ширер «Как различить голос Бога» есть целый раздел, в котором она подробно описывает эти качества и приводит примеры.

это «слово» соответствует всем вышеперечисленным требованиям, оно может быть от Бога. А может и нет! Возможно, этдьявол пытается обольстить нас, чтобы мы не послушались Бога. А может, мы стали жертвой обольщения в собственном сердце и в своих желаниях, поэтому истинность этого слова необходимо «подтвердить» при помощи сложной системы сдержек и противовесов.

Учителя, призывающие слушать голос Бога, предлагают сложные системы проверок, при помощи которых мы должны убедиться, что не принимаем за Божий шепот плотские, обольстительные впечатления, обстоятельства и знамения, которые могут быть от дьявола. Впечатления необходимо подтверждать, мысли — записывать и молиться о них, а знамения — проверять. Обстоятельства нужно истолковывать. В пивных банках — видеть послания от Бога. Предчувствия надо расшифровывать. Случайные мысли следует внимательно исследовать, чтобы не пропустить даже малейший намек на послание от Бога.

Все эти «проверки» — всего лишь внебиблейские способы, помогающие нам находить отрывки в подтверждение наших мыслей. Это искусственные системы «Божьего водительства», навязываемые Писанию. Отрывки, на которые обычно ссылаются сторонники этого учения в подтверждение своих идей, не имеют ничего общего с их сложными, замысловатыми концепциями. В Писании нет отрывков, излагающих учение о том, как слышать Божий голос и подтверждать истинность этих посланий. Следовательно, методы и средства истолкования этого «шепота» столь же субъективны, ошибочны и ограничены, как и само учение о Божьем водительстве. Нет выхода из субъективной путаницы, которую эти авторы называют ясным голосом Бога. Субъективен метод. Субъективно послание. Субъективно его значение.

ЛУЧШИЙ СПОСОБ

Есть лучший способ: это Писание.

Вопреки заявлениям сторонников учения о необходимости слышать Божий голос, Бог предусмотрел в Писании «все потребное для жизни и благочестия через познание Призвавшего нас» (2 Пет. 1:3). Писание, вдохновленное Святым Духом, — это «вернейшее пророческое слово» (2 Пет. 1:19). Это слово «вернее», чем переживания, знамения и субъективные впечатления.

Писание не просто содержит Божье слово. Это не просто источник Божьего слова. Писание — это и есть Божье слово. В нем Бог изложил все истины, все принципы и всю мудрость, необходимые для принятия всех жизненных решений. Познание Бога на основании Его откровения о Себе в Писании — это все, что необходимо, чтобы жить в послушании Ему и Его божественной воле. Обратитесь к этой Книге!

ГЛАВА 10
БОГ ОТКРЫЛ ДВЕРЬ

А как насчет пресловутой «открытой двери»?

Говоря о том, как Бог общается с нами, верующие часто употребляют выражения «открытая дверь» или «закрытая дверь». Эти выражения описывают способ Божьего водительства в различных ситуациях, в которых мы принимаем решения. Согласно методологии учителей, призывающих слушать голос Бога, если мы хотим верно следовать Божьим указаниям, мы должны слушать, что Он говорит нам через открытые или закрытые «двери». Как и в предыдущем случае, когда речь шла о «знамениях», в этом случае, если мы хотим получить откровение от Бога, мы должны изучать наши обстоятельства, чтобы распознать Божью волю.

УЧЕНИЕ ПРОПОВЕДНИКОВ, ПРИЗЫВАЮЩИХ СЛУШАТЬ БОГА, ОБ ОТКРЫТЫХ И ЗАКРЫТЫХ ДВЕРЯХ

Марк Баттерсон утверждает, что нам нужно научиться «…говоритьнаязыкеДуха.Иодинизязыков,накоторыхОн говорит с нами, — язык дверей, открытых и закрытых»[257]. Баттерсон называет этот источник откровения «языком знамений» Святого Духа[258], полагая, что водительство Бога посредством этих знамений обладает авторитетом: «Игнорировать знамения — значит игнорировать Бога, Который говорит через них. Мы делаем это во вред себе»[259]. По мнению Баттерсона, «открытые двери» и «закрытые двери» — это признак Божьего призвания и водительства: «В некотором смысле можно сказать, что закрытая дверь указывает на „освобождение" от чего-либо, а открытая дверь — на „призвание" к чему-либо»[260].

Он осознает, что попытки распознать Божью волю через подобные знамения имеют субъективную природу: «Я знаю, что знамения подлежат истолкованию. Существует очень тонкая грань между их истолкованием и домысливанием»[261]. Баттерсон предлагает решение проблемы неверного толкования знамений: есть пять способов убедиться в том, что Бог действительно говорит с нами через открытые или закрытые двери[262].

Во-первых, чувствуете ли вы «мурашки» по телу, думая о том водительстве, которое вы получили в знамении? Баттерсон пишет, что «жизнь по Духу» — это «погоня за Диким

---

[257] Batterson, *Whisper*, 97.

[258] Там же.

[259] Там же.

[260] Там же, 102.

[261] Там же, 97.

[262] Нам предлагают еще одну сложную систему критериев и проверочных вопросов, которая призвана помочь распознать обман. Мы не находим ни одного из этих критериев в Писании, потому что оно не говорит, что мы должны проверять Божий голос при помощи метода «открытых и закрытых дверей». Нам рекомендуют способ проверки безнадежно субъективного источника Божьего водительства при помощи безнадежно субъективной системы человеческих критериев.

гусем» (под «Диким гусем» он подразумевает Святого Духа), и утверждает, что «от познания Божьей воли наше сердце должно биться чаще».

Во-вторых, есть ли в вашем сердце «мир по этому поводу»? Баттерсон ссылается на Послание к Колоссянам 3:15 и на основании своего неверного толкования делает вывод, что, если у нас в сердце есть мир по поводу намеченного плана действий, это признак Божьего водительства[263].

В-третьих, согласуется ли наше желание воспользоваться «открытой дверью» с мудрым советом?

В-четвертых, достаточно ли это безумный шаг, чтобы его можно было назвать «мечтой размером с Бога»?

В-пятых, убедитесь, что Бог освободил вас от прежних обязательств[264].

Эти «критерии», которые помогают определить, действительно ли знамение исходит от Бога, призваны компенсировать субъективную природу такого метода получения Божьего водительства, как истолкование жизненных обстоятельств. Однако за этими критериями скрывается все та же субъективная трясина путаных небиблейских принципов. В Писании нет отрывков, которые говорят о том, что поиск Божьего водительства в Его провидении подобен сумасшедшей погоне за диким гусем! Как можно считать собственные субъективные ощущения надежным мерилом божественной авторитетности откровения? Иначе говоря, чтобы не идти на поводу у собственных мыслей и чувств, мне следует проверять их своими же мыслями и чувствами. В этом суть методологии

---

[263] Я рассматриваю связь между Посланием к Колоссянам 3:15 и таким критерием, как «мир в сердце», в главе 12.
[264] Там же, 100–102.

тех, кто заявляет, что нам необходимо слышать голос Бога вне Писания.

Когда учителя, призывающие слушать Бога, предлагают искать Божьего водительства в знамениях открытых и закрытых дверей, они не могут избежать субъективности. Генри Блэкаби, который смело заявляет, что мы должны слушать голос Бога в обстоятельствах, предупреждает, что нам не следует полагаться только на этот метод поиска Божьего водительства.

Блэкаби пишет:

> Некоторые люди пытаются услышать голос Бога и определить Его волю только через обстоятельства. <...> Проблема, связанная с этим методом, в том, что я нигде не нахожу примеров его применения в Писании. Бог действительно использует обстоятельства, чтобы говорить с нами. Но мы будем часто заблуждаться, если это будет нашим единственным средством определения Божьих указаний [265].

Блэкаби предупреждает лишь о том, что мы не должны полагаться только на обстоятельства для получения Божьего водительства. Он учит, что свидетельство «открытых и закрытых дверей» следует подтверждать мудрым советом, отрывком из Писания, откровением, полученным в молитве, или ощущением внутреннего голоса.

Даллас Виллард считает «открытые или закрытые двери обстоятельств» одним из трех «светочей», из которых мы получаем Божье водительство.

Он пишет:

---

[265]   Blackaby and King, *Experiencing God*, 89.

> И, наконец, открытые или закрытые двери обстоятельств не могут служить нам указанием отдельно от остальных двух светочей или каких-то дополнительных факторов, ибо, глядя на эти двери, мы не знаем, кто открыл или закрыл их — Бог, дьявол или человек. <…> Тут необходимо призвать на помощь Священное Писание и внутренние побуждения [266].

Как и Блэкаби, Виллард утверждает, что «открытые и закрытые двери» — это надежный источник Божьего водительства, если это откровение подтверждается или подкрепляется дополнительными источниками откровения. По мнению Вилларда, откровение, которое мы получаем через открытую и закрытую дверь, следует проверять с помощью свидетельства «Священного Писания и внутренних побуждений». Однако, как мы уже отмечали, наши «внутренние побуждения» столь же ненадежны, как и обстоятельства и знамения. Если дьявол может манипулировать нами через открытые и закрытые двери, то почему он не может манипулировать нами через наши внутренние побуждения? Если дьявол может извращать эти «светочи» и манипулировать нами при помощи них, то как мы можем «проверять» одно другим? Почему я должен доверять обоим этим источникам?

ОПРЕДЕЛЕНИЕ ОТКРЫТОЙ ДВЕРИ

По мнению тех, кто призывает нас слушать Бога, христиане должны рассматривать «открытую дверь» как Божье водительство в конкретном вопросе. «Открытая дверь» означает

---

266   Виллард Д. Слышать Бога. М.: Триада, 2023. С. 193.

«беспрепятственную возможность». Когда мы стоим перед выбором, у нас есть два варианта: мы можем пойти и по пути, на котором столкнемся с препятствиями, или же по пути, на котором не встретим противодействия и сопротивления. По мнению этих проповедников, «открытая дверь» — это Божья воля в данном случае. Именно так Бог говорит нам через знамения. Как считают учителя, призывающие нас слушать Бога, путь, свободный от препятствий и противостояния, — это «открытая дверь», через которую Бог предлагает нам пройти. Игнорировать такие знамения — значит игнорировать Бога, говорящего через них. И наоборот, трудный путь, на котором встречаются препятствия, следует воспринимать как признак того, что Бог ведет нас в другом направлении.

В рамках учения о необходимости слышать голос Бога принцип «открытых и закрытых дверей» применим практически к любой области нашей жизни, в которой мы принимаем решения. Мы получаем рекомендации от Бога в отношении принятия важных решений через открытые и закрытые двери.

Суть учения проповедников, призывающих слушать Бога, об «открытых и закрытых дверях» сводится к следующему:

1. «Открытая дверь» — это вариант развития событий или план действий, не предполагающий никакого противодействия, препятствий или помех.

2. «Открытая дверь» — почти наверняка точное указание на Божью волю. Если мы не входим в открытую дверь, мы не подчиняемся открытой Божьей воле.

3. «Открытая дверь» не является непогрешимым источником откровения от Бога, поэтому это откровение

следуетсверятьисопоставлятьсдругимипроявлениями «Божьего голоса».

ТЕКСТЫ ПИСАНИЯ

Есть ли в Писании учение о том, что Бог направляет нас через «открытые и закрытые двери»? Считаются ли эти знамения в Писании авторитетным голосом Бога? Проповедники этого учения обычно приводят три отрывка, чтобыдоказать,что«открытыеизакрытыедвери» — это Божий голос.

1 Коринфянам 16:8–9: «В Ефесе же я пробуду до Пятидесятницы,ибо для меня отверста великая и широкая дверь, и противников много».

2 Коринфянам 2:12–13: «Придя в Троаду для благовествования о Христе, хотя мне и отверста была дверь Господом, я не имел покоя духу моему, потому что не нашел там брата моего Тита; но, простившись с ними, я пошел в Македонию».

Колоссянам 4:3: «Молитесь также и о нас, чтобы Бог отверз нам дверь для слова, возвещать тайну Христову, за которую я и в узах…»[267]

Во всех этих трех отрывках Павел говорит о возможностях для благовествования. У Павла была «великая» возможность для служения в Эфесе, а также для «благовествования» в Троаде. Он просил колоссян молиться, чтобы Бог открыл дверь для проповеди Божьего Слова. Этот образ

---

[267] В Деяниях 14:27 также упоминается открытая дверь: «Прибыв туда и собрав церковь, они рассказали все, что сотворил Бог с ними и как Он отверз дверь веры язычникам». Здесь речь идет о том, что благодаря служению Павла и Варнавы благовествование достигло языческих народов.

используется исключительно в контексте провозглашения Евангелия и служения благовествования. Речь не идет о том, что Бог «открывает для нас дверь», чтобы направлять нас в выборе спутника жизни, жилья, работы, церкви или в любой другой сфере нашей жизни, в которой христиане сталкиваются с трудным выбором.

Об «открытой двери» в Писании упоминается только в контексте возможностей для служения Христу в благовествовании. Даже если предположить, что это верный признак ясного Божьего водительства, в лучшем случае будет неразумно, а в худшем — самонадеянно применять этот принцип в любой другой области, в которой мы принимаем решения. Хотя Павел и говорит о том, что Бог «открыл дверь» перед ним, предоставляя ему возможность для благовествования, мы не имеем права считать, что Бог будет направлять нас таким образом во всех сферах жизни.

Если мы более внимательно рассмотрим эти отрывки и изучим их исторический контекст, мы еще больше убедимся в том, насколько ошибочно учение тех, кто призывает нас слушать Бога.

ОТКРЫТАЯ ДВЕРЬ В ЭФЕСЕ

1 Коринфянам 16:8–9: «В Ефесе же я пробуду до Пятидесятницы, ибо для меня отверста великая и широкая дверь, и противников много» (курсив мой).

Исторический контекст, представленный в Деяниях, проливает свет на то, о чем говорил Павел. Вероятно, «широкой дверью» для служения была беспрецедентная возможность преподавать в школе Тиранна на протяжении двух лет. Проповедь Павла в этой школе привела к широкому распространению Евангелия. Лука отмечает, что «...все жители Асии слышали проповедь о Господе Иисусе, как иудеи, так и еллины» (Деян. 19:8–10). Таким образом, Божье Слово распространилось по всей Малой Азии.

В Эфесе было полно «противников» Евангелия. Иудеи в синагоге «...ожесточились и не верили, злословя путь Господень перед народом...» (Деян. 19:8–9). Серебряник Димитрий возбудил жителей города, которые пришли в ярость и стали угрожать расправой спутникам Павла Гаию и Аристарху (Деян. 19:23–29). Разъяренные поклонники Артемиды Эфесской стали громко прославлять ее в идолопоклоннических песнопениях, подвергая опасности жизнь Павла, а также других верующих в городе (Деян. 19:28–41). У Евангелия в этом городе на самом деле было много противников! Несмотря на опасное для жизни противодействие, угрозы разъяренных врагов и сильное сопротивление, в Эфесе у Павла были беспрецедентные возможности для служения. Павел воспользовался ими и служил там почти три года (Деян. 20:17, 31). Многие считают, что время, которое апостол провел в Эфесе, было самым плодотворным периодом в его жизни и служении (Деян. 19:20).

Павел упоминает здесь не только об «открытой двери», но и «многих противниках». Он не считал, что, если он столкнулся с противодействием, сопротивлением и многими противниками, значит это «закрытая дверь». Напротив, Павел рассматривал эту возможность для действенного служения во враждебном окружении как «открытую дверь». По мнению тех, кто призывает слушать Бога, противодействие или сопротивление — это верный признак того, что

Бог «не открыл дверь» или «закрыл дверь». Однако это не согласуется с Писанием!

Слышали ли вы когда-нибудь, чтобы верующий человек говорил: «У меня есть возможность пойти послужить Господу. Противников много, задача велика, и сопротивление яростно. Это же открытая дверь для служения»? Если бы я даже прожил тысячу лет, я не встретил бы ни одного учителя, призывающего слушать голос Бога, который говорит что-либо подобное.

По мнению сторонников этого учения, открытая дверь — это путь наименьшего сопротивления.

ТИТ ИЛИ ТРОАДА?

2 Коринфянам 2:12–13: «Придя в Троаду для благовествования о Христе, хотя мне и отверста была дверь Господом, я не имел покоя духу моему, потому что не нашел там брата моего Тита; но, простившись с ними, я пошел в Македонию» (курсив мой).

Этот отрывок также не подтверждает точку зрения тех, кто призывает слушать голос Бога. Описание этого путешествия Павла можно найти в главе 20 Деяний. После волнений в Эфесе (Деян. 19) Павел дал наставления учениками, простившись с ними, «пошел в Македонию» (Деян. 20:1).

Вероятно, Павел послал Тита в Коринф, чтобы через него доставить туда послание (2 Кор. 7:5–16) [268]. Хотя из

---

[268]   Вероятно, Тит получил поручение доставить послание, которое Павел писал в великой скорби и которое опечалило церковь (2 Кор. 2:4; 7:8). Это послание в сочетании с верным служением Тита коринфянам привело к искреннему покаянию в церкви (2 Кор. 7:5–16).

Писания нам точно неизвестно, о чем они договорились, мы можем предположить, что Павел покинул Эфес, рассчитывая встретиться с Титом в Троаде[269].

Павел пробыл в Троаде семь дней, предположительно ожидая прибытия Тита с новостями о ситуации в Коринфе. Там в первый день недели Павел встретился с верующими, чтобы учить их. Он учил до полуночи (Деян. 20:6—12) этих духовно заинтересованных людей, которые жаждали знаний и с радостью приняли его. Как и в Эфесе, в этом городе была нуждающаяся церковь, которой Павел смог послужить, потому что ему «…отверста была дверь Господом…». У апостола была прекрасная возможность для служения в Троаде. Он мог бы оставаться здесь на неопределенный срок. Это была открытая дверь!

Но Павел покинул Троаду. Он оставил открытую дверь в Троаде ради того, чтобы найти Тита. Когда перед Павлом открылась дверь для служения в Эфесе, он остался. Но когда перед ним открылась дверь для благовествования о Христе в Троаде, Павел отправился в Македонию.

Погодите! Как же так?! Как он мог так поступить? Если открытая дверь — это ясный голос Бога, то как мог Павел воспротивиться ему? Ведь, по мнению Баттерсона, даже в случае Павла игнорировать открытую дверь — значит игнорировать Бога, Который дал ему это знамение! Если то, чему учат сторонники учения о необходимости слышать Бога, верно, то отъезд Павла в Македонию — это неповиновение Богу!

---

[269] Павел упоминает, что он «пришел в Троаду», но не смог найти покоя своему духу, потому что не нашел Тита. Многие считают, что Павел договорился встретиться там с Титом. Поскольку Тит так и не появился, Павел решил действовать по намеченному плану — поехать в Македонию, а затем в Иерусалим.

Апостол не повиновался ясному указанию Бога, явленному через открытую дверь!

В ответ на это учителя, призывающие слушать голос Бога, могли бы возразить, что, поскольку Павел «не имел покоя духу» своему, ему не следовало идти в эту открытую дверь. Виллард, к примеру, сказал бы, что это образец того, как вы должны руководствоваться не только открытой дверью, но и своими внутренними побуждениями. Однако беспокойство Павла не было «внутренним побуждением» или «тихим, нежным голосом». Апостол искал Тита и ждал от него отчета о состоянии коринфской церкви. Он не слышал шепота, говорящего ему покинуть Троаду. Его заботили сложившиеся обстоятельства, которые он считал более приоритетными, чем служение в Троаде. Павел оценил свои возможности и принял мудрое решение в свете своих обстоятельств и опасений.

Очевидно, он не считал «открытую дверь» Божьим повелением. Он не думал, что если откажется войти в открытую дверь, то упустит лучшие возможности, дарованные Богом, или проигнорирует голос Бога, Который дал ему знамение. Более того, Павел вообще не считал открытую дверь знамением. Для него «открытая дверь» была возможностью для плодотворного служения и не более того. Он взвесил эту возможность в свете своих насущных проблем и решил не пользоваться ею. По этому поводу метко выразился Грег Каукл: «Хотя, вероятно, Бог дал Павлу возможность, Павел не рассматривал саму эту возможность как повеление от Бога»[270].

---

[270] Компакт-диск №1: «Принятие решений и Божья воля». Этот ресурс доступен на сайте служения «Испытано истиной» (*Stand to Reason*, str.org). Я настоятельно рекомендую его тем, кто хочет понять «принцип» принятия мудрых решений. Каукл высказывает весьма ценные критические замечания по поводу учения тех, кто призывает слушать Бога. Я почерпнул много

Все, что можно сказать об «открытых дверях» в Писании, — это то, что речь идет о «возможностях для проповеди Евангелия». Это не признак Божьего водительства или руководства. Открытая дверь — это возможность, которой можно воспользоваться и которую можно проигнорировать, в зависимости от других факторов.

МОЛИТВА КОЛОССЯН

Колоссянам 4:3: «Молитесь также и о нас, чтобы Бог отверз нам дверь для слова, возвещать тайну Христову, за которую я и в узах…»

Тот факт, что Павел просит церковь в Колоссах молиться об «открытой двери» для благовествования, также не подтверждает заявлений учителей, призывающих слушать Бога. В этих словах Павел выражает свое желание обрести возможность провозглашать Евангелие («тайну Христову»), которое, собственно, и было причиной его тюремного заключения ради Христа. Когда Павел говорит, что Бог может открыть дверь для благовестия, он не имеет в виду, что хочет услышать голос Бога. Речь идет о том, что Павел проповедует Божье Слово, а не слышит Божий голос. Апостол молится о том, чтобы появилась хорошая возможность для благовествования, а не о Божьем водительстве в принятии решений.

Если вам интересно, что говорит Писание о «закрытых дверях», суть этого учения удачно выразил Гэрри Фризен:

>> Безусловно, прошение о том, чтобы Бог открывал двери, подразумевает, что бывают и закрытые двери, хотя в Писании

полезного из его работы.

этот термин не употребляется. Павел не мыслил в категориях «закрытых дверей». Если Божье всевластие не позволяло ему осуществить разумный план, он просто ждал, а затем снова предпринимал очередную попытку. Павел не считал, что если Бог не позволил ему осуществить какое-либо действие, значит это «закрытая дверь» от Бога, что указывает на то, что у него плохой план. Он смирился с тем, что на тот момент не мог исполнить свой план. Тем не менее апостол продолжал желать, молиться и строить планы, чтобы в итоге достичь своей цели. Яркий пример применения этого подхода в жизни Павла — его попытки посетить Рим (Рим. 1:10–13) [271].

ПРАКТИЧЕСКИЕ ПРОБЛЕМЫ

Учение проповедников, призывающих слушать Бога, об «открытых дверях» связано с целым рядом проблем.

Во-первых, то, чему учат эти проповедники, противоречит библейскому учению. Они утверждают, что открытая дверь — это путь, на котором мы не встречаем препятствий. Открытая дверь в служении Павла — это ситуация, в которой у него было много противников.

Учителя, призывающие слушать голос Бога, утверждают, что открытая дверь — это указание на Божью волю. Однако Павел оставил открытую дверь ради того, чтобы заняться другими делами. Учителя, призывающие слушать голос Бога, должны либо объявить, что Павел не подчинился Божьему голосу, либо признать, что их учение об «открытых дверях» противоречит Писанию.

---

[271] Friesen and Maxson, *Decision Making*, 212.

Во-вторых, в Писании не излагается такой подход к принятию решений, а также нет примеров его применения. Библия повествует о решениях и действиях сотен людей, которые принимали тысячи решений, изменяющих ход истории. Никто из них не искал «открытых дверей» и не принимал решения на этом основании.

Если бы этот способ услышать голос Бога был так важен, как утверждают сторонники этого учения, ему бы уделялось много внимания в Писании. Приведенные выше отрывки — это все, что мы находим в Библии на эту тему, но ни в одном из них нет ничего, что напоминало бы учение проповедников, призывающих слушать голос Бога. Тем не менее это не мешает этим проповедникам посвящать целые главы в своих книгах вопросу о том, как различать, оценивать, проверять и испытывать «открытые двери», чтобы понять, являются ли они Божьим голосом или нет.

В-третьих, если мы считаем, что «открытая дверь» — это голос Бога, мы можем легко впасть в заблуждение или пренебречь своими обязанностями. Как нам определить, что стоит за «открытой дверью» — голос Бога или обольщение дьявола? Возможно, дьявол пытается увести нас от лучших Божьих даров, поэтому он посылает нам искушение, искусно замаскированное под «открытую дверь». А что, если дьявол посылает нам трудности, скрывая открытую дверь за закрытой?

Учителя, призывающие слушать голос Бога, сказали бы, что именно поэтому «открытые двери» сами по себе не являются достаточным указанием на Божью волю и это откровение следует подтверждать своими внутренними впечатлениями и Писанием. Однако впечатления могут быть обманчивы. Откуда мне знать, что это не шепот дьявола, который открывает передо мной «дверь»? Если я «сверяю» свидетельство «открытой двери» со своими «внутренними побуждениями», а свои «внутренние побуждения» — со свидетельством «открытой двери», где гарантия, что я не впаду в заблуждение? Проповедники этого учения не могут утверждать, что таким гарантом является Писание, поскольку, по их мнению, Писание — это всего лишь «общее слово» от Бога, которое никак не касается моей конкретной ситуации.

В-пятых, эта методология не дает нам той ясности и уверенности, которую она обещает. Например, почему мы должны считать, что препятствия на нашем пути — это признак закрытой двери? Возможно, Бог хочет, чтобы вы попытались открыть эту закрытую дверь. Может, Он обещает дать вам награду за усердие и настойчивость в достижении цели, прославляющей Бога, несмотря на трудности?

Если вы толкнете и дверь откроется, откуда вам знать, что ее открыл Бог, а не дьявол? Возможно, поддавшись желанию своей плоти, вы открыли дверь, которую закрыл Бог. Может быть, если бы вы подождали, Бог открыл бы для вас эту дверь или даже другую. Но как определить, сколько надо ждать?

А что, если вы силой откроете дверь, которую Бог не хотел открывать? Что, если эту дверь откроет для вас дьявол? Может ли дьявол закрыть открытую дверь или открыть закрытую дверь? А как быть, если вы невнимательны и не видите открытой двери? Согрешаете ли вы в том, что не распознаете Божий голос в знамении открытой двери?

Я не хочу показаться придирчивым, когда задаю эти вопросы, но если сторонники этого учения осмеливаются заявлять, что мы должны принимать решения, которые могут повлиять на нашу жизнь и служение, на основании «открытых дверей» и «внутренних впечатлений», то они обязаны ответить на эти вопросы. Писание не дает таких ответов, потому что в нем нет учения об этом методе слышания Бога. Приверженцы этого подхода должны признать, что их метод субъективен и, следовательно, неясен и опасен по самой своей сути.

Чтобы убедить нас в надежности этой методологии, созданной людьми, а не Богом, эти проповедники предлагают нам обращаться к свидетельству Писания, наряду с другими источниками откровения. Они напоминают: «Всегда сверяйте это с Писанием!» Конечно, они исходят из предпосылки о том, что Писание ничего не говорит нам по поводу рассматриваемых вопросов, и именно поэтому заявляют, что нам нужно стремиться услышать Божий голос во «внутренних впечатлениях» и «открытых дверях». Какой смысл сверять «открытую дверь» с Писанием, если Писание об этом ничего не говорит?

Виллард уверяет нас, что четко и ясно услышать Божий голос нам помогут «три светоча» (Священное Писание, открытые двери и внутренние побуждения). Но к двум последним «светочам» я прибегаю только в том случае, если Писания недостаточно[272]. Чтобы компенсировать «недостаточность»

---

[272]   Вот почему эти авторы настаивают на том, что нам *нужны* другие источники божественного откровения (тихий, нежный голос, открытые и закрытые двери, впечатления, знамения, орошенное руно и т. д.). Я соглашусь с тем, что в Писании не содержится подробного и конкретного откровения, которое бы помогало нам в принятии повседневных решений. Но я утверждаю, что в таком конкретном водительстве нет необходимости. Если бы оно было нужно нам, мы бы узнали об этом из Писания. Принципы, изложенные в Писании, содержат *достаточно* информации и помощи для верующих в принятии *любых* решений.

Писания, эти учителя предлагают созданную человеком систему полагания на субъективные, путаные ощущения и обстоятельства.

В-шестых, когда мы пытаемся услышать Божий голос в «открытых дверях», мы приходим к запутанным и противоречивым выводам. Когда мне нужно было решить, остаться ли в библейском колледже еще на год или нет, мне вообще не помог совет «слушать голос Бога через обстоятельства». В Писании я не увидел указаний по этому вопросу лично для себя — по крайней мере таких, которые, в понимании сторонников этого метода, необходимы нам для принятия правильного решения. Я не нашел в Библии ни одного отрывка, который бы конкретно и прямо отвечал на мой вопрос: должен ли я остаться в колледже еще на год или нет?

Более того, я как будто столкнулся с огромной «закрытой дверью», которая не позволяла мне продолжить учебу в колледже: у меня не было денег на обучение. Передо мной была только одна «открытая дверь», которая указывала мне, что нужно возвращаться домой. Никаких «внутренних впечатлений» у меня не было. Я не слышал никакого шепота. Когда я заглянул глубоко в свое сердце, то понял, что у меня нет «мира» по поводу ни того, ни другого решения. Я не чувствовал мира, когда думал о том, что могу остаться в колледже, — потому что у меня не было денег на учебу. Но я не чувствовал мира и тогда, когда размышлял над тем, что мне стоит вернуться домой, потому что очень хотел продолжить обучение.

Если мы пытаемся услышать голос Бога там, где Он не обещал говорить с нами, мы неизбежно приходим в подобное субъективное замешательство.

ГЛАВА 11
Я РАССТЕЛИЛ РУНО

«Расстелил руно? Что он имеет в виду?» — размышлял я.

Мне было незнакомо это выражение. А мой друг, который сыграл важную роль в моем обращении к Богу, отлично владел христианским жаргоном. Выражение «расстелить руно» было новым для меня, но, судя по тому, как он описывал его, это был верный способ узнать Божью волю.

«Что ты имеешь в виду?» — спросил я. Если существовал какой-то секрет познания Божьей воли, я хотел его знать.

Мой друг рассказал мне историю Гедеона из глав 6—7 Книги Судей. «Гедеону нужно было получить подтверждение того, что Бог повелел ему сразиться с мадианитянами. Поэтому он расстелил на земле руно — кусок ткани. Гедеон попросил Бога сделать так, чтобы к утру на руне появилась роса, а земля осталась сухой. Бог ответил на его молитву. Но Гедеону нужно было еще одно подтверждение Божьей воли: на следующую ночь он попросил Бога сделать наоборот: пусть руно будет сухим, а на землю выпадет роса. Бог снова ответил на его просьбу и подтвердил Гедеону Свою волю».

Судя по тому, как говорили об этом методе другие верующие, звучало так, как будто это самый верный метод подтверждения Божьей воли. На какую работу мне пойти? В какое учебное заведение поступить? Какую машину купить? Все эти вопросы можно решить, расстелив перед Богом «руно».

Заметьте: речь идет не о буквальном, настоящем руне, а о чем-то наподобие этого. Это способ подтвердить Божью волю, посредством которого Бог дает нам указания через происходящие события.

Многие утверждают, что метод получения «знамения» от Бога, который применил Гедеон, — это образец для нас. Если перед нами стоит выбор из двух вариантов, мы можем попросить Бога даровать нам особое водительство через подобные обстоятельства. Звучит разумно. В конце концов, об этом прямо говорится в Библии!

ОПИСАНИЕ И ОБОСНОВАНИЕ ЭТОГО МЕТОДА

В своем превосходном труде «Принятие решений и Божья воля» Гэрри Фризен описывает метод руна следующим образом:

> История о руне Гедеона вдохновила некоторых христиан на создание метода, который принято называть «расстиланием руна». По сути, когда вы расстилаете руно, вы говорите Богу: «Если Ты правда хочешь, чтобы я действовал по плану А, сделай так, чтобы мне позвонили по телефону в 21:10, и я буду знать, что план А — это то, чего Ты желаешь». (Этим «руном»

может стать что угодно, главное, чтобы оно служило для вас «знамением».) [273]

Роберт Моррис [274] без тени смущения отстаивает «метод Гедеона», то есть «расстилание руна» с целью получить «подтверждение» личного откровения. В книге «Частота» он пишет:

> В начале книги я упоминал, что вопрос номер один, который мне как пастору задают люди, — это вопрос: «Как услышать голос Бога?» После этого меня спрашивают дополнительно: «Как узнать, действительно ли это Бог?» Другими словами, как мне узнать, правда ли это говорит Бог и я не придумываю это в своей голове? Можно ли просить Бога подтвердить Его слово? [275]

Моррис уверяет читателей: «Бог всегда подтверждает Свое слово. И еще раз повторю: Бог всегда подтверждает Свое слово» [276]. Моррис цитирует историю о Гедеоне: «История о руне Гедеона из главы 6 Книги Судей — это, пожалуй, самая известная библейская история о том, как человек просит Бога подтвердить Свою волю» [277]. Подобным образом,

---

[273] Friesen and Maxson, *Decision Making*, 213–14. Здесь Фризен цитирует определение, которое дал этому понятию Джон Уайт (John White, *The Fight* [Downers Grove, IL: Intervarsity Press, 1976], 165). Фризен отмечает: «Уайт не призывает нас пользоваться методом руна. Более того, сразу после этого Уайт пишет: „Забудьте о руне. Если вы никогда им не пользовались, даже не начинайте. А если пользовались, перестаньте“». Я настоятельно рекомендую к прочтению книгу Фризена!

[274] Среди учителей, призывающих слушать Бога, есть некоторые разногласия по поводу того, как применять «метод руна».

[275] Morris, *Frequency*, 104.

[276] Там же.

[277] Там же, 105.

Джек Дир причисляет метод руна к «разнообразным способам», с помощью которых «библейские герои слышали голос Бога»[278].

Даллас Виллард советует нам регулярно просить Бога говорить с нами через «друзей, книги, журналы и обстоятельства»[279]. Вы должны быть уверены в том, что, если у Бога «есть что-то, что Он действительно хочет сообщить или показать вам», Он пошлет вам «идею или мысль особого качества, духа и содержания, которые мы обычно приписываем Божьему голосу». Виллард предлагает нам просить у Бога дополнительного подтверждения: «Если вы не уверены, от вас эта мысль или от Бога, то просите еще одного подтверждения, как это сделал Гедеон (см. Суд. 6:11–40»[280].

Марк Баттерсон призывает нас искать знамений для подтверждения Божьей воли и ссылается на историю о Гедеоне, которую он называет «нашим библейским прецедентом»[281].

---

[278] Deere, *Surprised by the Voice of God*, 19. Утверждение о том, что знамение «руна» равносильно «голосу Бога» — это хитрый риторический прием, который Дир активно использует в обеих своих книгах. Это подмена понятий, в результате которой абсолютно все можно назвать «голосом Бога». Бог проговорил не через руно. Роса на руне была знамением, чудесным и сверхъестественным событием, подтверждающим то, что Бог уже неоднократно говорил Гедеону. Если бы Гедеон не получил откровения от Бога до этого, это странное событие, когда шерсть остается сухой на мокрой земле или становится мокрой на сухой земле, было бы лишено смысла. Только благодаря тому, что Бог ясно проговорил к Гедеону до этого, «знамение» руна обрело смысл. По сути, Бог не «говорил через руно». Бог дал Гедеону сверхъестественное знамение, чтобы подтвердить то, что Он сказал до этого. Называя «руно» «голосом Бога», Дир тем самым умаляет значение подлинного откровения. К этому результату приводит любое учение, которое призывает искать персонализированного внебиблейского откровения.
[279] Willard, *Hearing God*, 260. В этом контексте он цитирует Джеймса Добсона, который утверждает, что регулярно получает откровение от Бога через эти средства. В отношении примера Добсона Виллард говорит: «Это именно то, что мы должны делать».
[280] Виллард Д. Слышать Бога. М.: Триада, 2023. С. 224.
[281] Batterson, *Whisper*, 108.

Баттерсон заявляет: «Гедеон сделал это со смиренным духом, и Бог дважды почтил его ответом. Я полагаю, что Бог одобряет наши просьбы об орошении руна, но я хотел бы высказать несколько предостережений и рекомендаций»[282]. Он дает три совета по поводу того, как применять метод руна. «Во-первых, проверьте свои мотивы. <…> Во-вторых, отсроченное послушание — это непослушание. <…> В-третьих, определите конкретные рамки для вашей молитвы»[283]. Он предупреждает: «Если вы не определитесь с тем, что для вас „руно", вы можете получить ложноотрицательный или ложноположительный результат. Обратите внимание, что руно Гедеона было особым. И не сбрасывайте со счетов тот факт, что этот метод требовал Божьего вмешательства»[284].

БЕЗНАДЕЖНАЯ ПУТАНИЦА

Мы не можем избежать путаницы, присущей методологии учения о необходимости слушать голос Бога. Сторонники этого учения утверждают, что сегодня Бог говорит вне Писания, потому что нам нужно ясное водительство. Поскольку Библия не дает четкого водительства, которое нам нужно, мы должны получать ясное и актуальное откровение от Бога.

Но разве эта методология помогает получить такое откровение от Бога? Можно ли назвать ясными послания, которые шепчет нам тихий, нежный голос или которые мы получаем во впечатлениях и знамениях? Если да, то зачем

---

[282] Там же.
[283] Там же.
[284] Там же, 108—109.

нам подтверждать их? Виллард открыто признает, что послание, которое мы усматриваем в наших «идеях или мыслях», имеет непонятное происхождение. Как нам узнать, откуда пришла эта мысль — от Бога или от дьявола? Или это наша собственная мысль? Моррис уверяет нас, что «Бог всегда подтверждает Свое Слово», но мы можем неправильно понять и истолковать это подтверждение. Баттерсон предупреждает, что мы можем получить «ложноотрицательный или ложноположительный результат».

Методология учителей, призывающих слушать Бога, не предлагает ясных и четких критериев для подтверждения откровения неубедительных и недостоверных «голосов», поэтому мы не можем ее использовать, чтобы проверять смутные впечатления сомнительного происхождения. Они называют это «ясным словом от Бога, обращенным лично к нам». Искусственная система, созданная учителями, призывающими слушать Бога, — это дезориентирующая, субъективная и безнадежно неопределенная методология, бессильная дать то, что она обещает, то есть ясное и недвусмысленное откровение от Бога.

НЕ ВСЕ СОГЛАСНЫ С ЭТИМ

Не все учителя, призывающие нас слушать Бога, верят в действенность метода рунатаксвято, как Баттерсон и Виллард. По мнению Блэкаби, история Гедеона — это пример неверия:

>> Иногда в Писании Бог давал людям чудесные знамения, чтобы убедить их, что это Он говорит с ними. Один из таких

примеров — история о Гедеоне (Суд. 6). Однако просьба к Богу о знамении часто является признаком неверия. Бог уже показал Гедеону чудо: Он извлек из камня огонь, поглотивший жертву и даже камни, на которых она находилась. Но в своем неверии Гедеон попросил у Бога еще одного знамения. Часто, когда вы «расстилаете руно» перед Богом, как Гедеон, это свидетельствует о вашем неверии или нежелании поверить, что Бог даст вам ответ [285].

Блэкаби приводит историю о Гедеоне в качестве примера неверия. А Виллард считает, что это образец для подтверждения слова от Бога. По мнению некоторых учителей, призывающих слушать Бога, Гедеон сомневался в четких указаниях, которые он получил от Бога. По мнению других, он просил у Бога указаний, потому что Бог проговорил к нему неясно [286]. Блэкаби утверждает, что просьба Гедеона

---

[285] Blackaby and King, *Experiencing God*, 88. На странице 85 Блэкаби отмечает, что «Гедеону не хватало уверенности», и поэтому «Бог проявил милость к нему и открыл ему Себя еще яснее». Блэкаби справедливо отмечает, что Гедеон был абсолютно уверен в Божьем Слове (Суд. 6:21–22), но при этом он все равно попросил знамения. Это было вопиющее проявление неверия.

[286] Роберт Моррис признает, что Гедеон сомневался в Божьем слове, но возлагает вину на Самого Бога:

Почему Гедеон усомнился в Божьем слове? Если Бог говорил с ним громким, мощным голосом, то почему Гедеон был так не уверен в этом слове? Осмелюсь предположить, что, возможно, Бог не обращался к нему громким, мощным голосом, как мы привыкли думать. Я полагаю, что Бог говорил с Гедеоном тем же самым тихим, нежным голосом, которым Он говорил с Илией в пещере на горе Хорив. Я думаю, что Бог мог бы даже запечатлеть это послание в сердце Гедеона таким же образом, как Он делает это в нашей жизни сегодня (Morris, *Frequency*, 33–34).

Иначе говоря, причиной сомнений Гедеона было неясное слово от Бога. Как мы увидим, в сознании Гедеона не было сомнений по поводу того, в чем заключается Божья воля и Его повеление. Кроме того, Моррис полностью искажает смысл библейского отрывка: он неверно истолковывает события, которые в нем описываются, пытаясь втиснуть его в свою извращенную, искусственно созданную методологию. Он полагает, что Бог говорил

была греховной, потому что у него было четкое повеление от Бога, а Баттерсон утверждает, что Бог «одобряет» поступок Гедеона, который хотел подтвердить неясное Божье повеление.

Надеюсь, вы понимаете, насколько все запутанно. Примером чего служит история о Гедеоне — неверия или веры? Что демонстрирует этот пример — трусость Гедеона или его желание убедиться в том, что он правильно понял Бога? Как Бог проговорил к Гедеону — ясно или неясно? Должны ли мы подражать примеру Гедеона, или нам нельзя так поступать? Как следует понимать поступок Гедеона — как проявление усердного послушания или как проявление трусливого непослушания?

Ирония в том, что учителя, призывающие слушать голос Бога, не дают нам ответов на эти вопросы. Нам следовало бы ожидать, что те, кто утверждает, что получает личные откровения от Бога, сформулируют ясное учение по этому важному вопросу. Если Бог действительно говорит с этими проповедниками, то, возможно, они могут точно сказать, как нам воспринимать просьбу Гедеона о «подтверждении» Божьего слова знамением — как проявление веры или как проявление страха. Блэкаби и Баттерсон расходятся во мнении относительно цели и предназначении «руна». Нам нужен учитель, который подскажет, как услышать Бога через впечатление о «расстеленном руне». Конечно, само по себе это впечатление не дает достаточной ясности, поэтому нам нужно будет подтвердить его. Мы нуждаемся в подтверждении

с Гедеоном «тихим, нежным голосом» и «запечатлел это послание в сердце Гедеона», но в этом отрывке нет ничего, что наводило бы на мысль об этом. В действительности все как раз наоборот.

впечатления о подтвержденных подтверждениях, чтобы точно знать, что мы можем применять метод руна для подтверждения впечатлений, даже если это всего лишь впечатления о «руне». Подтверждение такого рода — это единственный способ узнать, подтвердилось ли наше впечатление о подтверждениях. Можно сказать, что это «руно», при помощи которого мы подтверждаем впечатления о применении «руна» для подтверждения впечатлений. Сторонники этого учения обещают дать нам метод получения ясного и точного откровения от Бога, но на самом деле их учение звучит запутанно и неясно. Они не могут дать нам четкого представления о том, как именно можно получить четкое представление о Божьей воле.

Если мы рассмотрим историю о Гедеоне, это во многом поможет нам прояснить путаницу, возникшую вокруг нее. Как мы увидим, представители современного движения, которое призывает нас слушать Бога, неверно применяют эту библейскую историю.

ИЗУЧЕНИЕ ПОВЕСТВОВАНИЯ О ГЕДЕОНЕ

Гедеон жил во времена судей — военно-политических вождей, которых Бог воздвигал, чтобы они руководили израильским народом. Период судей охватывал эпоху от смерти Иисуса Навина (Суд. 1:1) до начала служения пророка Самуила (1 Цар. 7:15; 8:1–9). Служение Самуила было переходным периодом в истории Израиля, после которого в стране установилась монархия в лице таких царей, как Саул, Давид и позже Соломон.

В Книге Судей мы видим повторяющуюся закономерность. Народ забывает о Божьей благости и впадает в идолопоклонство. Бог гневается на народ и отдает его в руки врагов — соседних народов или даже народов, живущих в пределах земли, завоеванной Израилем. Страдая от временного Божьего наказания, Израиль взывает к Богу об избавлении. В ответ Бог воздвигает избавителей — судей, «которые спасали их от рук грабителей их» (Суд. 2:16). Но народ недолго остается свободным: евреи опять отвращаются от Яхве и начинают поклоняться идолам, и все повторяется снова[287]. Как сказал бы Йоги Берра, «это какое-то дежавю опять»[288].

Из Книги Судей мы узнаем, что Гедеон жил в период, когда народ был в порабощении у мадианитян на протяжении семи лет (6:1). В Судей 6:6 говорится: «И весьма обнищал Израиль от мадианитян, и возопили сыны Израилевы к Господу». После того, как Господь послал пророка, чтобы обличить народ в непослушании (ст. 7–10), произошло следующее: «И пришел Ангел Господень[289] и сел в Офре под дубом, принадлежащим Иоасу, потомку Авиезерову; сын его Гедеон выколачивал тогда пшеницу в точиле, чтобы скрыться от мадианитян» (Суд. 6:11).

Между Ангелом Господним и Гедеоном состоялся разговор, записанный в Книге Судей 6:12–18:

> И явился ему Ангел Господень и сказал ему: Господь с тобою, муж сильный! Гедеон сказал ему: господин мой! если Господь с нами, то отчего постигло нас все это? и где все чудеса Его,

---

[287] Краткий итог этой грустной истории мы читаем в Судей 2:11–23.
[288] https://ru.wikipedia.org/wiki/Берра,_Йоги.
[289] Этот Ангел не был обычным посланником из числа ангельского воинства. Это было явление второго Лица Троицы, Божественного Сына, еще до Его воплощения. Эта же Личность позднее названа Самим Господом (Суд. 6:14, 16, 23, 25, 27). Этот случай напоминает другие случаи теофании Бога-Яхве в Ветхом Завете (Быт. 16:7–14; 18:1; 32:24–30).

о которых рассказывали нам отцы наши, говоря: «из Египта вывел нас Господь»? Ныне оставил нас Господь и предал нас в руки мадианитян. Господь, воззрев на него, сказал: иди с этою силою твоею и спаси Израиля от руки мадианитян; Я посылаю тебя. Гедеон сказал ему: Господи! как спасу я Израиля? вот, и племя мое в колене Манассиином самое бедное, и я в доме отца моего младший. И сказал ему Господь: Я буду с тобою, и ты поразишь мадианитян, как одного человека. Гедеон сказал Ему: если я обрел благодать пред очами Твоими, то сделай мне знамение, что Ты говоришь со мною: не уходи отсюда, доколе я не приду к Тебе и не принесу дара моего и не предложу Тебе. Он сказал: Я останусь до возвращения твоего.

Бог дал Гедеону недвусмысленное обетование: «Господь с тобою, муж сильный» (ст. 12). Гедеон усомнился в этом обетовании и не поверил, что Господь действительно был с евреями в сложившихся обстоятельствах (ст. 13). Затем Господь дал Гедеону столь же недвусмысленное повеление: «Иди с этою силою твоею и спаси Израиля от руки мадианитян; Я посылаю тебя» (ст. 14). Сначала Гедеон спорил с Богом по поводу обетования, а затем усомнился в том, что Бог может освободить Израиль через него (ст. 15). Господь повторил Свое обетование и повеление (ст. 16). В ответ Гедеон попросил у Бога знамения: «Если я обрел благодать пред очами Твоими, то сделай мне знамение, что Ты говоришь со мною…»

Хотя Гедеон, возможно, и не был уверен, что с ним говорит Бог, у него не могло быть сомнений в том, что именно Бог сказал ему. Гедеон был уверен в двух фактах: Господь был с ним, и ему предстояло спасти Израиль от мадианитян.

Бог исполнил просьбу Гедеона и дал ему знамение. После того как он приготовил трапезу для Ангела Господня, Господь повелел огню поглотить ее. В Книге Судей 6:20–21 говорится:

> И сказал ему Ангел Божий: возьми мясо и опресноки, и положи на сей камень, и вылей похлебку. Он так и сделал. Ангел Господень простер конец жезла, который был в руке его, прикоснулся к мясу и опреснокам; и вышел огонь из камня и поел мясо и опресноки; и Ангел Господень скрылся от глаз его.

Гедеон понял, с кем он говорил. «И увидел Гедеон, что это Ангел Господень, и сказал Гедеон: увы мне, Владыка Господи! потому что я видел Ангела Господня лицом к лицу. Господь сказал ему: мир тебе, не бойся, не умрешь» (Суд. 6:22–23).

Мы еще не дошли до стихов, в которых упоминается о руне, но мы уже точно видим несколько фактов. Во-первых, Гедеон знал, Кто давал ему указания. После того как Ангел Господень исчез из поля его зрения, Гедеон «…устроил там… жертвенник Господу и назвал его: Иегова Шалом» (6:24). Он знал, что «…видел Ангела Господня лицом к лицу» (6:22).

Во-вторых, Гедеон полностью понимал, что пообещал и повелел ему Бог. Бог повелел Гедеону освободить народ от гнета мадианитян и пообещал быть с ним и укреплять его в этом деле.

Это было не впечатление. У Гедеона был прямой, слышимый разговор с Ангелом Господним. Бог не прошептал Свое повеление в его сердце. Он сказал это Гедеону лицом к лицу. Гедеон не испытывал никаких «ощущений» или «побуждений». Он не «ощущал Божьего водительства» в повторяющихся мыслях. Напротив, Господь говорил к Гедеону лицом к лицу слышимым образом на понятном языке. Он ясно сказал Гедеону, что ему следует делать.

В-третьих, Гедеону нечего было подтверждать. Слово от Бога не было неясным. Хотя учителя, призывающие слушать голос Бога, утверждают, что история о Гедеоне — это библейский прецедент «подтверждения» Божьего откровения, Гедеону нечего было подтверждать. Он точно знал, чего Бог ожидает от него. Вопреки необоснованным утверждениям Роберта Морриса, Бог не нашептывал Свое откровение Гедеону в сердце через смутное впечатление. Гедеон на самом деле ясно и четко разговаривал с Ангелом Господним.

Он просил знамения не потому, что имел смиренную веру, а потому что боялся и сомневался. Гедеон дважды спорил с Господом (6:13, 15) и трижды просил у Него знамения (6:17, 37—40). Получив четкое повеление «разрушить жертвенник Ваала» (6:25), Гедеон повиновался Богу и «сделал [это] ночью», под покровом темноты, потому что «…днем… боялся домашних отца своего и жителей города…» (6:27). Даже когда Гедеон повиновался четкому повелению Бога, он проявил трусость.

Проблема Гедеона заключалась не в том, что ему было неясно Божье слово. Его проблема была в том, что он оказался трусом.

Учителя, призывающие слушать голос Бога, говорят нам, что, когда Гедеон попросил Бога дать ему знамение посредством руна, он хотел подтвердить свое впечатление. В отрывке нет ничего, что даже отдаленно намекало бы на это. Здесь нет даже и намека на то, что Гедеон не понял того, что сказал ему Бог.

ЗНАМЕНИЕ РУНА

После того, как Гедеон разрушил жертвенник Ваала, все жители города пришли к его дому и хотели убить его за осквернение их святыни (6:30). Отец Гедеона Иоас отказался выдать им своего сына. Мадианитяне собрались вместе с амаликитянами и «жителями востока» в долине Изреель (6:33–35), чтобы напасть на Израиль.

Час Гедеона настал! Наконец-то наступило освобождение, о котором говорил Ангел Господень. Но Гедеону нужно было еще одно знамение. Он попросил у Бога еще одно доказательство того, что Он исполнит Свое слово и избавит Израиль от мадианитянских угнетателей. В Книге Судей 6:33–40 мы читаем:

> Между тем все мадианитяне и амаликитяне и жители востока собрались вместе, перешли реку и стали станом на долине Изреельской. И Дух Господень объял Гедеона; он вострубил трубою, и созвано было племя Авиезерово идти за ним. И послал послов по всему колену Манассиину, и оно вызвалось идти за ним; также послал послов к Асиру, Завулону и Неффалиму, и сии пришли навстречу им. И сказал Гедеон Богу: если Ты спасешь Израиля рукою моею, как говорил Ты, то вот, я расстелю здесь на гумне стриженую шерсть: если роса будет только на шерсти, а на всей земле сухо, то буду знать, что спасешь рукою моею Израиля, как говорил Ты. Так и сделалось: на другой день, встав рано, он стал выжимать шерсть и выжал из шерсти росы целую чашу воды. И сказал Гедеон Богу: не прогневайся на меня, если еще раз скажу и еще только однажды сделаю испытание над шерстью: пусть будет сухо на

одной только шерсти, а на всей земле пусть будет роса. Бог так и сделал в ту ночь: только на шерсти было сухо, а на всей земле была роса.

Вот оно! Именно на этот пример ссылаются учителя, призывающие слушать голос Бога. Они утверждают, что это данный Богом метод подтверждения личного откровения и водительства. Внимая учителям, призывающим слушать голос Бога, христиане молятся о Божьем водительстве и просят у Него знамений, подобных орошенному руну Гедеона. Они хотят подтвердить то слово, которое, по их ощущениям, Бог нашептывает им.

«Господи, если Ты хочешь, чтобы я устроился на работу в Атланте, сделай так, чтобы команда „Ястребы" выиграла футбольный матч на этих выходных. А если Ты хочешь, чтобы я устроился на работу в Техасе, пусть победят „Ковбои"».

«Господи, если Ты хочешь, чтобы мы купили этот дом, то, когда мы приедем туда с риелтором, пусть где-нибудь в доме будет синий ковер. Этот синий ковер будет знаком того, что покупка этого дома — Твоя воля».

«Господи, если Мария — это та женщина, на которой Ты хочешь, чтобы я женился, то пусть в это воскресенье она придет в церковь в платье. Если она придет в брюках, для меня это будет знак, что она мне не подходит».

И так далее и тому подобное.

Мы принимаем важнейшие решения в нашей жизни на основании случайных событий. Мы думаем, что Бог подтверждает Свою волю и шепот посредством знамений и обстоятельств, которые мы считаем авторитетным подтверждением Божьего откровения.

Я хотел бы высказать три важных замечания по поводу орошенного руна Гедеона из главы 6 Книги Судей.

Во-первых, стоит еще раз подчеркнуть, что Гедеон полностью осознавал, что повелел и пообещал ему Бог. Это ясно следует из слов самого Гедеона: «Если Ты спасешь Израиля рукою моею, как говорил Ты…» (ст. 36) и «…то буду знать, что спасешь рукою моею Израиля, как говорил Ты» (ст. 37)[290]. Гедеон вовсе не нуждался в том, чтобы Бог прояснил ему Свое откровение. Ему не нужно было ничего подтверждать. Божье повеление было настолько недвусмысленным и ясным, что Гедеон боялся просить Бога о знамении, потому что это могло навлечь на него Божий гнев: «Не прогневайся на меня…» (ст. 39).

Просьба Гедеона о знамении была проявлением не крепкой веры, а трусости и страха. К этому Гедеона подтолкнули его сомнения и неверие, а не вера и смирение. Даже после того, как Бог дважды ответил на просьбу Гедеона о знамении, он все еще испытывал страх. Бог повел его к стану мадианитян, чтобы он укрепился, услышав разговор между двумя воинами (7:9—18).

Во-вторых, Гедеон просил у Бога двух совершенно разных знамений. Сначала он попросил, чтобы шерсть была влажной, а земля сухой. Затем, следующей ночью, Гедеон попросил у Бога обратного. Это было не одно «подтверждение», а два отдельных события.

В-третьих, эти события были чудесными, а не естественными. Мокрая шерсть и сухая земля были не обычным явлением, а сверхъестественным знамением — настоящим чудом, которое Бог совершил вопреки законам природы в ответ на просьбу Гедеона.

---

[290] Курсив мой.

Хотя Гедеон и сомневался и боялся, он четко понимал Божье повеление. Он дважды просил Бога дать ему чудесное знамение, чтобы подтвердить то, что он уже знал.

ПРИМЕР ДЛЯ НАС

Можно ли назвать историю о Гедеоне примером для нас? По мнению Морриса, Вилларда и других, Гедеон — пример послушного, смиренного и верного христианина, который не понимает, куда Бог ведет его. Эти авторы полагают, что это один из многих способов услышать голос Бога, шепчущий нам откровение. Выводов, которые мы сделали на основании изучения этой библейской истории, достаточно, чтобы продемонстрировать, что учителя, призывающие слушать голос Бога, очень сильно искажают повествование о Гедеоне. Если мы толкуем эту историю как пример того, как должны подтверждать откровение от Бога современные верующие, мы сталкиваемся с целым рядом проблем.

Во-первых, действия Гедеона описываются в Божьем Слове, но не предписываются нам. Не все, записанное в Библии, предназначено для того, чтобы служить примером для нас в нашей практической жизни. Библия описывает множество событий, действий и ситуаций, которые не предназначены для того, чтобы мы воссоздавали их. Любой трезвомыслящий и проницательный человек, читающий Писание, должен признать эту основополагающую истину, если он хотя бы как-то пытается понять смысл того, чему учит Писание.

В Библии говорится, что Иисус ходил по воде, воскрешал мертвых и умножал хлеба и рыбу. В Библии также сказано, что Иисус говорил с бесами, изгонял их из людей и умер на кресте, но Бог не повелел нам подражать Иисусу в этом. Моисей разделил воды Красного моря, ударил по скале, чтобы извлечь из нее воду, и разговаривал с Богом, явленном в горящем кусте, но мы не можем воспринимать эти события как норму жизни для верующего человека. Илия убил пророков Вааловых, а Павел ослепил волхва за его сопротивление Евангелию. Только непроницательный читатель самых крайних взглядов может подумать, что это норма жизни для верующих. Почему мы должны думать, что повествование о том, как Гедеон попросил у Бога знамение, служит примером для нас? Почему учителя, призывающие слушать голос Бога, считают образцовой именно эту историю, а не историю о том, как царь Саул спрашивал совета у волшебницы (1 Цар. 28)? В отношении истории о царе Сауле эти проповедники проводят различие между описанными и предписанными явлениями, но, когда дело касается Гедеона, они теряют здравый смысл.

Во-вторых, в Писании нет повеления следовать именно этому примеру. Апостолы нигде не ссылаются на действия Гедеона как на образец для принятия решений или подтверждения Божьей воли. Писание не обещает, что Бог будет «подтверждать» Свое Слово[291] какими-либо обстоятельствами или событиями. В Новом Завете апостолы часто говорят о Божьей воле[292], но ни разу не упоминают о том, что ее можно узнать при помощи «руна», подобного руну Гедеона.

---

[291]   Под этой фразой учителя, призывающие слушать голос Бога, подразумевают личное откровение, которое Бог нашептывает верующим в сердце или разум.

[292]   Речь идет о моральной Божьей воле, которая ясно изложена на страницах Писания, а не о скрытой или тайной Божьей воле, которую мы познаем во впечатлениях и через «орошенное руно». См. главы 3–7 в следующем источнике: Garry Friesen, *Decision Making and the Will of God*.

В-третьих, кроме как в истории о Гедеоне, нигде в Писании мы не находим примеров применения «руна». Если бы эта история была задумана как пример для верующих, об этом бы наверняка не раз упоминалось в Писании. Естественно было бы ожидать, что в Новом Завете мы найдем учение об этом и конкретные примеры, которые иллюстрируют это учение. Нам нужно наставление по поводу того, как пользоваться «руном»: когда и какое руно применять и как избежать «ложноположительного результата». Однако в Писании мы не находим повелений на этот счет, которые можно было бы назвать важнейшим наставлением.

В-четвертых, очевидно, что современные учителя, призывающие слушать голос Бога, неправильно используют пример Гедеона. Они утверждают, что испытание, которое Гедеон устроил Богу с помощью руна, было продиктовано верой и смирением. Но это не так.

Эти учителя утверждают, что тот, кто «расстилает руно» перед Богом, хочет подтвердить неясное личное откровение. Гедеон уже был уверен в том, что сказал Бог. По мнению этих проповедников, современные верующие могут пользоваться таким методом для принятия решений. Однако Гедеон не принимал никаких решений.

Учителя, призывающие слушать голос Бога, неправильно понимают смысл деталей истории о руне Гедеона. Они заявляют, что Бог указывает, какой из двух вариантов мы должны выбрать, посылая нам знамение в виде какого-либо события. Если бы это было так, то просьба Гедеона о знамении звучала бы примерно так: «Господи, если Твоя воля в том, чтобы я напал на мадианитян, то пусть земля будет сухой, а руно — влажным. Если же Ты не хочешь, чтобы я нападал на стан мадианитян, то пусть земля будет влажной, а шерсть — сухой». Но Гедеон этого не делал.

Он знал, чему повиноваться, потому что Бог ясно открыл ему Свою волю. Гедеон попросил у Бога еще одного знамения. После того, как Бог даровал ему это знамение, он попросил еще одного, чтобы подтвердить то же самое слово. Ирония в том, что учителя, призывающие слушать голос Бога, считают Гедеона примером для нас, но сами не следуют его примеру.

В-пятых, Гедеон попросил у Бога сверхъестественного знамения. В первую ночь он попросил сделать так, чтобы руно было влажным, а земля сухой. На следующую ночь он попросил, чтобы земля была влажной, а руно сухим. Бог ответил на эту просьбу сверхъестественным образом. Гедеон просил у Бога чуда, а не обычного, естественного события.

Но современные христиане, как правило, просят Бога о другом. Если Гедеон — это пример для нас, то те, кто применяет метод руна для определения Божьей воли, должны поступать так, как поступил Гедеон. Однако «орошенные руна» в жизни большинства современных верующих не дотягивают до руна Гедеона: это слабые, субъективные «знамения», которые не требуют чудесного Божьего вмешательства. Это всего лишь совпадение или случайность.

Когда мы просим Бога даровать нам Свое водительство в естественных событиях (свободное место для парковки, ответ на телефонный звонок, цвет ковра в доме и т. д.), это не предполагает Его чудесного вмешательства. Но Гедеон просил о другом! Настало время, чтобы учителя, призывающие слушать Бога, пересмотрели свои взгляды. Если мы ожидаем, что Бог будет говорить с нами сегодня, как в библейские времена, и подтверждать Свое Слово знамениями, тогда давайте быть последовательными. Давайте подражать примеру Гедеона!

Вот как мы должны просить Бога «оросить» наше «руно»: «Господь, если Ты хочешь, чтобы я согласился на эту работу, тогда сделай так, чтобы, когда я проснусь завтра утром, на моей вишне выросло много-много яблок, которые будут свисать с ветвей». Вот ЭТО уже похоже на просьбу Гедеона! Или можно молиться так: «Господь, если мне нужно поехать в миссионерскую поездку, сделай так, чтобы моя машина взлетела над землей». Или так: «Господи, если Твоя воля в том, чтобы я начал это служение в церкви, дай мне знак: сделай так, чтобы из этой скалы полилась вода». У такой просьбы есть, по крайней мере, библейский прецедент (Исх. 17:1—7). Если мы действительно хотим просить у Бога «подтверждения» Его воли в соответствии с библейскими примерами, нам нужно просить превратить посох в змею (Исх. 4:1—5), остановить солнце (Нав. 10:13) или возвратить назад солнечную тень (Ис. 38:8). Если вы хотите подражать примеру Гедеона, тогда подражайте ему во всем. Откажитесь от полумер и жалких рун! Попросите у Бога подтверждения, которое развеет всякие сомнения.

Мы подходим к шестой проблеме. Метод руна может давать «ложноположительный результат». Марк Баттерсон признает эту опасность, поэтому он предупреждает нас: «Если вы не определитесь с тем, что для вас „руно“, вы можете получить ложноотрицательный или ложноположительный результат»[293].

Зачем нам «подтверждение», которое может давать ложноположительный результат? По мнению этих авторов, метод

---

[293] Batterson, *Whisper*, 108–9.

руна должен развеять все наши сомнения и подтвердить наше впечатление, но выясняется, что он ненадежен так же, как и все другие субъективные методы, при помощи которых мы пытаемся «услышать Бога». Поскольку мы сами определяем условия, на которых «расстилаем» наше «руно» перед Богом, невозможно точно определить, что Бог отвечает нам. Как удостовериться, что мы сделали все правильно, если в Писании нет никаких указаний по этому поводу? Почему мы считаем, что, если мы сами определяем, в каких обстоятельствах Бог должен показать нам Свою волю через знамения, Он обязан устроить нашу действительность соответствующим образом? Какими должны быть эти обстоятельства, в которых Бог посылает нам знамения?

Абсурдность этого метода можно проиллюстрировать на примере сцены из серии мультсериала «Симпсоны», где Гомер Симпсон стоит на коленях возле своей кровати и молится:

> Дорогой Господь, боги так благи ко мне, и я благодарен им. Впервые в моей жизни все абсолютно идеально. Давай договоримся так: Ты законсервируешь все как есть, а я больше ничего не буду просить. Если Ты согласен, пожалуйста, не давай мне никаких знаков. [Пауза.] Хорошо, договорились. В качестве благодарности хочу пожертвовать Тебе это печенье и молоко. Если Ты хочешь, чтобы я съел их за Тебя, не давай мне никаких знаков. [Пауза.] Да будет воля Твоя[294].

---

[294]   Эту сцену можно найти по ссылке: https://www.youtube.com/watch?v=GxMJNmj5Iml (2:00 мин). Сцена 2F10, «И Мэгги стала третьей», дата выпуска: 22 января 1995 года. Я нашел этот пример в примечаниях к аудиокурсу «Принятие решений и Божья воля» Грега Каукла из служения «Испытано истиной» (str.org).

Конечно же, Гомер съедает печенье и выпивает молоко. Многие христиане, которые думают, что следуют примеру Гедеона, делают что-то очень похожее. Они создают сценарий ответа Бога на их просьбу о знамении, и этот сценарий подтверждает то, что они хотят услышать от Бога. Как вы можете быть уверены, что разработанный вами метод проверки Божьего откровения не приведет к ошибочному результату?[295] Как вы можете быть уверены, что дьявол не будет скрывать от вас лучший Божий дар, обманывая вас и посылая вам «ложноотрицательный» или «ложноположительный» ответ? Есть только один способ узнать это наверняка — попросить у Бога настоящего знамения, как сделал Гедеон. И это должно быть чудо!

Все учение о необходимости слышать Бога характеризуется субъективной неопределенностью и путаницей. Как можно доверять этим методам, которые якобы позволяют получать «ясное откровение от Бога», навсегда останется для меня тайной.

ПОСЛЕДНЕЕ ЗАМЕЧАНИЕ ПО ПОВОДУ ИСТОРИИ О ГЕДЕОНЕ

Мы должны рассмотреть еще один вопрос, касающийся повествования о Гедеоне: «Как все то, что я сказал в этой главе, согласуется с характеристикой, которую дает Гедеону автор

---

[295] Сторонники учения о необходимости слышать голос Бога могут возразить на это: по их мнению, Бог обязательно подтвердит Свое Слово в соответствии с любыми критериями, которые мы определим. Однако в Писании Бог не обещает нам этого. Писание не говорит, что Бог обязан подтверждать что-либо согласно нашим указаниям при каких-либо обстоятельствах и по каким-либо причинам. Мы не можем требовать от Бога, чтобы Он давал нам знамения в соответствии с нашими желаниями.

Послания к Евреям?» В Новом Завете есть упоминание о Гедеоне, и может показаться, что этот текст противоречит тому, что я написал здесь об этом персонаже. Помимо глав 6–8 Книги Судей, во всей Библии о Гедеоне упоминается только один раз: «И что еще скажу? Недостанет мне времени, чтобы повествовать о Гедеоне, о Вараке, о Самсоне и Иеффае, о Давиде, Самуиле и (других) пророках…» (Евр. 11:32).

Гедеон причислен к героям веры, среди которых Авель, Енох, Ной, Авраам, Моисей, Иисус Навин и Раав. Итак, если Гедеон назван героем веры (то есть человеком, который, по мнению автора Послания к Евреям, достоин подражания), как я могу говорить, что он был боязлив и недостоин подражания? Похоже, что мое описание Гедеона противоречит процитированному отрывку из Послания к Евреям 11:32.

Я не утверждаю, что в жизни Гедеона не было ничего, чему стоило бы подражать. Я всего лишь хочу сказать, что его боязливая просьба о подтверждении Божьего слова знамением недостойна подражания. Библия восхваляет Гедеона за поступок, в котором проявилась его вера: в конце концов он поверил, что Бог предаст мадианитян в его руки (Суд. 7:15–18), и напал на их стан всего лишь с тремястами воинов, как и повелел Бог (Суд. 7:1–8). То, что Гедеон послушался Бога, даже после такого долгого периода сомнения, — это проявление его веры, достойное похвалы. Своей верой Гедеон «побеждал царства» и «прогонял полки чужих» (Евр. 11:33–34). Его просьба о знамении не была проявлением веры и не восхваляется в Послании к Евреям.

Если кто-то осмелится утверждать, что, поскольку Гедеон проявил свою веру в том, что он напал на стан мадианитян, все остальные его дела также являются образцом для подражания, похвалите ли вы его за идолопоклонство (8:22—26), многоженство (8:30) и прелюбодеяние (8:31)? Послушание Гедеона, благодаря которому он победил мадианитян, достойно похвалы. А его сомнение в Божьем слове и просьба о знамении не заслуживают ее!

Гедеон был далек от совершенства, как и другие герои веры, упомянутые наряду с ним в главе 11 Послания к Евреям: Варак, Самсон, Иеффай, Давид и Самуил. Гедеон выступает в качестве как положительного примера (он проявил послушание Богу по вере), так и отрицательного (нам следует избегать идолопоклонства и прелюбодеяния). Этот пример — яркое напоминание о том, как Бог может действовать через простых людей, даже самых несовершенных и сомневающихся. Поступок Гедеона, в котором проявились его послушание и вера, достоин всякой похвалы. А его страх и сомнение в Божьих обетованиях заслуживают порицания. Просьба Гедеона об орошении руна — это пример последнего.

ГЛАВА 12

У МЕНЯ ПОЯВИЛСЯ МИР В СЕРДЦЕ

У меня не было мира в сердце из-за одного вопроса! Более того, я был уверен, что этот человек приведет библейский колледж к краху.

Когда я учился на втором курсе библейского колледжа, руководство решило нанять преподавателя, который должен был курировать новую программу четвертого года обучения. Рассмотрев кандидатуры нескольких претендентов, академический комитет остановил свой выбор на кандидате, который писал докторскую диссертацию в Далласской богословской семинарии. У него было хорошее резюме. У него было просто отличное резюме.

Руководство колледжа объявило о своем решении студентам на служении в часовне. Избранный кандидат приехал в колледж на собеседование. Его звали Фил. Фил провел несколько занятий, выступил с несколькими проповедями и пообщался со студентами. Все в студенческом городке хотели познакомиться с Филом. Он приехал в городок, и его представили обучающимся. Он проповедовал на утреннем собрании, вел занятия, а также проповедовал на воскресных утренних и вечерних служениях.

Я стал подозревать что-то неладное. После вечернего воскресного служения у меня появились серьезные сомнения по поводу этого человека: в глубине моего сердца я почувствовал тревогу. Я ощущал, что этот человек опасен. Это яд. Неправильный выбор. Я был в этом уверен. Возможно, я даже называл его «волком в овечьей шкуре», чтобы показать, насколько он опасен. Я не мог избавиться от этого впечатления. Что-то было не так, но я не мог понять, что именно. В моем сердце было беспокойство. Я не чувствовал мира по поводу Фила. Поначалу я держал свои опасения при себе, но в конце концов поделился ими с парой близких друзей. «Просто подождите, — говорил я. — Этот человек окажется лжеучителем на погибель колледжу!»

Мое «впечатление» о Филе подкреплялось внутренним беспокойством — отсутствием мира в сердце. В Библии содержатся предостережения о лжеучителях. Свидетельство Писания, мое впечатление и мое внутреннее беспокойство — все говорило об одном: этот человек не принесет нам ничего хорошего.

Чем закончилась история с Филом? Колледж принял его на работу. Я рад признать, что глубоко ошибался! Фил Пауэрс прекрасно вписался в преподавательский состав Библейского колледжа имени Миллара! Да, это тот самый Фил Пауэрс, которому я благодарен за его участие в написании этой книги. Выдающийся учитель, одаренный толкователь Библии и превосходный богослов, Фил — один из самых великодушных, скромных и щедрых людей, которых я когда-либо встречал.

Он и его жена Нива стали огромным благословением для сотрудников и студентов колледжа. Также он один из самых трудолюбивых, умных, зрелых и благочестивых людей, которых мне доводилось встречать. Более того, он был моим преподавателем, когда я учился на четвертом курсе колледжа. Он научил меня проповедовать. Он был моим советчиком, наставником и другом. Фил оказал сильнейшее влияние на мою жизнь и проповедническое служение. Его влияние на мое мышление привело к написанию настоящей книги, а также моей книги о духовной войне [296].

МОЙ ОПЫТ НИЧЕГО НЕ ДОКАЗЫВАЕТ

Все указывало на то, что Бог говорил со мной. Во-первых, я почувствовал побуждение («тихий, нежный голос»), предупреждающее меня об опасности. Во-вторых, у меня не было мира в сердце (некоторые называют это «беспокойством духа»). В-третьих, в Божьем Слове часто говорится об угрозе лжеучителей, и каждый раз, когда я читал эти отрывки, я чувствовал, что мое впечатление подтверждается. Все три источника откровения — тихий, нежный голос, ощущение внутреннего мира и Божье Слово — указывали на одно и то же. Эти «голоса» подтверждали друг друга.

Я мог бы сказать, что мой личный опыт опровергает методологию учителей, призывающих слушать Бога, но мой опыт ничего не доказывает. Кто-то другой, в том числе и я, мог бы легко привести пример, когда его догадка оказалась верной. В своих книгах учителя, призывающие слушать голос Бога,

---

[296] Jim Osman, *Truth or Territory: A Biblical Approach To Spiritual Warfare* (Kootenai: Kootenai Community Church Publishing, 2015).

могут привести множество противоположных примеров. Книга Билла Хайбелса «Сила шепота» не основана на библейском учении и экзегезе текста, но в ней есть огромное количество историй о людях, которые слышат шепот и повинуются ему. Почти все эти истории заканчиваются хорошо. Отрицательные примеры, если о них вообще говорят, призваны показать нам, что иногда мы упускаем из виду важные элементы метода, который помогает нам услышать Бога.

Опыт ничего не доказывает. Чей-то положительный опыт не доказывает, что Бог говорит через эти средства. А мой отрицательный опыт не доказывает обратного. Вопрос вот в чем: «Учит ли Писание, что Бог говорит с нами, посылая нам мир или беспокойство в сердце?»

У НАС ДОЛЖЕН БЫТЬ «МИР В СЕРДЦЕ»

По мнению учителей, призывающих слушать Бога, «мир в сердце» — это неотъемлемый элемент общения Бога с нами. Почти все, кто верит, что Бог говорит с нами вне Писания, в той или иной мере — большей или меньшей — полагаются на внутреннее ощущение мира. В подтверждение своей мысли чаще всего такие люди ссылаются на Послание к Колоссянам 3:15: «И да владычествует в сердцах ваших мир Божий, к которому вы и призваны в одном теле, и будьте дружелюбны».

Чарльз Стэнли пишет:

> Одним из самых верных признаков того, что с нами действительно говорит Бог, является внутренняя умиротворенность, покой души. В начале нас могут одолевать сомнения

268

и противоречия, но, чем больше мы слушаем, тем спокойнее и светлее становится у нас на душе. Мы начинаем понимать состояние, названное апостолом Павлом миром, «который превыше всякого ума» (Флп. 4:7). Этот мир души окружает нас словно крепостной вал и не позволяет беспокойству, смятению и растерянности овладеть нами [297].

Описывая момент, когда он почувствовал покой посреди смятения, Стэнли отмечает: «Когда такое умиротворение снисходит на нас — это знак того, что мы слышим Божий голос и можем быть уверены, что исполняем Его волю» [298]. Стэнли цитирует Послание к Колоссянам 3:15.

Моррис считает, что, давая нам «мир в сердце», Бог подтверждает Свое откровение: «Это было подтверждение, которого я искал. Я испытал мир, который превыше всякого ума. Это подтверждение глубоко укоренилось в моем сердце» [299]. Моррис предлагает нам задать себе три вопроса, чтобы «удостовериться, что мы услышали слово от Бога» [300]. Третий вопрос звучит так: «Владычествует ли Божий мир в вашем сердце?» Используя образ из Послания к Колоссянам 3:15, которое Моррис цитирует в этом разделе, он пишет: «У вас в сердце будет мир. Это одно из величайших подтверждений Божьего голоса». Позже он говорит: «Если вы испытываете беспокойство в сердце и разуме по поводу какого-либо вопроса, то Бог, вероятно,

---

[297] Стэнли Ч. Как слушать Бога. М.: Прикосновение, 2002. С. 60–61.
[298] Там же, 61. Курсив автора.
[299] Morris, *Frequency*, 43.
[300] Там же, 110–113. Эти три вопроса звучат так: 1. Согласуется ли это с учением Библии? 2. Согласуется ли это с советами зрелых верующих? 3. Владычествует ли Божий мир в вашем сердце?

не хочет, чтобы вы шли по этому пути. Но если мы явно ощущаем в своем сердце Божий мир в отношении како-го-либо вопроса, это один из верных признаков того, что мы услышали Божий голос» [301].

Присцилла Ширер придает «миру в сердце» большое значение. В книге «Как различать голос Бога» в главе под названием «Он дарует мир» она пишет: «По мере того, как вы возрастаете в отношениях с Ним, учитесь слышать Его голос и отвечать послушанием, мир в сердце становится одним из определяющих факторов, которые помогают вам понять, когда Бог направляет вас и говорит с вами» [302]. Ширер называет мир «зеленым светом» [303] от Бога. Она отмечает: «То же самое происходит и тогда, когда вы пытаетесь услышать Бога. Когда вы чувствуете Его водительство, спросите себя: „Ощущаю ли я „зеленый свет“ в своем духе? Чувствую ли я уверенность и спокойствие по поводу этого действия, даже если мне не нравится то, что Бог побуждает меня сделать?"» [304]

Ссылаясь на Послание к Колоссянам 3:15, Присцилла Ширер утверждает, что, сталкиваясь с повседневными решениями: например, на какую работу устроиться, какого сотрудника нанять, к какому подрядчику обратиться для ремонта и даже стоит ли заниматься конкретным служением, мы поймем, как нам действовать, если будем «внимательно относиться к тому, что мы слышим и чувствуем» [305]. По мнению Ширер, именно так «Божий мир начинает владычествовать в на-шем сердце в конкретных сферах жизни». Это происходит,

---

[301]   Там же, 113.
[302]   Shirer, *Discerning the Voice of God*, 108. Курсив мой.
[303]   Там же.
[304]   Там же, 109.
[305]   Там же, 110.

когда, «слыша голос Бога, мы ощущаем глубокую уверенность и Божье позволение»[306].

С точки зрения Ширер, мы обязательно должны ощутить мир в сердце: «Когда дело касается слышания Его голоса, всегда помните… в нас должен владычествовать Божий мир»[307]. Ширер цитирует высказывание Кей Артур: «Ощущение владычества Божьего мира в сердце является для меня подтверждением Его голоса. Возможно, на пути к этому миру я испытываю тревогу, но, когда я наконец понимаю Его желание в отношении меня, я обретаю уверенность благодаря Божьему миру, который ощущаю в этот момент»[308]. Марк Баттерсон уверяет нас, что «один из лучших способов определить Божью волю — это понять, владычествует ли мир Христов в вашем сердце»[309].

Джойс Майер утверждает, что «мир в сердце» — это главный признак того, что Бог говорит с нами вне Писания: «Вы можете спросить: „Джойс, откуда ты знаешь наверняка, что с тобой говорил Бог и что это не плод твоего воображения?" Я отвечу, что ощущаю в сердце мир по поводу этого откровения. Я чувствую его в глубине своего сердца. Мой дух подтверждает, что это действительно слово от Господа»[310].

По мнению Майер, это внутреннее ощущение мира определяет все. Она заявляет: «Я управляю своей жизнью, обретая мир»[311]. Вырывая из контекста практически все стихи, в которых говорится о «мире», и неправильно их

---

306 Там же.
307 Там же, 111.
308 Там же.
309 Batterson, *Whisper*, 40.
310 Meyer, *How to Hear from God*, 23.
311 Там же, 82.

применяя, Майер пытается доказать следующее: «Когда Бог говорит, Он дает нам глубокое ощущение мира в сердце, чтобы подтвердить, что это слово действительно от Него»[312]. «Мир — это истинное подтверждение того, что вы слышите от Бога»[313].

В подкрепление этой мысли Майер ссылается на Послание к Колоссянам 3:15: «Мы не должны предпринимать никаких действий, не имея мира в сердце. Можно сказать, что мир в сердце — это „внутреннее подтверждение" того, что Бог одобряет предпринимаемые нами действия»[314]. Майер утверждает, что нам необходимо иметь «мир в сердце», когда мы принимаем решения. Она советует: «Не принимайте серьезных решений и не берите на себя никаких обязательств, не „испытав" свое сердце, чтобы убедиться, что в вас пребывает истинный мир»[315].

Учение авторов, призывающих слушать голос Бога, о внутреннем мире можно свести к следующим трем утверждениям:

Во-первых, Бог говорит с нами через «мир в сердце». Этот мир «превыше всякого ума» (Флп. 4:7). Это внутреннее ощущение спокойствия и умиротворенности в сердце даже посреди хаоса. «Мир» — это голос Бога в вашем сердце, который указывает на Его волю в принятии решения, Его одобрение ваших действий или Его подтверждение вашего впечатления.

Во-вторых, это важное, верное и надежное средство подтверждения Божьего голоса. Мир — это неизменное подтверждение слова от Бога. Это средство, с помощью которого

---

[312] Там же, 81.
[313] Там же, 82.
[314] Там же.
[315] Там же, 84.

мы узнаем, что сказал Бог. Слово Бога к нам всегда будет сопровождаться ощущением мира в сердце.

В-третьих, эту истину мы находим в Послании к Колоссянам 3:15. Это главный текст, который учит нас управлять своей жизнью, принимать решения и подтверждать Божье откровение, ориентируясь на ощущение мира в сердце.

Послание к Колоссянам 3:15 — единственный отрывок, который приводится в подтверждение идеи о том, что мир в сердце — это Божий голос. Это единственный отрывок, который учителя, призывающие слушать голос Бога, пытаются истолковать, чтобы доказать это утверждение. Поэтому нам будет нетрудно критически рассмотреть это учение. Нам просто нужно определить, говорится ли в Послании к Колоссянам 3:15, что «внутренний мир» — это Божий голос, который помогает нам принимать решения и указывает на Божье водительство.

КОЛОССЯНАМ 3:15 В ПОНИМАНИИ АВТОРОВ, ПРИЗЫВАЮЩИХ СЛУШАТЬ БОГА

Колоссянам 3:15: «Идавладычествуетвсердцахвашихмир Божий, к которому вы и призваны в одном теле, и будьте дружелюбны».

Все, абсолютно все аргументы этих проповедников в защиту их учения о мире в сердце основаны на Послании к Колоссянам 3:15. Если вы никогда не сталкивались с учением о необходимости слышать голос Бога и сопутствующим методом принятия решений, то вам, вероятно, интересно узнать, какое отношение этот стих имеет к слышанию голоса

Бога. Вот как толкуют этот стих учителя, призывающие слушать Божий голос.

Роберт Моррис утверждает, что Послание к Колоссянам 3:15 — это «основополагающий стих»[316]. Он пытается объяснить его значение, предлагая неудачное толкование: «Греческое слово „владычествовать" (греч. „брабеуо"), которое употребляется здесь, означает больше, чем просто „позволить миру присутствовать в вашем сердце". Этот стих не просто призывает нас расслабиться. Греческое слово „владычествовать" буквально означает „судить". Его можно перевести как „править" или как „арбитрировать, судить, решать или контролировать"»[317]. Ширер приводит тот же самый аргумент:

> Греческий глагол, переведенный как «владычествовать», имеет большое значение в этом отрывке. Буквально он означает «выступать в качестве судьи или арбитра». Итак, апостол Павел говорил церкви, что, подобно тому как в наше время судья в футболе следит за выполнением правил в ходе матча, Святой Дух должен быть «судьей их сердец», а колоссяне должны принимать решения в соответствии с Его указаниями. Христос хотел, чтобы колоссяне прислушивались к ощущению уверенности, которое им дает Его Дух, и руководствовались им в попытках распознать Божью волю. Иначе говоря, Его мир должен был не просто присутствовать в их жизни — он должен был владычествовать над ними, направлять их и управлять всеми их делами[318].

---

[316] Morris, *Frequency*, 113.
[317] Там же. В следующем абзаце он цитирует Послание к Филиппийцам 4:7: «...и мир Божий, который превыше всякого ума, соблюдет сердца ваши и помышления ваши во Христе Иисусе».
[318] Shirer, *Discerning the Voice of God*, 109–10.

Ширер применяет этот принцип к принятию бытовых решений — решений, которые касаются работы, служения, ремонта дома и смены профессии. По его мнению, точно так же, как судья в футболе объявляет голы и нарушения, «мир в наших сердцах» дает нам зеленый или красный свет, указывая на Божий голос в принятии решений. Джойс Майер приходит к тому же выводу: «Библия говорит, что мир подобен судье, который решает, где „гол“, а где „нарушение“. Нет мира в сердце? Это „нарушение“! Мы должны позволить внутренней гармонии в нашем разуме и душе управлять нашим сердцем и постоянно судить его, взвешивая и окончательно разрешая все вопросы, которые возникают в нашем разуме»[319].

Об этом ли говорил апостол Павел?

ЗНАЧЕНИЕ ПОСЛАНИЯ К КОЛОССЯНАМ 3:15

Послание к Колоссянам 3:15 помещено в определенный контекст, который не согласуется с тем, как толкуют этот стих приверженцы учения о необходимости слушать Бога. На основании того, как они понимают смысл Послания к Колоссянам 3:15, можно сделать вывод, что они не учитывают и никак не толкуют более широкий контекст этого отрывка. Я подозреваю, что немногие из этих авторов, если таковые вообще есть, смогут объяснить контекст отрывка и связать с ним свое толкование этого стиха.

Третья глава Послания к Колоссянам начинается с провозглашения великой истины о том, что мы отождествлены

---

[319] Meyer, *How to Hear from God*, 82.

с Иисусом Христом[320]. Поскольку мы «со Христом умерли» (2:20) и «воскресли со Христом» (3:1), мы освободились от греха (3:5). О значении нашего союза со Христом апостол говорит в 3:5–11. Мы должны «умертвить земные члены» наши в отношении всех грехов, упомянутых в этих стихах. Верующие оставили эти грехи (ст. 8–9) и «облеклись в нового» человека (ст. 10), созданного по образу Христа. Верующие объединены в Иисусе Христе и собраны в одно Тело (Церковь), поэтому они пребывают в общении друг с другом, в котором «…нет ни еллина, ни иудея, ни обрезания, ни необрезания, варвара, скифа, раба, свободного, но все и во всем — Христос» (3:11).

Обращаясь к церкви, в которой были представители разных этнических групп и национальностей, Павел наставлял их жить в гармонии друг с другом (3:12–13). Он описывал совершенное единство — такое духовное общение в церкви, при котором стираются расовые, этнические, национальные, племенные и социальные различия. В противовес грехам, перечисленным в предыдущем абзаце (ст. 5–11), Павел превозносит добродетели «избранных Божиих, святых и возлюбленных». Несмотря на то, что Павел обращается к церкви в целом, отдельные верующие, которые будут исполнять повеления, адресованные Божьим избранным, смогут благотворно повлиять на единство и любовь в Теле Христовом.

После этого идет абзац, где находится стих 15:

>> Итак, облекитесь, как избранные Божии, святые и возлюбленные, в милосердие, благость, смиренномудрие, кротость,

---

320   Я настоятельно рекомендую прочитать весь отрывок самостоятельно. Не верьте мне на слово. Исследуйте контекст! В целях экономии места я привожу здесь только ссылки, не цитируя весь отрывок.

долготерпение, снисходя друг другу и прощая взаимно, если кто на кого имеет жалобу: как Христос простил вас, так и вы. Более же всего облекитесь в любовь, которая есть совокупность совершенства. И да владычествует в сердцах ваших мир Божий, к которому вы и призваны в одном теле, и будьте дружелюбны. Слово Христово да вселяется в вас обильно, со всякою премудростью; научайте и вразумляйте друг друга псалмами, славословием и духовными песнями, во благодати воспевая в сердцах ваших Господу. И все, что вы делаете, словом или делом, все делайте во имя Господа Иисуса Христа, благодаря через Него Бога и Отца (Кол. 3:12–17, курсив мой).

Пока что не обращайте внимания на выделенные курсивом слова (ст. 15), которые мы обсуждаем. На основании первой части этого отрывка скажите: о чем, по вашему мнению, говорит Павел? Какую тему он поднимает здесь?

Обратите внимание, что в стихах 13 и 16 повторяется фраза «друг друга». Наши отношения друг с другом должны характеризоваться всеми теми качествами, которые заповеданы нам в стихах 12–14: милосердие, благость, смиренномудрие, кротость, долготерпение, снисходительность, прощение и любовь. Они описывают то, как верующие в Теле Христовом относятся друг к другу. Бескорыстная, жертвенная любовь между членами Тела Христова создает связь совершенства (ст. 14, Кассиан). Эти добродетели, проистекающие из новой жизни во Христе, способствуют гармонии и миру среди братьев в собрании.

Если мы пока что пропустим стих 15, то увидим, что в остальной части отрывка также описываются наши отношения внутри Тела Христова. Здесь говорится о том, что мы должны исполняться Божьим Словом; «...научать и вразумлять друг друга псалмами, славословием и духовными песнями, во благодати воспевая в сердцах...» наших Господу (3:16). Эти слова описывают жертвенные и бескорыстные отношения, которые должны быть в собрании святых, купленных кровью.

В этом отрывке Павел дает верующим наставления о гармоничной жизни в Теле Христовом. Вывод о том, что Павел говорит здесь о межличностных отношениях, ясно вытекает из следующих отрывков, в которых апостол сосредоточивается на разных видах отношений внутри церкви. Стихи 18—19 касаются отношений между мужем и женой. Стихи 20—21 посвящены отношениям между родителями и детьми. А в стихах 3:22—4:1 рассматриваются отношения между господами и рабами. Совершенно очевидно, что Павел стремится показать верующим, как они должны относиться друг к другу в контексте разных социальных отношений.

В этом отрывке вообще не говорится о том, как нам следует принимать решения или проверять Божье откровение. Павел не дает наставлений по поводу того, как подтверждать свои впечатления и принимать верные решения. Он напоминает верующим о добродетелях характера Христа, которыми должен обладать верующий человек, исполненный Духом. Учителя, призывающие слушать голос Бога, утверждают, что Павел хочет, чтобы мы обратились внутрь себя в поисках личного ощущения мира. Но на самом деле он побуждает верующих не концентрироваться на себе, а учитывать интересы других. В стихе 15 говорится не о том, что мы должны чувствовать, а о том, как мы должны относиться к другим. Толкование этого отрывка, которое предлагают учителя, призывающие слушать голос Бога, совершенно не соответствует его истинному значению.

Давайте прочтем этот отрывок еще раз, и теперь давайте вставим в него стих 15, перефразированный таким образом, чтобы он отражал толкование этих проповедников. Посмотрим, имеет ли это толкование смысл:

> Итак, облекитесь, как избранные Божии, святые и возлюбленные, в милосердие, благость, смиренномудрие, кротость, долготерпение, снисходя друг другу и прощая взаимно, если кто на кого имеет жалобу: как Христос простил вас, так и вы. Более же всего облекитесь в любовь, которая есть совокупность совершенства. [И да судит вас мир в сердцах ваших, помогая вам принимать повседневные решения в личной жизни. Даруя вам мир, Бог дает вам подтверждение Своего шепота. Всегда руководствуйтесь этим внутренним ощущением мира.] Слово Христово да вселяется в вас обильно, со всякою премудростью; научайте и вразумляйте друг друга псалмами, славословием и духовными песнями, во благодати воспевая в сердцах ваших Господу. И все, что вы делаете, словом или делом, все делайте во имя Господа Иисуса Христа, благодаря через Него Бога и Отца (Кол. 3:12—15, с моими вставками).

Соответствует ли такое толкование контексту?

«МИР» И «СУДЕЙСТВО»

Если в стихе 15 речь не идет о «внутреннем мире», который выступает в качестве судьи, подтверждающего голос Бога, то о чем же здесь говорит Павел?

Ключевым словом для понимания этого стиха является не слово «владычествовать», а слово «мир». Учителя, призывающие слушать голос Бога, полагают, что это внутреннее ощущение спокойствия в сердце. Они даже не задумываются над тем, соответствует ли такое определение слова «мир» контексту.

Слово, которое переводится здесь как «мир», может иметь два разных значения. Во-первых, оно может означать внутреннюю гармонию или эмоциональное спокойствие. Именно в этом смысле оно употребляется в Послании к Филиппийцам 4:7 [321]. Во-вторых, это слово может означать «отсутствие конфликта между двумя сторонами», которые раньше враждовали друг с другом, о чем, например, говорится в Ефесянам 2:14—15 [322]. Павел употребляет это слово именно в таком значении в Послании к Римлянам 5:1: «Итак, оправдавшись верою, мы имеем мир с Богом через Господа нашего Иисуса Христа…»[323] Результатом нашего оправдания является мир с Богом [324]. Вражда прекратилась. Мы уже не

---

[321] Филиппийцам 4:7: «…и мир Божий, который превыше всякого ума, соблюдет сердца ваши и помышления ваши во Христе Иисусе». Как и в Послании к Колоссянам 3:15, Павел не говорит о том, как нам следует принимать решения или слушать голос Бога. В Послании к Филиппийцам 4:7 описывается состояние духовного спокойствия (противоположное беспокойству, упомянутому в стихе 6), возникающее в результате молитвы, которую мы возносим к Богу в духе благодарения. Если мы постоянно доверяем Господу и это выражается в полноценной молитвенной жизни, мы обретаем стойкое ощущение мира в нашем духе и избавляемся от тревожности.

[322] Ефесянам 2:14—15: «Ибо Он есть мир наш, соделавший из обоих одно и разрушивший стоявшую посреди преграду, упразднив вражду Плотию Своею, а закон заповедей учением, дабы из двух создать в Себе Самом одного нового человека, устрояя мир…»

[323] Курсив мой.

[324] Оправдание — это юридический акт, посредством которого Бог объявляет верующего грешника «праведным» только на основании заслуг Христа, только через веру и только по благодати.

находимся под Божьим гневом. Некогда мы были Его врагами, но теперь примирились с Ним через жертву Иисуса Христа. Какое из двух значений слова «мир», по вашему мнению, больше соответствует контексту нашего отрывка: «внутреннее ощущение спокойствия» или «отсутствие конфликта между двумя сторонами, ранее враждовавшими друг с другом»?

Вспомните контекст отрывка. В стихах, предшествующих нашему стиху, Павел описывал церковь как Тело Христово, в котором «...нет ни еллина, ни иудея, ни обрезания, ни необрезания, варвара, Скифа, раба, свободного...». За пределами церкви все эти этнические, национальные и социальные различия становились причиной конфликтов. Евреи ненавидели язычников, а язычники ненавидели евреев. Рабы ненавидели своих господ, а господа ненавидели своих рабов. В этом мире все общественные структуры, социальные группы и этнические сообщества находятся в состоянии постоянного противостояния, конфликта и вражды по отношению к другим группам. Враждебность, конфликт и вражда являются нормой жизни вне церкви.

Когда верующие исполняют заповеди из Послания к Колоссянам 3:12–14, то есть «облекаются... в милосердие, благость, смиренномудрие, кротость, долготерпение», «снисходят друг другу», «прощают взаимно» и «облекаются в любовь» по отношению друг к другу, в их среде воцаряется мир. В общине верующих людей, обладающих этими качествами, пребудет мир, независимо от прежних мирских различий между ними. Исчезнет неприязнь, противостояние и вражда между мужьями и женами (3:18–19), детьми и родителями (3:20–21), а также рабами и господами (3:22–4:1).

Опять же, исходя из контекста, в каком из двух значений слово «мир» употребляется в этом отрывке? Павел имел в виду «отсутствие конфликта между двумя сторонами», ранее враждовавшими друг с другом. Этот мир в отношениях между колосскими верующими должен был быть настолько очевиден, чтобы он «владычествовал» над ними и контролировал жизнь всего собрания, члены которого сосуществуют в гармонии в Теле Христовом.

Слово, переведенное как «владычествовать», — это греческий глагол брабеуо (βραβεύω). В Богословском словаре Нового Завета мы читаем:

> Это слово получило широкое употребление во времена Еврипида и изначально описывало работу судьи (греч. βραβεύς, βραβευτής) на играх, задачей которого было руководить ходом игры, судить, а также решать, кто станет победителем. В более широком смысле это слово означает «приказывать», «владычествовать» или «контролировать». Переводчики были правы в том, что перевели это слово как «владычествовать», а не как «выступать в качестве судьи»[325].

Павел не говорил, что этот «мир» или его отсутствие свидетельствуют о том, что Бог дает нам «зеленый» или «красный» свет в принятии решений и подтверждении Божьего откровения. Он имел в виду, что мир между теми, кто раньше враждовал, должен управлять сердцами верующих в Колоссах как свидетельство их любви друг к другу.

---

325 E. Stauffer (1964–). βραβεύω, βραβεῖον. G. Kittel, G. W. Bromiley, & G. Friedrich (Eds.), Theological Dictionary of the New Testament (electronic ed., Vol. 1, pp. 637–638). Grand Rapids, MI: Eerdmans.

Такое понимание отрывка разительно отличается от толкования, предлагаемого учителями, призывающими слушать голос Бога! Справедливости ради нам следует прочитать весь отрывок и посмотреть, согласуется ли предложенное мной толкование с контекстом. Соответствует ли оно ходу мысли Павла? Вместо слов Павла в стихе 15 я вставил толкование, которое предлагаю:

> Итак, облекитесь, как избранные Божии, святые и возлюбленные, в милосердие, благость, смиренномудрие, кротость, долготерпение, снисходя друг другу и прощая взаимно, если кто на кого имеет жалобу: как Христос простил вас, так и вы. Более же всего облекитесь в любовь, которая есть совокупность совершенства. [Пусть в ваших сердцах владычествует мир, который установлен между теми, кто раньше враждовал друг с другом, и который мы обретаем благодаря примирению с Богом. Пусть этот мир управляет вашим отношением к другим, ведь вы названы единым телом. Делайте это с благодарностью.] Слово Христово да вселяется в вас обильно, со всякою премудростью; научайте и вразумляйте друг друга псалмами, славословием и духовными песнями, во благодати воспевая в сердцах ваших Господу. И все, что вы делаете, словом или делом, все делайте во имя Господа Иисуса Христа, благодаря через Него Бога и Отца (Кол. 3:12–17, с моими вставками).

Это толкование согласуется с контекстом. Употребление слов «мир» и «владычествовать» в таком значении вписывается в контекст предыдущих стихов, а также соответствует остальной части стиха 15. Учителя, призывающие слушать голос Бога, обычно игнорируют остальную часть стиха 15 и цитируют только первую его часть: «И да владычествует в сердцах ваших мир Божий…» Они неудосуживаются процитировать вторую часть стиха: «…к которому вы и призваны в одном теле, и будьте дружелюбны». Эти авторы также не пытаются объяснить, как их толкование первой половины стиха согласуется с тем, что сказано в его второй половине. Павел не говорил о внутреннем мире, который подтверждает голос Бога. Он писал о наших взаимоотношениях внутри Тела Христова! Вот почему Павел упоминает, что верующие «призваны в одном теле». Проповедники учения о необходимости слышать голос Бога игнорируют не только контекст предыдущей части стиха. Они игнорируют остальную часть предложения. Они берут отрывок, который описывает отношения между членами общины, и заявляют, что здесь говорится о наших ощущениях по поводу принятого решения. Это вопиющее искажение библейского текста!

Этот отрывок вообще не касается принятия решений или попыток услышать голос Бога. Павел даже не думал на эту тему, когда писал эти слова. Те, кто утверждает обратное, вообще не понимают смысл этого отрывка.

ПРОБЛЕМЫ, СВЯЗАННЫЕ С НЕПРАВИЛЬНЫМ ИСТОЛКОВАНИЕМ СЛОВА «МИР»

Сторонники этого подхода вырывают Послание к Колоссянам 3:15 из контекста. Они искажают смысл этого текста, чтобы обосновать ошибочное современное учение о необходимости слышать голос Бога. Только под влиянием устоявшейся традиции, а также клише, прочно укоренившихся в христианском жаргоне, мы можем поверить, что в этом отрывке говорится о «мире в сердце», который подтверждает голос Бога. Это не единственная проблема учения проповедников о внутреннем мире. Ниже мы рассмотрим еще несколько из них.

Во-первых, как и в случае с другими предполагаемыми источниками Божьего откровения, это средство познания Божьей воли по своей сути субъективно. Вместо того, чтобы указывать нам на объективный источник Божьей истины (Божье Слово), учителя, призывающие слушать голос Бога, советуют различать Божью волю в наших чувствах и изменчивых эмоциях. Такой подход к принятию решений таит в себе огромную опасность, потому что он может привести к беде и нанести непоправимый вред. Писание нигде не повелевает верующим определять Божью волю исходя из своих чувств. Нигде!

Во-вторых, зачастую, когда мы поступаем правильно, по Библии, мы можем испытывать сильное беспокойство. Как вы думаете, у Моисея был мир в сердце, когда он пошел в Египет, чтобы избавить израильский народ (Исх. 3:11, 13; 4:1, 10, 13)? Был ли мир в сердце у Гедеона, когда он напал на стан мадианитян (Суд. 6:17, 27, 36–40; 7:9–14)? Был ли мир в сердце у Иисуса Навина, когда он стал вождем народа вместо Моисея (Нав. 1:1–9)? Стали бы вы ждать, пока в вашем сердце появится мир, прежде чем рассказать кому-нибудь Евангелие? Поступили ли вы бы так? Кто-нибудь бы так поступил?

В-третьих, существует противоположная опасность: можно совершить глупый или небиблейский поступок всего лишь потому, что у вас «мир в сердце» по этому поводу. Можно ощущать мир в сердце в отношении очевидно неправильных поступков. Я слышал, как люди оправдывают даже самые небиблейские и аморальные решения словами: «Я молился об этом, и у меня появился мир в сердце». Я знаю женщину, которая изменила своему мужу. Она развелась с ним и продолжала жить в нераскаянном прелюбодеянии. При этом она утверждала, что у нее был мир в сердце по поводу принятых ею решений. Спросите у кого-нибудь, считает ли он мудрым или нравственным свое решение, которое он принял потому, что у него был «мир в сердце», и вы поймете, насколько губительным может быть это учение.

Учителя, призывающие слушать голос Бога, возразят на это, что ощущение «мира» в сердце не должно противоречить «Божьему Слову». Если мир в сердце противоречит Писанию, то к нему не следует прислушиваться. По мнению этих учителей, именно так можно избежать злоупотребления их методом. Но если рассматриваемый вопрос освещается в Божьем Слове, тогда какую ценность имеет мир в сердце? Если в Писании мы находим необходимое наставление, разве нам нужен мир в сердце, чтобы понять, как правильно действовать? Если Писание не содержит наставления по этому вопросу, тогда мы не можем использовать его для того, чтобы проверить, насколько обоснованно наше ощущение мира в сердце.

В учении о необходимости слышать голос Бога мир в сердце рассматривается как источник Божьего откровения и как средство, при помощи которого мы познаем голос Бога. Следовательно, полученное таким образом откровение является авторитетным и воспринимается как повеление от Бога. Если предложить приверженцам этого учения выбор между Божьим Словом (которое было адресовано другим людям в другую эпоху и на другом конце света) и внутренним откровением от Бога (которое Он говорит прямо в их сердце здесь и сейчас), что они выберут? Чему они будут повиноваться — «актуальному откровению от Бога» или древним Писаниям? К чему они прислушаются — к чувствам, которые испытывают сегодня, или к повелениям, которые Бог давал другим людям две тысячи лет назад? В девяноста девяти случаях из ста эти люди предпочтут «шепот от Бога», а не Божье Слово. Почти всегда они будут отдавать предпочтение авторитетному шепоту Бога, обращенному лично к ним, а не безличному авторитетному Божьему Слову. Чего еще нам следует ожидать, когда людей учат руководствоваться своими чувствами?

В теории учителя, призывающие слушать голос Бога, верят, что Божье Слово не позволяет нам обрести мир в сердце, когда мы совершаем греховные или небиблейские поступки. Но на практике они недооценивают всю глубину развращенности и самообольщения, которые таятся в человеческом сердце. Хочу процитировать современное мудрое изречение: «Сердце хочет того, чего оно хочет»[326]. Когда вы говорите своему сердцу, что ощущение мира — это Божий голос и признак авторитетного Божьего водительства, вы обрекаете себя на нравственную катастрофу. Именно поэтому нигде в Писании не говорится, что мы должны принимать решения, основываясь на ощущении мира в сердце. И именно поэтому Божье Слово — наш единственный источник Божьего откровения.

---

[326] Согласно интернет-источникам, это изречение принадлежит Эмили Дикинсон, но его цитировали Вуди Аллен и Селена Гомес.

Зачем полагаться на чувства человеческого сердца, которые, как известно, изменчивы, порочны и ненадежны? Наши чувства могут легко нас обмануть. Нам не нужно подтверждать ими истинность Писания. Нам нужно сообразовывать свои ощущения с истиной Писания.

Наши чувства — это всего лишь чувства. Они не являются надежными проводниками истины.

ГЛАВА 13

Я ПОЧУВСТВОВАЛ, КАК ДУХ ВЕДЕТ МЕНЯ

«Я почувствовал побуждение…»

«Господь вел меня…»

«Господь ведет (или побуждает) меня…»

Трудно понять, что именно люди имеют в виду, когда говорят: «Господь побуждал меня к тому, чтобы…»

Кто-то имеет в виду, что к нему пришла случайная мысль, которая, по его мнению, является признаком Божьего водительства: «Господь побудил меня молиться за вас. Сегодня утром во время прогулки я вспомнил о вас».

Кто-то может так описывать свои ощущения: «Господь побудил меня написать письмо. У меня появилось такое сильное чувство, что я должен написать это письмо, что я просто не мог избавиться от этого ощущения».

Кто-то имеет в виду череду событий, которые подтолкнули его к действию: «На этой неделе я получил премию в размере тысячи долларов. В нашу церковь приехал миссионер и рассказал, что их миссия, сотрудники которой трудятся в Африке, собирает тысячу долларов на новый колодец. Потом, когда мы пошли в ресторан после собрания, мы услышали песню „Африка" группы „Тото". Это был знак, что Бог побуждает меня пожертвовать свою премию миссионеру».

Это выражение употребляется, когда кто-то хочет сказать, что он получил от Бога послание при помощи сложной системы, которая якобы позволяет услышать и подтвердить для себя «голос Бога»: «Господь побудил меня участвовать в детском служении. У меня возникло впечатление, что я должен поучаствовать в этом служении. Господь открыл эту дверь, и, когда я молился об этом, я почувствовал, как Дух шепчет мне на ухо: „Веди ты". Я попросил Господа подтвердить Его волю через руно. И решил, что, если никто не займет это место к следующему воскресенью, я восприму это как подтверждение от Господа, что я должен присоединиться к этому служению. Я еще раз помолился об этом и услышал тихий, нежный голос Бога, подталкивающий меня заняться этим служением. В субботу я прочитал в главе 19 Четвертой Книги Царств в стихе 3 следующие слова: „…ибо дошли младенцы до отверстия утробы матерней, а силы нет родить". В этом стихе мне бросились в глаза слова „младенцы" и „сила". Я почувствовал, как Святой Дух проговорил к моему сердцу через этот стих и пообещал дать мне силы для служения детям. Я ощутил, как мое сердце наполняет мир. В воскресенье Господь подтвердил это знамением „руна": я услышал, что это место все еще свободно. Я вызвался помочь» [327].

---

[327] Эта история иллюстрирует практически все аспекты этой методологии, которые я рассматривал до этого.

САМЫЙ РАСПРОСТРАНЕННЫЙ ВАРИАНТ ЭТОГО УЧЕНИЯ

В Библии говорится, что христиане — это люди, «водимые Духом». Этот образ встречается в двух библейских отрывках:

> Ибо все, водимые Духом Божиим, суть сыны Божии (Римлянам 8:14).

> Если же вы Духом водимы, вы не под Законом (Галатам 5:18, Кассиан).

Эту терминологию настолько часто и широко используют в евангельских кругах, что я удивился, обнаружив, что только двое из всех учителей, призывающих слушать голос Бога, цитируют главу 8 Послания к Римлянам, и ни один из них не упоминает о главе 5 Послания к Галатам. Заметным исключением является труд Уэйна Грудема. Грудем — реформатский богослов, который внес огромный вклад в развитие экзегетики и богословия в целом ряде областей. Он также придерживается концепции континуационизма[328], но

---

[328] «Континуационизм» — это богословская концепция, согласно которой сверхъестественные дары Духа продолжают действовать в церкви и сегодня. Все течения в рамках движения «Новоапостольская реформация», движения «Слово веры», а также харизматического и пятидесятнического направления в богословии придерживаются концепции континуационизма. В рамках консервативного реформатского кальвинистского евангельского христианства возникло движение, которое пропагандирует «открытый, но осторожный» подход к вопросу о дарах откровения. Представители этого движения с готовностью принимают учение о продолжающемся служении таких даров, как говорение на языках, слово познания и пророчество, и некоторые считают, что эти дары следует развивать в современной церкви. Уэйн Грудем — самый известный богослов в лагере реформатских

подробно рассматривает тексты из главы 8 Послания к Римлянам и главы 5 Послания к Галатам в попытке обосновать учение о личном откровении [329].

Несмотря на то, что учителя, призывающие слушать голос Бога, редко ссылаются на эти отрывки, они постоянно используют образы, основанные на них. Они часто говорят: «Дух повел меня», имея в виду, что получили личное указание от Бога для принятия решения или ощутили Божье водительство. Я не раз беседовал с людьми, которые говорили, что «Бог ведет» их, и цитировали эти стихи в подтверждение мысли о том, что Бог ведет нас через субъективные впечатления и побуждения. По этой причине я посчитал нужным рассмотреть эти стихи здесь.

Однако, прежде чем мы рассмотрим эти отрывки, будет полезно узнать, как их используют учителя, призывающие слушать голос Бога. В тех книгах, которые я читал, я не нашел ни одного упоминания об отрывке из Послания к Галатам, но Даллас Виллард и Присцилла Ширер ссылаются на Послание к Римлянам 8:14.

континуационистов, в который входят Джон Пайпер, Дональд Карсон, Сэм Стормс, Мэтт Чендлер и Си-Джей Махейни из служения «Суверенная благодать». Я рассмотрю аргументы Грудема позже в этой главе.

[329] Грудем рассматривает эти тексты в своем ответе на книгу Гэрри Фризена «Принятие решений и Божья воля» (Garry Friesen, *Decision Making and the Will of God Christian Ethics*) (Grudem, *Christian Ethics: An Introduction to Biblical Moral Reasoning*, pgs. 174–177), а также в книге «Систематическое богословие» (Grudem, *Systematic Theology*, 642–644). Наиболее полно он излагает свое учение по этому вопросу в статье, которая является его обращением к Евангельскому богословскому обществу (Evangelical Theological Society, ETS), под названием «Что значит быть „водимым Духом" (Рим. 8:14; Гал. 5:18)?». Эта статья доступна на его сайте: http://www.waynegrudem.com. В книге Грудема «Дар пророчества в Новом Завете и сегодня» не упоминается ни один из этих отрывков. Учитывая вклад Грудема в развитие этого учения, его труд заслуживает более тщательного критического рассмотрения, однако эта задача выходит за рамки целей настоящей книги.

Виллард пишет:

> Именно в беседе с Богом проявляется то непосредственное общение с Ним, о котором так часто говорят в церкви. Именно в беседе с Богом слова апостола Павла о том, что «все, водимые Духом Божиим, суть сыны Божии» (Римлянам 8:14), становятся точкой отсчета для личностного роста в отличие от слепой веры, механического исполнения обрядов или толкования смутных ощущений и знаков [330].

Виллард утверждает это сразу после следующих слов: «Таким образом, к нашему списку следует добавить еще один пункт: общение. Когда это нужно, Бог непосредственно обращается к каждому — чего и следует ожидать во взаимоотношениях между теми, кто знает и любит друг друга, и делает общее дело» [331].

Виллард утверждает, что в свете нашего понимания «общения» с Богом мы превращаем Послание к Римлянам 8:14 в описание «точки отсчета для личностного роста». Иначе говоря, этот стих рассматривается как принцип «личного Божьего водительства». Игнорируя контекст Римлянам 8:14, Виллард превращает этот отрывок в аргумент, который подтверждает его учение о Божьем водительстве. Тем самым он искажает смысл Писания, пытаясь приспособить его к своему учению.

Присцилла Ширер описывает основанный на ощущениях способ, при помощи которого Бог якобы говорил с ней, а затем дает совет:

---

[330]   Виллард Д. Слышать Бога. М.: Триада, 2023. С. 58.
[331]   Там же, 58.

> Он обещал направлять нас не к нашим органам чувств, а к нашему духу — посредством водительства Святого Духа внутри нас. «Ибо все, водимые Духом Божиим, суть сыны Божии» (Рим. 8:14).
>
> Когда говорит Его Дух, обращаясь к нам лично различными способами, мы слышим Его голос, который звучит внутри нас. Дух говорит убедительно. Он ободряет. Он обличает. Он бросает вызов. Он наставляет. Он направляет нас напрямую к Божьей воле относительно нашей жизни [332].

Шир ер и Виллард цитируют этот стих, но при этом не разъясняют его контекст или смысл. Они полагают, что, если в Библии встречается выражение «водимые Духом», оно обязательно описывает личное Божье водительство в жизни верующего через частные откровения.

Обоснованно ли такое применение этого отрывка? Что Павел подразумевает под выражением «водимые Духом»? Описывает ли оно водительство Духа в нашей жизни через впечатления, побуждения, шепот и другие средства, через которые Бог говорит к нам?

Давайте рассмотрим каждый стих в его непосредственном контексте.

ВОДИМЫЕ ДУХОМ — ПОСЛАНИЕ К РИМЛЯНАМ 8:14

Послание к Римлянам 8:14: «Ибо все, водимые Духом Божиим, суть сыны Божии».

---

[332] Shirer, *Discerning the Voice of God*, 72.

Даже не изучая контекст, мы можем сделать два очевидных вывода из этого стиха. Во-первых, Божий Дух водит Божьих сынов. Во-вторых, все, кого водит Дух, Божьи дети. Есть один вопрос, на который мы не можем дать точный ответ исходя из самого стиха: «Какова природа водительства?» В этом стихе нет ничего, что помогло бы нам понять, что именно Павел подразумевает под выражением «водимые Духом Божиим». Для этого мы должны обратиться к контексту.

Без преувеличения можно сказать, что учителя, призывающие слушать голос Бога, связывают это выражение с личным водительством, которое мы получаем, слыша Божий голос. Единственный способ узнать, что Павел имел в виду под выражением «водимые Духом Божиим», — это проследить ход его рассуждений и исследовать его учение с учетом контекста. Гэрри Фризен справедливо заметил: «Однако контекст наносит смертельный удар по такому пониманию этого отрывка»[333]. Действительно, это смертельный удар. Смысл, который Павел вкладывал в этот стих, понять нетрудно[334].

В главе 7 Послания к Римлянам Павел описал свою постоянную борьбу с грехом, который оставался в его «теле смерти». Нам знакома эта борьба, когда мы «делаем то, чего не хотим» (Рим. 7:14–20). Апостол боролся со своим грехом, который оставался в нем даже после его обращения к Богу. Если мы умерщвляем грех и стремимся жить как рабы праведности (6:12–23), мы должны постоянно бороться с плотью и ее желаниями.

---

[333] Friesen and Maxson, *Decision Making*, 99.
[334] В целях экономии места я не буду приводить здесь весь отрывок. Я бы посоветовал читать весь отрывок, когда мы рассматриваем отдельные стихи.

В главе 8 Павел говорит, что, хотя верующие постоянно борются с грехом, они свободны от осуждения за грех. Для тех, кто во Христе Иисусе, «нет... осуждения» (8:1). Тот закон, который некогда требовал справедливости, теперь исполняется в «живущих не по плоти, но по духу» (8:4).

В стихах 5—13 противопоставляются те, кто помышляет о плоти, и те, кто помышляет о Духе (8:6). Рабство праведности (6:17—18), умерщвление дел плоти (8:13) и окончательное избавление от внутреннего греха (7:24—25) недоступны для тех, кто «во плоти», потому что «...живущие по плоти Богу угодить не могут» (8:8). Они не поступают по Духу, поэтому исполняют желания плоти. В этом отрывке противопоставляются те, кто поступает по Духу в стремлении к святости, и те, кто поступает по плоти, исполняя свои греховные желания.

Ниже приведены все эти стихи, непосредственно предшествующие стиху 14, в котором упоминается о тех, кто «водим Духом Божиим». Здесь говорится о двух категориях людей — о тех, кто живет по плоти, и тех, кто живет по Духу.

> Но вы не по плоти живете, а по духу, если только Дух Божий живет в вас. Если же кто Духа Христова не имеет, тот и не Его. А если Христос в вас, то тело мертво для греха, но дух жив для праведности. Если же Дух Того, Кто воскресил из мертвых Иисуса, живет в вас, то Воскресивший Христа из мертвых оживит и ваши смертные тела Духом Своим, живущим в вас. Итак, братия, мы не должники плоти, чтобы жить по плоти; ибо если живете по плоти, то умрете, а если духом умерщвляете дела плотские, то живы будете. Ибо все, водимые Духом Божиим, суть сыны Божии (Рим. 8:9—14).

В стихах 9—10 Павел говорит, что все сыны Божии имеют Святого Духа. Те, у кого нет Святого Духа, «не Его». Если мы те, кто имеет Святого Духа, мы обязаны жить по Духу. Живущий по Духу «умерщвляет дела плотские» (ст. 13).

Стих 13 представляет собой ближайший контекст учения, которое содержится в стихе 14, о том, что значит быть «водимым Духом Божиим». О чем говорит Павел в контексте нашего стиха? Действительно ли он описывает процесс принятия решений или водительство посредством Божьего голоса? А может, он раскрывает природу «общения» с Богом, то есть говорит, что Дух нашептывает нам указания о том, на какую работу пойти, какого подрядчика выбрать для ремонта или в какой ресторан пойти на обед? Есть ли в ближайшем контексте нашего стиха какое-либо указание на побуждение, шепот, тихий, нежный голос, расстилание руна или толкование знамений? Нет. Глава 8 Послания к Римлянам говорит о святой жизни водимых Духом людей. Если Павел и подразумевал здесь Божье водительство в принятии какого-либо решения, то это только решение умерщвлять греховные дела и жить праведной жизнью в силе Духа.

Я ни в коем случае не утверждаю, что Божий Дух не направляет нас. Конечно же, направляет! Но Он делает это не через шепот и голоса. Он побуждает Божьих сыновей умерщвлять грех и жить в святости. Он действует так в жизни всех верующих, потому что у всех верующих есть Святой Дух. В главе 8 Послания к Римлянам выражения «жить по Духу» и быть «водимым Духом» — это синонимы. Тот, кто «водим Духом», «живет по Духу» и, следовательно, «умерщвляет дела плотские» (ст. 13). Тот, кто ведет плотский образ жизни, не «водим Духом», потому что в нем нет Святого Духа. Таков очевидный и прямой смысл этого отрывка.

Чтобы продемонстрировать, насколько сильно учителя, призывающие слушать голос Бога, искажают смысл этого стиха, давайте возьмем их толкование словосочетания «водимые Духом» и вставим его в этот отрывок. Вот как следует понимать Послание к Римлянам 8:12—14, согласно учению о необходимости слышать голос Бога:

> " Итак, братия, мы не должники плоти, чтобы жить по плоти; ибо если живете по плоти, то умрете, а если духом умерщвляете дела плотские, то живы будете. [Ибо все, кто слышит шепот и голос Духа и чувствует побуждение от Него для водительства в повседневных делах, суть сыны Божии.]

Те, кто считает, что Послание к Римлянам 8:14 содержит какое-либо указание на слышание голоса Бога, искажают смысл этого отрывка. Быть водимым Божьим Духом — это совсем не то же самое, что слышать шепот с небес. Речь идет о святой жизни.

А как насчет Послания к Галатам 5:18?

ДУХОМ ВОДИМЫ — ПОСЛАНИЕ К ГАЛАТАМ 5:18

Галатам 5:18: «Если же вы Духом водимы, вы не под Законом» (Кассиан).

По поводу этого стиха Гэрри Фризен справедливо замечает: «Этот стих, который очень напоминает Послание к Римлянам 8:14, часто приводят, наряду с ним, в качестве своего аргумента сторонники традиционного взгляда на Божье водительство [учения о необходимости слышать голос Бога]. Но контекст главы 5 Послания к Галатам дает нам еще более веские основания, чтобы отвергнуть такое толкование» [335].

Как и в случае с Посланием к Римлянам 8:14, мы не можем определить значение выражения «Духом водимы», рассматривая только этот стих. Чтобы понять, что Павел подразумевает под водительством Духа, мы должны исследовать контекст и понять суть наставления, которое Павел дает галатам.

Контекст главы 5 Послания к Галатам напоминает контекст главы 8 Послания к Римлянам. В Послании к Галатам Павел касается вопроса об отношении ветхозаветного закона к новозаветным верующим. Галаты приняли весть иудействующих о том, что язычникам, спасенным по вере во Христа, необходимо исполнять обрядовые и символические постановления Ветхого Завета, в частности заповедь об обрезании. Послание к Галатам подробно опровергает это законническое извращение Евангелия. Павел объяснил, что верующие из язычников не под законом (3:10–14). Оправдавшись только верой (3:23–29), они не были обязаны соблюдать гражданские и церемониальные требования закона. Те, кто стремился оправдаться законом, отделили себя от Христа (5:2–6). Они должны были отвергнуть ложное евангелие и твердо стоять в своей вере, которой они оправдались, а также в свободе во Христе (5:1).

Как и в главе 8 Послания к Римлянам, Павел говорит здесь о законе и отношении к нему верующего. Он заявляет,

---

[335] Friesen and Maxson, *Decision Making*, 102.

что праведные требования закона исполняются в тех, кто поступает по Духу. Вот что значит быть «Духом водимым». Нет ничего удивительного в том, что один и тот же автор, который в контексте похожего отрывка употребляет то же самое выражение, имеет в виду одно и то же как в главе 5 Послания к Галатам, так и в главе 8 Послания к Римлянам. В главе 8 Послания к Римлянам противопоставляются «плоть» и «Дух». То же самое противопоставление мы находим и в главе 5 Послания к Галатам.

Ниже я привожу непосредственный контекст стиха 18:

> Ибо вы к свободе призваны, братья. Только не делайте свободу поводом для плоти, но любовью служите друг другу. Ибо вся полнота Закона в одном слове, а именно: возлюби ближнего твоего, как самого себя. Если же вы друг друга кусаете и едите, смотрите, как бы вы не пожрали друг друга. Я же говорю: поступайте по Духу и вы не будете совершать похоти плоти. Ибо плоть желает противного Духу, а Дух — противного плоти; они друг другу противятся, чтобы вы делали не то, что хотели бы. Если же вы Духом водимы, вы не под Законом (Гал. 5:13–18, Кассиан).

Обратите внимание на повторяющееся противопоставление «Духа» и «плоти».

Эти слова описывают отношение человека к греху: жизнь во грехе или борьба с ним. То же самое учение излагается и в главе 8 Послания к Римлянам.

Из предшествующих стихов (ст. 13–17) мы узнаем, что Павел подразумевает под «водительством Духа». Те, кто «водим Духом», служат не собственной плоти, а другим в любви (ст. 13). Они исполняют Божий закон и любят своих ближних (ст. 14). Они не угрызают и не съедают друг друга (ст. 15). Они «поступают по Духу» и не «совершают похоти плоти» (ст. 16).

Стихи, которые непосредственно следуют за стихом 18, указывают на то же самое. Люди, живущие по плоти, творят «дела плоти», перечисленные в стихах 19–21: прелюбодеяние, блуд, нечистота и т. д. Те, кто совершает дела плоти, «Царствия Божия не наследуют» (ст. 21). А те, кто «водим Духом», умерщвляют дела плоти и имеют плод Духа (Гал. 5:22–24).

Павел высказывает эту же мысль и в главе 8 Послания к Римлянам. Живущие по плоти — это неверующие (Рим. 8:6–9; Гал. 5:21). Сыны Божии «умерщвляют дела плотские» (Рим. 8:13; Гал. 5:16), потому что у них есть Дух Божий, Который направляет их. Павел говорит об одном и том же в обоих отрывках. Те, кто водится Божьим Духом, — это верующие люди, которые имеют плод Духа и не живут в соответствии с греховными желаниями плоти.

В контексте главы 5 Послания к Галатам нет никаких указаний на то, что здесь говорится о тех, кто слышит голос Бога, получает Божье откровение или слышит шепот Духа. Павел описывает верующих, которые исполнены Святого Духа и живут святой жизнью, а не тех, кто прислушивается к Божьему шепоту.

Чтобы продемонстрировать, насколько чуждо мысли Павла то толкование, которое предлагают сторонники этого учения, я вставлю в текст перефразированный вариант стиха. Вот как понимают Послание к Галатам 5:13–18 учителя, призывающие слушать голос Бога:

> Ибо вы к свободе призваны, братья. Только не делайте свободу поводом для плоти, но любовью служите друг другу. Ибо вся полнота Закона в одном слове, а именно: возлюби ближнего твоего, как самого себя. Если же вы друг друга кусаете и едите, смотрите, как бы вы не пожрали друг друга. Я же говорю: поступайте по Духу и вы не будете совершать похоти плоти. Ибо плоть желает противного Духу, а Дух — противного плоти; они друг другу противятся, чтобы вы делали не то, что хотели бы. Если же [слышите голос Божий, следуете впечатлениям и побуждениям], вы не под Законом (Гал. 5:13—18).

Соответствует ли это толкование контексту? Очевидно, нет. Учителя, призывающие слушать голос Бога, вырывают выражение «Духом водимы» из контекста и вкладывают в него значение, совершенно не связанное с тем, что имел в виду апостол.

По словам учителей, призывающих слушать Бога, быть «водимым Духом» — значит «слышать шепот Бога, Который дает нам указания» по поводу того, какую индейку купить на День благодарения или какого мастера нанять для ремонта. Если эти проповедники настаивают на таком толковании главы 8 Послания к Римлянам и главы 5 Послания к Галатам, тогда им нужно быть последовательными и сказать, что «живущие по плоти» — это верующие, которые не слышат Божьего шепота.

Если бы быть «водимым Духом» означает «слышать Божий шепот», то «жить по плоти» должно означать «не слышать Божий шепот».

Очевидно, что в контексте отрывка говорится о святой жизни, а не о небесном шепоте.

А ЧТО НАСЧЕТ ГРУДЕМА?

Давайте вернемся к аргументам Уэйна Грудема, которые касаются этих двух отрывков[336]. В одной из сносок (№329) к этой главе я упомянул несколько трудов Грудема, посвященных этим отрывкам. В этих трудах он пытается обосновать учение о личном откровении и Божьем водительстве.

Наиболее подробно Грудем излагает свое учение по этому вопросу в статье под названием «Что значит быть „водимым Духом" (Рим. 8:14; Гал. 5:18)?». Эта статья была написана по поводу его выступления в Евангельском богословском обществе 13 ноября 2018 года в Денвере, штат Колорадо[337]. Кроме того, Грудем подробно рассматривает эту тему в книге «Христианская этика». В этой книге Грудем предлагает метод, который призван помочь христианам в принятии этических решений. Он считает «водительство Святого Духа» одним из «девяти источников информации и водительства», помогающих верующим принимать этические решения. При этом он ссылается на Послание к Римлянам 8:14 и Галатам 5:18[338]. В той же главе приводится ответ Грудема на книгу Гэрри

---

[336] Я испытываю огромную признательность и уважение к Уэйну Грудему. Хотя я не знаком с ним лично, он оказал положительное влияние на мою жизнь. Я ценю его труды по этике, богословию и экономике. Я не сомневаюсь, что Грудем — искренний и посвященный христианин, любящий Господа. Его любовь ко Христу очевидна из его учения и сочинений. Однако, несмотря на мое уважение к Уэйну Грудему, я считаю, что он придерживается совершенно небиблейских взглядов в этом вопросе. Я полагаю, что Грудем допускает логические и экзегетические ошибки, которые он никогда бы не одобрил, если бы их совершали другие люди в важных областях богословия и христианской жизни.

[337] Эта статья доступна на его сайте: http://www.waynegrudem.com/. К сожалению, я не смог найти это выступление в аудиозаписи.

[338] Wayne Grudem, *Christian Ethics: An Introduction to Biblical Moral Reasoning*, (Wheaton: Crossway, 2018), 152–60.

Фризена «Принятие решений и Божья воля»[339], которую я искренне рекомендую.

ВОДИТЕЛЬСТВО ДЛЯ ВСЕХ ВЕРУЮЩИХ?

Грудем считает, что особое водительство Святого Духа доступно всем христианам, и «прямое руководство Святого Духа — это естественное явление в жизни христиан в целом»[340].

Отмечая универсальную природу водительства Духа, Грудем говорит: «Павел писал христианам в Риме, с которыми еще не был знаком, о водительстве Святого Духа, которое он, по-видимому, считал характерной особенностью христианской жизни в общем: „Ибо все, водимые Духом Божиим, суть сыны Божии" (Рим. 8:14)»[341]. Ссылаясь на Послание к Галатам 5:18, он пишет: «Павел говорит о личном водительстве Святого Духа в жизни отдельных людей и уточняет, что это неотъемлемый элемент жизни всех христиан»[342].

Как я уже продемонстрировал, отрывок, который цитирует Грудем, не «говорит о личном водительстве Святого Духа в жизни отдельных людей», по крайней мере не в том смысле, который вкладывает Грудем в понятие «личное водительство». Это предположение Грудема не подтверждается аргументами из текста.

---

[339]   Там же, 171–84. Ответ Грудема на книгу Фризена стоит прочитать, чтобы понять, насколько сильно различаются эти два подхода к принятию решений. Для дальнейшего изучения я бы порекомендовал книгу Фризена и ответ Грудема в его книге «Христианская этика». Я не буду анализировать все, что говорит Грудем в ответ Фризену. В этой главе я рассмотрю только то, как Грудем толкует эти два отрывка: Римлянам 8:14 и Галатам 5:18.

[340]   Там же, 159.

[341]   Там же.

[342]   Там же, 160.

Я считаю, что истинные верующие «водимы Духом». Я также согласен, что это водительство присутствует в жизни ВСЕХ верующих, а не только апостолов [343]. Следовательно, «водительство», о котором Павел говорит в главе 8 Послания к Римлянам и главе 5 Послания к Галатам, предназначается для всех верующих. Однако Грудем дает иное определение этому термину, которое не подтверждается контекстом отрывка. Это очевидно из его слов: «Во всех этих отрывках выражается ожидание, что в жизни всех верующих в определенной степени будет проявляться водительство или руководство Святого Духа. Он будет оказывать субъективно ощутимое влияние на их оценку возможных вариантов решений и действий» [344].

Грудем рассматривает свое представление о том, что Павел подразумевает под термином «водительство» в этих стихах. Из контекста этих отрывков ясно, что Павел не говорил о принятии решений или личном откровении. Здесь вообще не говорится о «субъективно ощутимом влиянии Духа на нашу оценку возможных вариантов решений и действий» [345]. Здесь идет речь о действии Святого Духа, Который помогает Божьим детям умерщвлять грех (умерщвлять дела плоти) и жить святой жизнью. Грудем ссылается на эти два стиха, где говорится, что Дух направляет всех верующих в умерщвлении

---

[343]   Ранее в том же разделе Грудем задает вопрос: «Но присутствует ли прямое водительство Святого Духа в жизни всех христиан, или же это уникальная привилегия Павла и других апостолов, упомянутых в Деяниях?» (Там же, 159.) Под «водительством» Грудем подразумевает помощь в принятии личных решений и частное откровение.

[344]   Там же, 106.

[345]   Под этим Грудем понимает всевозможные внутренние, личные и частные впечатления, чувства, мысли, побуждения, тягостные ощущения или предчувствия.

греха. Тем самым он хочет доказать, что Дух направляет всех верующих в принятии решений.

Грудем пытается дать определение термину «водимые», который употребляется в этих отрывках, но при этом допускает еще одну экзегетическую ошибку.

КАКОВА ПРИРОДА ЭТОГО ВОДИТЕЛЬСТВА?

Грудем исследует значение глагола, переведенного словом «водимые». В ответ на процитированное утверждение Фризена о том, что под «водительством Святого Духа» в этих отрывках подразумевается исполнение нравственной воли Бога и святая жизнь, Грудем отмечает:

> Однако это толкование не совсем объясняет значение самого слова, которое употребляет Павел, чтобы передать идею «водительства». Это греческий глагол «аго», означающий «вести». Этот глагол часто встречается в Новом Завете (он употребляется 69 раз) и указывает на то, что кто-то целенаправленно ведет человека (или даже животное) из одного места в другое [346].

Грудем приводит восемь отрывков из Нового Завета, в которых употребляется слово «аго» [347]. На основании этого наблюдения он делает вывод, что в представлении читателей I века Павел имел в виду именно это: он говорил о том,

---

[346]   Там же, 177.
[347]   Грудем приводит следующие отрывки: Матфея 21:2; Марка 13:11; Луки 4:1, 9; 10:34; Иоанна 1:41—42; 18:28 и 2 Тимофею 4:11.

что «кто-то ведет или направляет человека из одного места в другое»[348]. В статье, которую Грудем написал по поводу выступления перед Евангельским богословским обществом в 2018 году, он гораздо более подробно раскрывает значение слова «аго»[349].

Действительно, греческий термин «аго» часто описывает конкретную ситуацию, в которой кто-то ведет кого-то или что-то. Верно также и то, что этот глагол почти всегда обозначает физическое действие: например, кто-то ведет животное или пленника. Однако совершенно неверно делать вывод, что в главе 8 Послания к Римлянам и главе 5 Послания к Галатам это слово описывает смутные, ненадежные впечатления, голоса и знамения. Ошибочно толковать этот термин в другом контексте и приписывать ему то же значение в этих отрывках.

Здесь значение слова «аго» определяется исходя из контекста, а контекст очевиден. Павел не говорил о том, что мы получаем впечатления и догадки, помогающие нам принимать повседневные решения. Он описывал внутреннее действие Святого Духа, Который направляет нас к святости, когда мы умерщвляем дела плоти. Святой Дух (личность, которая совершает действие) направляет каждое Божье дитя в постепенном возрастании в святости. Он ведет нас (как

---

348 Там же, 178.

349 Ссылаясь на случаи употребления этого глагола в Новом и Ветхом Завете (Септуагинте), Грудем утверждает, что это слово описывает «целенаправленное, обусловленное ситуацией водительство, направляющее кого-либо к определенному месту или решению»; действие, осуществляемое «человеком, который сопровождает другого человека или животное к определенному месту»; руководство «Бога, ведущего Израиль по пустыне», «водительство, осуществляемое какой-либо личностью», а также «водительство Святого Духа» (Грудем, В. [2018] «Что значит быть „водимым Духом"» [Рим. 8:14; Гал. 5:18]?»). Эта статья доступна на сайте: http://www.waynegrudem.com.

человек ведет животное из одного места в другое) от греха к праведности.

Однако Грудем представляет свою точку зрения как факт:

> Когда читатели I века (которые часто использовали глагол «аго», подразумевая, что кто-то ведет или направляет человека из одного места в другое) встречались с этим словом в посланиях Павла в контексте «водительства» Святого Духа, они понимали, что речь идет о подробных, конкретных указаниях относительно выбора варианта действий и принятия решений в повседневной жизни [350].

Это не так. Когда эти люди читали Евангелие от Матфея 21:2 [351]: «Пойдите в селение, которое прямо перед вами; и тотчас найдете ослицу привязанную и молодого осла с нею; отвязав, приведите [«аго»] ко Мне…», разве они представляли себе, как ученики дают ослу «подробные, конкретные указания относительно выбора варианта действий и принятия решений в повседневной жизни»? Конечно же, нет! Значение слова «водимые» определяется исходя из контекста, в котором употребляется это слово. Читатели I века подумали бы, что в главе 5 Послания к Галатам и главе 8 Послания к Римлянам Павел говорит о святой жизни, а не о том, как услышать голос Бога, потому что эта мысль ясно следует из контекста. Сам того не осознавая, Грудем употребляет это слово в чуждом контексте, чтобы обосновать свое толкование его значения в рассматриваемых стихах.

---

350 Там же, 178.
351 Этот стих Грудем приводит в качестве примера того, как глагол «аго» употребляется в Новом Завете.

БОЛЕЕ ШИРОКИЙ КОНТЕКСТ

Я считаю, что, толкуя эти отрывки, Грудем допускает третью ошибку. Он расширяет рассматриваемый контекст главы 8 Послания к Римлянам и главы 5 Послания к Галатам, чтобы обосновать свой вывод о том, что в этих отрывках говорится о личном водительстве Бога. Дело не в том, что Грудем не понимает контекст этих отрывков. Он просто не считает, что речь идет только о праведной жизни в соответствии с открытой нравственной Божьей волей. Он пишет:

> Я согласен с Фризеном в том, что из контекста обоих стихов следует, что люди, водимые Святым Духом, не будут жить в грехе и нарушать моральные Божьи законы. Однако эта идея хорошо вписывается в контекст учения о конкретном водительстве Святого Духа, поскольку Павел говорит, что, если вы водитесь Святым Духом, вы будете исполнять желания Святого Духа, а эти желания будут направлять вас к исполнению морального Божьего закона: «Поступайте по духу, и вы не будете исполнять вожделений плоти…» (Гал. 5:16).
>
> Это не означает, что водительство Святого Духа ограничивается тем, что Он учит нас исполнять моральный Божий закон в Писании. Это означает, что водительство Святого Духа, по какому бы пути Он ни повел нас, всегда будет соответствовать характеру Святого Духа и поэтому обязательно будет отвечать моральному Божьему закону. Но водительство Святого Духа — это более широкое понятие, чем просто дарование желания исполнять моральные повеления; это непосредственное водительство по жизненному пути [352].

---

[352] Grudem, *Christian Ethics*, 178.

Хотя идея о том, что здесь говорится о жизни в соответствии с моральной Божьей волей, «хорошо вписывается в контекст учения о конкретном водительстве Святого Духа», эти стихи не находятся в «контексте учения о конкретном водительстве Святого Духа». Они находятся в контексте учения об «умерщвлении дел плоти» и жизни в силе Духа. Поскольку, по мнению Грудема, одно не противоречит другому, он заявляет, что контекст этих отрывков связан с идеей Божьего водительства, хотя в тексте нет даже отдаленного намека на это. Затем Грудем утверждает, что «водительство Святого Духа — это более широкое понятие, чем просто дарование желания исполнять моральные повеления». Возможно, так оно и есть, но Павел не говорит здесь об этом «более широком понятии». Он рассматривает конкретную, узкую тему.

Конечно, я не считаю, что единственная задача Святого Духа — это помогать нам исполнять моральную Божью волю. Однако это не означает, что мы можем видеть другие аспекты этого «более широкого понятия» в отрывке, в котором идет речь о конкретной теме. Водительство Духа также выражается в том, что Он наделяет нас дарами для служения, запечатлевает нас до дня искупления, придает нам сил в служении, дарует нам любовь к братьям, призывает нас к Спасителю, возрождает нас и прославляет Христа. Все эти действия входят в такое «более широкое понятие» водительства Духа, но Павел не касается ни одного из этих аспектов в главе 5 Послания к Галатам и главе 8 Послания к Римлянам. Он не говорит здесь и о личном Божьем водительстве в принятии решений.

По сути, Грудем заявляет, что, поскольку тема А (личное Божье водительство) не противоречит теме Б (святая жизнь), можно предположить, что автор подразумевает тему А, даже если он напрямую касается только темы Б и не упоминает о теме А и даже косвенно не ссылается на нее. Затем этот отрывок цитируется и применяется так, будто в нем действительно рассматривается как тема А, так и тема Б.

Если бы кто-нибудь проделал этот трюк с любым другим отрывком, Грудем справедливо бы назвал такой подход ошибочным. В качестве примера представьте, что мы обсуждаем Послание к Римлянам 5:1: «Итак, оправдавшись верою, мы имеем мир с Богом через Господа нашего Иисуса Христа…», и я говорю:

> Я согласен с Грудемом в том, что из контекста этого отрывка ясно, что мы оправдываемся верой. Однако эта идея хорошо вписывается в контекст добрых дел. Конечно, те, кто оправдывается верой, будут совершать добрые дела, потому что одно не противоречит другому. Спасение не ограничивается только верой. Это более широкое понятие, чем просто вера. Итак, когда Павел говорит: «Мы оправдываемся верою», он имеет в виду это самое более широкое понятие. Следовательно, мы оправдываемся и делами[353].

Это пример применения того же экзегетического метода, которым Грудем пользуется в своем толковании главы 8 Послания к Римлянам и главы 5 Послания к Галатам, и он в корне ошибочен. Я убежден, что он не совершил бы эту ошибку, если бы не пытался вычитывать в тексте свое понимание Божьего водительства. Грудем ни за что бы не

---

[353] Я намеренно привожу здесь цитаты и аргументы Грудема и выделяю его слова курсивом.

одобрил такие экзегетические рассуждения, если бы это происходило в другом контексте.

Говорится ли в главе 8 Послания к Римлянам и главе 5 Послания к Галатам о том, что Бог дарует всем верующим личное водительство Святого Духа в принятии повседневных решений? Нет. В этих отрывках не говорится ничего подобного. Контекст ясен. Здесь сказано, что всех, кто принадлежит Богу, Святой Дух направляет к святой жизни по пути освящения и умерщвления греха.

ГЛАВА 14
Я ВИДЕЛ СОН

Заявления верующих о том, что Бог дает им откровение в снах и видениях, — распространенное явление в харизматических кругах. Получение откровения в снах — это визитная карточка многих служителей: харизматические проповедники пытаются превзойти друг друга, рассказывая впечатляющие истории о своих снах.

Даже в нехаризматических кругах многие верят, что Бог по-прежнему говорит через сны и видения. Они занимают важное место в учении о необходимости слышать голос Бога! Если Бог говорит через плавающие банки из-под пива, рекламные вывески и случайные мысли, то почему бы Ему не обратиться к нам в снах и видениях?

ЗНАЧЕНИЕ СНОВ В УЧЕНИИ
О НЕОБХОДИМОСТИ
СЛЫШАТЬ ГОЛОС БОГА

Практически все учителя, призывающие нас слушать голос Бога, верят, что сегодня Бог говорит через сны и видения[354].

---

[354]   Некоторые учителя, призывающие слушать голос Бога, не решаются

Даллас Виллард считает сны и видения одним из средств, с помощью которых Бог говорит с нами: «Бог обращается к нам по-разному: в снах, видениях и голосах; со страниц Библии; посредством чудесных событий и т. д. Это очевидно из совокупного человеческого опыта общения с Богом и зафиксировано в Священном Писании»[355].

По мнению Вилларда, средством передачи Божьего откровения может стать почти все. Виллард утверждает, что в библейских повествованиях Бог обращается к людям с помощью «шести способов»: «явление, сопровождаемое голосом; сверхъестественный посланник, или ангел; сны и видения; внятный, ясно различимый голос; человеческий голос; человеческий дух, или „веяние тихого ветра“»[356].

Виллард признает, что сегодня видения и сны играют менее важную роль, чем в ранней библейской истории, хотя он и не отрицает, что они «продолжают играть некую роль»[357].

По мнению Вилларда, сны и видения указывают на «менее развитую духовную жизнь как у отдельных верующих людей, так и у всей церкви»[358]. Следовательно, мы должны стремиться перейти от общения с Богом через сны к «такой духовной жизни, в которой человек слышит Бога в частых разговорах с Ним в молитве»[359]. Другими словами, впечатления, побуждения или тихий, нежный голос предпочтительнее снов и видений.

советовать верующим всегда прислушиваться к снам. Другие проявляют осторожность в своих рекомендациях по толкованию снов.

[355]   Виллард Д. Слышать Бога. М.: Триада, 2023. С. 98.
[356]   Там же, 103. Курсив мой.
[357]   Там же, 124.
[358]   Там же.
[359]   Там же, 147.

Роберт Моррис прибегает к искажению смысла библейских текстов, чтобы показать, что он получил откровение от Бога во сне:

> Однажды ночью во сне в 1993 году Бог дал мне видение по поводу служения. Это видение было более грандиозным, чем я мог придумать сам, и это было одно из самых конкретных откровений от Господа, которые я когда-либо получал. Бог разговаривал со мной во сне. Вот что Он сказал мне: «Я хочу, чтобы ты основал церковь из тридцати тысяч человек, которая достигнет трехсот тысяч человек в Метроплексе Даллас-Форт-Уэрт. Я также хочу, чтобы эта церковь достигла трех миллионов человек в Техасе, тридцати миллионов человек в Америке и трехсот миллионов человек по всему миру».
>
> Ого! Я с трудом мог себе представить служение такого масштаба. <…> Я подумал, что, наверное, неправильно понял Господа.
>
> На следующий день я прочитал 1 Царств 11:8: «Саул осмотрел их в Везеке, и нашлось сынов Израилевых триста тысяч и мужей Иудиных тридцать тысяч». Сразу же, когда я увидел эти цифры, Господь подтвердил в моем сердце, что сон, который мне приснился прошлой ночью, был от Него[360].

Совершенно игнорируя смысл, заложенный в текст автором, Моррис ссылается на 1 Царств 11:8 в подтверждение своего сна. Тот факт, что Моррис натолкнулся на такие же числа в библейском тексте, был для него доказательством того, что он получил слово от Бога. То, что глава 11 Первой Книги Царств никак не связана с основанием церкви

---

[360] Morris, *Frequency*, 81.

в Далласе, штат Техас, не помешало ему сослаться на этот текст как на Божье подтверждение его личного откровения.

Джек Дир заявляет, что видение Павла в Деяниях 18:1–18 доказывает, что он «научился полагаться на голос Господа не только в Библии, но и в снах и видениях, в своем человеческом духе и в других источниках откровения»[361]. Тот факт, что Павлу явился в видении Христос, не доказательство того, что он «полагался» на видения. Нет никаких подтверждений этому. В трудах и проповедях Павла мы находим множество указаний на то, что он полагался на Писание. Когда приблизилось время его смерти (2 Тим. 4:6–8), он не призывал Тимофея полагаться на сны и видения, личное откровение или продолжающийся дар пророчества. Он указывал Тимофею на Писание (2 Тим. 3:16–4:5).

Дир признает: «Я часто использую подобные примеры, чтобы побудить людей поверить, что слышать голос Бога в снах, видениях, впечатлениях и другими способами — это совершенно нормальное явление для новозаветного христианства»[362]. Он утверждает, что «после сошествия Святого Духа в Новом Завете сны, видения и другие проявления дара пророчества становятся нормальной практикой для всей церкви (Деян. 2:17–18). <...> Это обычные средства, с помощью которых Бог говорит со Своими детьми»[363].

Марк Баттерсон заявляет: «Язык снов — это четвертый язык любви и лингва франка Бога. Ни на каком другом языке в Писании Бог не говорит так свободно и так часто. Неважно, о чем идет речь — о ночных снах или дневных

---

[361] Deere, *Surprised by the Voice of God*, 50.
[362] Там же.
[363] Там же, 145.

мечтах, их посылает нам Бог»[364]. Баттерсон дает настолько широкое определение понятию «сон», что оно кажется почти бессмысленным. К этой категории он относит ночные сны, надежды, желания и устремления.

СУБЪЕКТИВНАЯ ТРЯСИНА ТОЛКОВАНИЯ СНОВ

Члены моей семьи подтвердят, что мне не нравится слушать, как люди рассказывают мне о своих снах. Я бы лучше послушал скрежет ногтей по меловой доске, чем рассказ о чьем-то сне. «Хочешь услышать, какой сон мне приснился прошлой ночью?» Нет, не хочу. И никогда не захочу. Мне неинтересно слушать полностью вымышленную историю, которая наполнена абсурдными деталями и внезапно прерывается без сюжета и смысла.

Учителя, призывающие слушать голос Бога, не согласились бы со мной. Джек Дир пишет: «Если мы хотим услышать все, что Бог хочет нам сказать, мы должны приспособиться к Его манере разговора. А один из любимых способов общения Бога с Его народом — это общение через сны»[365]. Согласно учению о необходимости слушать Бога, сны — это важнейший способ услышать голос Бога. Несмотря на то, что сны часто бывают запутанными, загадочно иррациональными и совсем глупыми,

---

[364] Batterson, *Whisper*, 117. Термин «лингва франка» обозначает язык, который используют в качестве средства общения, в том числе и делового, носители разных языков. Например, во время своей поездки в Израиль я обнаружил, что среди тех, кто разговаривает на иврите, арабском, румынском, итальянском и русском языках, лингва франка (общим языком) является английский язык, на котором разговаривают все.

[365] Deere, *Surprised by the Voice of God*, 219.

по мнению учителей, призывающих слушать голос Бога, это один из любимых способов общения Бога с Его народом.

В ответ сторонники этого метода говорят, что, поскольку в снах много путаницы, необходимо толковать и проверять их с помощью других «голосов» Бога. В книге «Удивленный голосом Бога» Джека Дира есть, по его мнению, полезный раздел, посвященный толкованию снов[366]. Несмотря на то, что принципы толкования снов призваны прояснить ситуацию, они еще больше запутывают нас и вносят субъективность.

«Вы не сможете толковать сны, если не помните их», поэтому Дир призывает своих читателей регулярно их записывать[367]. Он даже предлагает вам «…держать возле своей кровати планшет или диктофон. Если вам снятся сны каждую ночь, очевидно, вы не сможете записать все свои сны. Вам придется выбирать только самые содержательные из них и записать их»[368]. Этот совет совсем не выглядит мудрым в свете того, что говорят проповедники этого учения о сновидениях. Дир утверждает, что нам необходимо настроиться на то, чтобы видеть сны, если «мы хотим услышать все, что Бог хочет сказать нам». Затем он выражает мысль, что некоторые из этих откровений не стоит записывать! Как это определить? Какими принципами нужно руководствоваться? Где об этом

---

[366] Там же, 224–28.

[367] Там же, 224. В качестве библейского прецедента он цитирует Даниила 7:1: «В первый год Валтасара, царя Вавилонского, Даниил видел сон и пророческие видения головы своей на ложе своем. Тогда он записал этот сон, изложив сущность дела». Да, Даниил записал свой сон. Верно также и то, что к этому времени Бог уже призвал Даниила к пророческому служению и наделил его соответствующими дарами. Будучи пророком, Даниил имел все основания считать, что его видение (сон), которое описывается в главе 7 (оно очень похоже на видение, описанное в главе 2), было откровением от Бога. Этот случай отличается от того, что происходит в жизни современных верующих, которые видят сны.

[368] Там же.

говорится в Писании? Как узнать, какие из наших снов «самые содержательные»? Что, если сны, которые я считаю неважными, на самом деле очень важны? Что, если Бог изо всех сил пытается сказать мне что-то во сне, но я не считаю, что это стоит записывать?

Дир вспоминает случай, когда ему приснился содержательный сон, который разбудил его посреди ночи. Однако он не записал и не просмотрел свой сон, поэтому он не сохранился в его памяти. Наутро Дир не смог вспомнить его: «Единственное, что я помнил утром, — это то, что ночью мне приснился важный сон. Но я не мог вспомнить ни одной детали»[369]. На примере этой истории Дир предупреждает нас, чтобы мы не пропускали Божьих откровений. Это показывает, насколько бессилен бог учения о необходимости слышать голос Бога. У него есть для нас важное послание, и он пытается привлечь наше внимание, пытается сказать нам что-то, но, увы, его усилия оказываются напрасными, потому что мы не записываем свои сны!

По мнению Дира, сны необходимо истолковывать. Но иногда нам трудно это делать, поэтому он дает следующий совет:

> Не пугайтесь символизма ваших снов. Нам часто бывает трудно истолковать сны из-за их символизма, подобно тому, как всегда было трудно истолковать символические видения пророков. Однако нередко самые символические сны оказываются наиболее содержательными. Одно из преимуществ символизма в наших снах — это то, что только Бог может просветить нас к их пониманию. Символы также сообщают нам, что этот сон придумали не мы. Если во сне мы видим символы, которые

мы обычно не используем и не можем понять, это признак того, что этот сон не является плодом сознательного мнения, которого мы придерживаемся [370].

Или это может быть признаком того, что вы съели слишком много пиццы перед сном! По словам Дира, если в нашем сне есть «символы, которые мы обычно не используем и не можем понять», это доказательство того, что сон «содержательный» и его нам послал Бог. Если следовать этой логике, чем более оторванным от реальности, то есть чем более иррациональным, необычным и странным является сон, тем более вероятно, что его нам послал Бог и он несет в себе большой смысл. Это губительное учение!

Это болото субъективизма становится только мутнее! Дир заявляет:

> Я считаю, что Бог обычно поясняет символы из «словаря сновидений» тем, кто регулярно видит сны. Например, вы можете периодически видеть во сне ребенка, и этот символ будет указывать на какое-либо служение, которое дал вам Господь. А для кого-то другого ребенок может быть символом незрелости [371].

Итак, вы не только получаете личное откровение от Господа, но теперь у вас также есть собственный «словарь сновидений». Только вы сможете истолковать символы, которые явились вам во сне, потому что они так же уникальны для каждого сновидца, как и сами сны. Дир утверждает, что

---

[370] Там же.
[371] Там же.

«все правила толкования символов в Библии применимы и к толкованию символов в сновидениях»[372].

Вы напрасно будете искать в Писании упоминание о «словаре сновидений» или учение о том, что символы в сновидениях имеют совершенно разное значение для разных людей в зависимости от их личного «словаря сновидений». Откуда Иосиф знал «словарь сновидений» фараона (Быт. 40–41)? Что, если такой символ, как семь тощих коров, в словаре фараона означал семь кувшинов обезжиренного молока, а не семь лет голода? А может, семь тучных коров означали, что египтяне будут пить только цельное молоко в течение семи лет? Откуда Даниил знал личный «словарь сновидений» Навуходоносора (Дан. 3:31–33; 4)? Что было бы, если бы Даниил и Иосиф истолковывали символизм снов других людей в соответствии с собственным «словарем сновидений», а не «словарем сновидений» тех, кому приснились эти сны? Откуда они узнали бы истинное значение сна?

Дир утверждает, что, хотя у некоторых есть личный «словарь сновидений», «в снах всех людей фигурирует ряд универсальных символов»[373]. Он пишет:

> 99 Слушая сны людей вот уже много лет, я пришел к выводу, что чистый поток воды часто символизирует силу Святого Духа. Автомобиль иногда символизирует определенное служение. Поезд может символизировать религиозное движение или деноминацию. И я уже отмечал, что безликий человек может представлять Святого Духа[374].

---

372   Там же.
373   Там же.
374   Там же.

Что помогает нам определять значение символов? Опыт. Являются ли эти принципы библейскими? Нет, это чистейшая выдумка Джека Дира, основанная на его опыте. Те, кто последует этому совету, в конце концов придут к тому, что будут толковать свои сны в свете текущих обстоятельств, мыслей и желаний. Как не толковать сны так, чтобы не приписывать им смысл, который мы хотим в них видеть? Как узнать наверняка, является ли тот или иной символ «универсальным символом» или символом из личного «словаря сновидений»? Пытаясь истолковать переменчивые, непостоянные и неясные образы, возникающие в спящем сознании, сторонники этого учения неизбежно приходят к толкованию, которое подтверждает актуальные для них желания или страхи. Веря, что их сон и его толкование исходят «от Господа», они придают своим полуночным раздумьям статус Божьего откровения: «Господь сказал мне».

Удивительно, что есть люди, которые думают, что бессвязные фантазии их дремлющего подсознания — это откровение от Бога. Божье Слово вернее (2 Пет. 1:19), чем любой личный сон, видение или переживание. В нем содержится все, что Бог хочет сказать вам.

ОТСУТСТВИЕ ССЫЛОК НА БИБЛЕЙСКОЕ УЧЕНИЕ

Учитывая, что учителя, призывающие слушать голос Бога, уделяют большое внимание снам и видениям, естественно было бы ожидать, что они приведут множество ссылок на библейские отрывки, в которых говорится о таком способе услышать Бога. Ведь эти учителя считают, что это «нормальное явление для новозаветного христианства»[375]. По их мнению, такие пророческие переживания стали «нормальной практикой для всей церкви». Это «обычные средства, с помощью которых Бог говорит со Своими детьми»[376]. Если это так, то в Писании должно быть много отрывков, где излагается учение на эту тему.

В Писании должны быть отрывки, которые обещают, что Бог будет говорить с нами в наших снах. В Писании должны быть целые главы, в которых подробно раскрывается ценность, польза и слава пророческих снов, подобно тому, как в Псалме 118 описывается ценность Божьего Слова. Естественно было бы ожидать, что Иисус будет ссылаться на «сны и видения» точно так же, как Он ссылается на Ветхий Завет в Евангелиях[377]. Можно было бы ожидать, что апостолы, следуя примеру Христа, будут постоянно напоминать своим читателям, что сны и видения — это источник откровения от Бога, подобно тому, как они напоминают нам о важности изучения письменного Божьего Слова[378]. Писание не уделяет

---

[375]   Там же, 50.

[376]   Там же, 145.

[377]   Иисус часто ссылался на Ветхий Завет как на авторитетное Божье откровение, когда отвечал на вопросы, разрешал споры и обличал противников. Он начинал цитировать Божье Слово с вопроса: «Разве вы не читали?» (Мф. 12:3, 5; 19:4; 22:31; Мк. 12:10, 26; Лк. 6:3). Иногда перед тем, как цитировать ветхозаветные Писания, Иисус говорил: «Написано» (Мф. 4:4, 7, 10; 11:10; 21:13; 26:24, 31; Мк. 7:6; 9:12, 13; 11:17; 14:21, 27; Лк. 4:4, 8; 7:27; 10:26; 18:31; 19:46; 20:17; 21:22; 22:37; 24:44, 46; Ин. 6:45; 8:17; 10:34; 15:25).

[378]   Хотя апостолы время от времени получали водительство от Бога в снах и видениях, они никогда не призывали к этому других верующих. В своих книгах они часто цитировали Ветхий Завет (Рим. 1:2; 4:3; 9:17; 10:11; 11:2; 15:4; 14:25; 1 Кор. 15:3–4; Гал. 3: 8, 22; 4:30; 1 Тим. 4:5–6, 13; 5:18; 2 Тим. 2:9, 15; 3:14–4:5; Тит. 1:3, 9; 2:5; Ик. 2:8, 23; 4:5; 1 Пет. 2:6; 2 Пет. 1:20; 3:16), но нигде не упоминали о том, что Бог будет говорить через сны и видения и что это будет «нормальной практикой для всей церкви» (Deere, *Surprised by the Voice*

особого внимания снам и видениям. Оно указывает нам на письменное Божье Слово.

Помня, что дьявол пытается обмануть нас, принимая вид «ангела света» (2 Кор. 11:13–15), мы нуждаемся в ясном библейском учении о том, как понять, откуда наш сон — от Бога, от дьявола, или это плод нестабильного, воспаленного воображения, которое коренится в нашем подсознании. Какие из наших снов важны, а какие нет? Во ВСЕХ ли снах звучит «Божий голос» или только в некоторых? Как нам узнать, в каких именно? Есть ли в Писании указания о том, как это определить?

Более того, если сны так важны, как утверждают учителя, призывающие нас слушать голос Бога, в Писании были бы повеления по поводу того, как толковать их[379]. Но мы не находим ни одного подобного повеления. Несмотря на то, что библейские герои видели сны и толковали их (Даниил, Иосиф, Павел и т. д.), в Писании не говорится, какие герменевтические принципы они применяли. В Писание не упоминается

---

of God, 145). Даже краткий обзор Книги Деяний показывает, насколько апостолы полагались на письменное Божье Слово в проповеди, учении и принятии решений (Деян. 2:16–21; 3:17–26; 4:11, 23–26; 7:2–7, 18, 27–50; 8:32–33; 13:16–41, 47; 14:15; 15:16–18; 23:5; 28:26–27).

[379] Учителя, призывающие слушать голос Бога, могут возразить: «Бог говорит в Писании, но мы не находим там указаний по поводу толкования Писания. Поэтому мы не должны ожидать, что там будут указания по толкованию снов». Я согласен, что мы не находим в Писании указаний по поводу того, как толковать его. Однако мы толкуем Божье Слово, которое содержит в себе Писание, при помощи специальных герменевтических методов. Когда мы слышим человеческую речь или читаем текст на страницах книги, наш разум автоматически толкует эти слова, чтобы определить смысл, заложенный в них автором. Мы применяем обычные правила грамматики, синтаксиса и лингвистики (с учетом жанра и контекста), чтобы истолковать слова из книги. Иначе говоря, изучение письменного Божьего Слова предполагает применение определенных принципов и методов толкования. Что же касается снов, не существует принципов их толкования. Понятие, которое изобрел Джек Дир, «словарь сновидений», только подтверждает этот факт.

такое понятие, как «словарь сновидений». Только у Джека Дира можно узнать, что «автомобиль иногда символизирует определенное служение» и что «поезд может символизировать религиозное движение или деноминацию» [380].

Сны, которые упоминаются в Писании, либо содержали прямые, недвусмысленные указания, либо требовали истолкования. Истолкование само по себе было определенной формой Божьего откровения. Примером такого недвусмысленного Божьего водительства служит сон, который приснился Иосифу: «Когда же они отошли, — се, Ангел Господень является во сне Иосифу и говорит: встань, возьми Младенца и матерь Его и беги в Египет, и будь там, доколе не скажу тебе, ибо Ирод хочет искать Младенца, чтобы погубить Его» (Мф. 2:13). Иосифу не потребовалось никакого истолкования. Слова «Младенец», «матерь» и «Египет» не были символами из его личного «словаря сновидений» [381]. Он не подумал, что слово «Египет» — это символ местного ресторана и что ему следует пригласить семью туда на ужин.

В других случаях сны библейских героев, скорее всего, не имели очевидной связи с Божьим толкованием. Кто бы мог подумать, что сон Навуходоносора, в котором он увидел истукана с золотой головой и глиняными ногами, был откровением о мировой истории в образе четырех языческих царств, предшествовавших мессианскому Царству (Дан. 2:31–35)? Никто бы не понял этого, если бы Бог не открыл пророку значение этого сна (Дан. 2:36–45). В этом

---

380   Deere, *Surprised by the Voice of God*, 225.
381   Бог также проговорил к Иосифу подобным образом и сказал ему, что он может безопасно вернуться в Израиль (Мф. 2:19–20) и поселиться в Галилее (Мф. 2:22).

случае Бог дал Даниилу откровение не только о сне, но и о его истолковании (Дан. 2:1–24). Есть ли такие специалисты по «толкованию снов», как Джек Дир, которые могут пересказывать сны других людей и сопровождать их толкованием? Это не так уж трудно для них. По мнению этих учителей, сны библейских героев и методы их истолкования — это примеры, которые помогают нам толковать современные сны. Они утверждают, что Бог говорит сегодня точно так же, как Он говорил в Писании.

Даже беглый взгляд на учение этих проповедников о «снах» и их «истолковании» показывает, что то, что в этих кругах считается «сном от Господа», не имеет ничего общего со снами, подробно описанными в Библии. Такие понятия, как личный «словарь сновидений» и «универсальные символы», о которых говорит Джек Дир, вообще не встречаются в библейских описаниях снов.

Библия не дает указаний о том, когда ожидать снов, какого рода сны ожидать, как толковать сны, кто должен толковать сны, как проверять истолкование, чтобы избежать предвзятого мнения, или как отличить сны с откровением от Бога от обычных снов. Тот факт, что в Библии не содержится никакой информации по этому поводу, указывает на одно из двух. Либо Святой Дух не смог дать нам информацию, необходимую для того, чтобы избежать обмана и правильно услышать все, что Бог хочет сказать нам, либо учение о снах тех проповедников, которые призывают слушать голос Бога, является небиблейским и опасным.

В Писании приводятся примеры того, как Бог говорил через сны в прошлом, но нет никаких указаний на то, что это «нормальное явление христианской жизни».

ЦИТАТЫ ИЗ БИБЛИИ: АРГУМЕНТЫ УЧИТЕЛЕЙ, ПРИЗЫВАЮЩИХ СЛУШАТЬ ГОЛОС БОГА

Учителя, призывающие слушать Бога, обычно предлагают два главных «библейских аргумента» в пользу учения о том, что мы должны слушать Его голос во сне.

Во-первых, как и Чарльз Стэнли, они указывают на то, что «…Бог говорил человеку через сновидения»[382] в Писании, поэтому, по их мнению, Он должен говорить с нами точно так же и сегодня. Те, кто так утверждает, игнорируют различие, которое проводится в Послания к Евреям 1:1—2 между разными способами Божьего откровения в предыдущие эпохи и полным откровением в Сыне: «Бог, многократно и многообразно говоривший издревле отцам в пророках, в последние дни сии говорил нам в Сыне, Которого поставил наследником всего, через Которого и веки сотворил»[383]. Игнорируя это различие, они приводят примеры, показывающие, что Бог говорил через сны с людьми (с фараоном, Иаковом, Навуходоносором, Иосифом и т. д.), и заявляют, что это образец, которому должны подражать современные христиане.

Во-вторых, они цитируют отрывки, которые, по их утверждению, являются обетованиями о том, что Бог будет говорить с нами через сны. Учителя, призывающие слушать Бога, чаще всего ссылаются на два отрывка: Книгу пророка Иоиля 2:28 и Книгу Иова 33:14—16.

Иова 33:14—16: «Бог говорит однажды и, если того не заметят, в другой раз: во сне, в ночном видении, когда сон

---

[382] Стэнли Ч. Как слушать Бога. М.: Прикосновение, 2002. С. 10.
[383] В следующей главе я более подробно рассмотрю этот отрывок.

находит на людей, во время дремоты на ложе. Тогда Он открывает у человека ухо и запечатлевает Свое наставление…»

Это ответ Елиуя на жалобу Иова (Иов. 27–31). Елиуй выдвигает против Иова два несправедливых обвинения. Во-первых, по его утверждению, Иов заявлял, что Бог придумал предлог, чтобы объявить его Своим врагом (клевета против Божьей справедливости). Во-вторых, по мнению Елиуя, Иов считал, что Бог недостаточно предупреждал его о его грехе. На самом деле Иов не обвинял Бога ни в одном из этих двух преступлений. Елиуй исказил жалобу Иова (33:8–13).

Рассматриваемый нами отрывок связан со вторым клеветническим утверждением Елиуя, в котором он исказил факты. Елиуй утверждал, что Иов жаловался на Бога за то, что Он недостаточно показал ему Свои стандарты праведности: «Для чего тебе состязаться с Ним? Он не дает отчета ни в каких делах Своих» (33:13). В ответ на это обвинение, которое Иов якобы предъявлял Богу, Елиуй возразил, что Бог действительно обращается к людям и открывает им истину во сне, пока они спят.

Сторонники учения о необходимости слышать голос Бога часто цитируют следующие слова:

> Бог говорит однажды и, если того не заметят, в другой раз: во сне, в ночном видении, когда сон находит на людей, во время дремоты на ложе. Тогда Он открывает у человека ухо и запечатлевает Свое наставление, чтобы отвести человека от какого-либо предприятия и удалить от него гордость, чтобы отвести душу его от пропасти и жизнь его от поражения мечом (Иов. 33:14–18, курсив мой).

По мнению Елиуя, Бог говорит людям о Своих делах во сне, чтобы предупредить их о грядущем суде за грехи. В стихах 19–22 Елиуй заявил, что Бог посылает людям страдания с той же целью — чтобы отвратить их от греха и избавить от Своего суда.

Но на этом клевета Елиуя не закончилась. В следующей главе он обвинил Иова в мерзких грехах против Бога:

> Есть ли такой человек, как Иов, который пьет глумление, как воду, вступает в сообщество с делающими беззаконие и ходит с людьми нечестивыми? Потому что он сказал: «нет пользы для человека в благоугождении Богу». Итак, послушайте меня, мужи мудрые! Не может быть у Бога неправда или у Вседержителя неправосудие, ибо Он по делам человека поступает с ним и по путям мужа воздает ему. Истинно, Бог не делает неправды и Вседержитель не извращает суда (Иов. 34:7–12)[384].

Аргумент Елиуя ясен: Бог справедлив и не причиняет людям страданий, если они этого не заслуживают. Иов страдает — следовательно, Иов заслужил это.

Какое отношение все это имеет к высказыванию о том, что Бог говорит с людьми во сне (33:14–16)? Важно понять контекст этого утверждения. В отрывке, на который ссылаются учителя, призывающие слушать голос Бога, приводится тонкая, но недвусмысленная клевета Елиуя на Иова: «Бог говорит однажды и, если того не заметят, в другой раз…» (Иов. 33:14). Елиуй утверждал, что Бог говорил с Иовом во

---

[384] Прочтите речь Елиуя полностью в главах 33–37 Книги Иова. Обратите внимание, что Елиуй выдвигает множество необоснованных обвинений в адрес Иова и пытается отстоять Божью справедливость в своих якобы благочестивых речах.

сне, чтобы отвратить его от греха, но Иов этого не заметил. Он не слушал Бога. Результат: нынешние страдания Иова.

Мы могли бы перефразировать утверждение Елиуя так: «Бог пытался говорить с тобой в снах, чтобы предупредить тебя, но ты не обращал на это внимания (33:13—18). Он говорит с тобой через страдания, а ты все еще не понимаешь этого (33:19—22). Ты продолжаешь настаивать на своей невиновности, обвиняя Бога в преступлении (33:8—12)»[385].

ИСКАЖЕННОЕ ТОЛКОВАНИЕ ОТРЫВКА ИЗ КНИГИ ИОВА

Речь Елиуя—это долгая клевета против жизни и характера Иова. Подобно тому, как этот библейский герой подвергся клеветническим оскорблениям со стороны своих «утешителей», книга, названная его именем, подвергается нападкам со стороны учителей, призывающих слушать Бога, которые воспринимают клеветническое обвинение Елиуя как обетование о Божьем откровении через сны! Елиуй не обещал, что мы будем слышать голос Бога в наших снах. Он выдвинул ложное утверждение о том, что Бог предупреждал Иова во сне о страданиях. Но Бог не делал ничего подобного. Из Иова 1:22 и 42:7 ясно следует, что Иов не совершил такого греха против Бога, которым бы он заслужил пережитые им страдания. А если Иов не согрешил, значит, Бог не предупреждал его во сне о грядущих страданиях. Следовательно,

---

[385]   Хотя это обвинение прозвучало со стороны всех «друзей» Иова, оно было ложным. В Иова 1:22 говорится: «Во всем этом не согрешил Иов и не произнес ничего неразумного о Боге». В конце концов Бог оправдал Иова, упрекая Елифаза: «Горит гнев Мой на тебя и на двух друзей твоих за то, что вы говорили о Мне не так верно, как раб Мой Иов» (42:7).

утверждение Елиуя о том, что Бог предупреждает людей во сне о Своем суде и только потом судит их за грех, было ложным. Это была ложь, клевета на доброго и праведного человека. Учителя, призывающие слушать голос Бога, ссылаются на ошибочное утверждение живого клеветника (Елиуя), обвиняющего праведного Божьего раба (Иова), как на аргумент в пользу того, что Бог говорит с нами сегодня через сны и видения. Утверждение Елиуя не было правдивым тогда, и оно не является правдивым и сегодня.

Кроме того, в отрывке, на который ссылаются учителя, призывающие слушать Бога, не говорится о том водительстве, которое они якобы получают от Бога во сне. Елиуй сказал, что Бог говорит через сны, чтобы отвратить людей от беззакония и избавить их от суда. Учителя, призывающие слушать голос Бога, утверждают, что Бог говорит с нами во сне, чтобы дать нам своевременные указания. Я еще не встречал ни одного сторонника этого учения, который бы утверждал, что Бог дает Свое откровение в снах только с целью, о которой говорится в цитируемом ими тексте. Даже если мы проигнорируем контекст и предположим, что здесь действительно говорится о том, что Бог обращается к нам через сны, максимум, что мы можем сказать, это то, что Бог делает это, чтобы отвратить людей от их греха. Учителям, которые призывают слушать голос Бога, будет трудно объяснить, почему миллионы нечестивых людей никогда не слышат во сне предупреждения от Бога о том, что они должны отвратиться от своих грехов, как утверждает Елиуй.

То, как сторонники учения о необходимости слышать голос Бога приводят этот отрывок в качестве своего аргумента, является непростительным искажением слов Елиуя! Давайте посмотрим, толкуют ли они отрывок из Книги пророка Иоиля 2:28 лучше, чем этот.

КАК НАСЧЕТ ИОИЛЯ 2:28?

Иоиля 2:28: «И будет после того, излию от Духа Моего на всякуюплоть,ибудутпророчествоватьсынывашиидочери ваши;старцамвашимбудутсниться сны,июношивашибудут видеть видения».

Этот отрывок из Книги пророка Иоиля цитирует апостол ПетрвсвоейпроповединаПятидесятницу,записаннойвглаве 2 Деяний. В день Пятидесятницы верующие исполнились Святым Духом, и часть из них стала говорить на языках, которые они до этого не изучали. Услышав это, некоторые изумились, а некоторые начали насмехаться, думая, что эти люди были пьяны (2:12—13). Но Петр возразил им:

> Они не пьяны, как вы думаете, ибо теперь третий час дня; но это есть предреченное пророком Иоилем: «И будет в последние дни, говорит Бог, излию от Духа Моего на всякую плоть, и будут пророчествовать сыны ваши и дочери ваши; и юноши ваши будут видеть видения, и старцы ваши сновидениями вразумляемы будут. И на рабов Моих и на рабынь Моих в те дни излию от Духа Моего, и будут пророчествовать. И покажу чудеса на небе вверху и знамения на земле внизу, кровь и огонь и курение дыма. Солнце превратится во тьму, и луна — в кровь, прежде нежели наступит день Господень, великий и славный. И будет: всякий, кто призовет имя Господне, спасется» (Деян. 2:15—21)[386].

---

[386] Это цитата из Книги пророка Иоиля 2:28—32а. В своей проповеди Петр

Вторая глава Деяний имеет большое значение для тех, кто придерживается этого учения, потому что в отрывке из Книги пророка Иоиля упоминается о снах, видениях и пророчествах под действием Святого Духа: «…и будут пророчествовать сыны ваши и дочери ваши…» (Иоил. 2:28; Деян. 2:17). Те, кто верит, что дары откровения (пророчество, говорение на языках, слово знания и т. д.) продолжаются и сегодня, ссылаются на этот отрывок, чтобы доказать, что Святой Дух предназначил эти дары для всего периода церкви. Аргументы учителей, призывающих слушать голос Бога, просты: Бог ниспослал Святого Духа в день Пятидесятницы, чтобы исполнить обетование Иоиля. Иоиль предсказал наступление дня, когда Дух будет давать людям откровение в снах и видениях. Тот факт, что Петр ссылается на обетование о Пятидесятнице, свидетельствует о том, что этот день настал. Поэтому Бог сегодня говорит с нами через сны и видения[387].

ИСТОЛКОВАНИЕ КНИГИ ИОИЛЯ И СНОВ

Иоиль предсказывает события, которые будут сопровождать «день Господень». Фраза «день Господень» встречается в Ветхом Завете несколько раз и «…может относиться

опускает вторую половину стиха 32. Он поступает так в евангелизационных целях. Процитировав обетование Иоиля о том, что «…всякий, кто призовет имя Господне, спасется…», Петр начал проповедовать об Иисусе (Деян. 2:22), обвиняя своих слушателей в том, что они отвергли и распяли Мессию, Которого Бог воскресил из мертвых.

[387] Они утверждают, что если эти дары сопровождали служение Святого Духа в день Пятидесятницы и если у нас есть Святой Дух сегодня, то эти знамения должны также сопровождать служение Святого Духа в настоящее время.

к любому времени исполнения наказания Божия...»[388]. Последний и окончательный «день Господень» — это второе пришествие Христа, когда Он совершит суд над народами и неверующими, нечестивыми представителями этих народов[389]. В Книге пророка Иоиля выражение «день Господень» упоминается пять раз (1:15; 2:1, 11, 31; 3:14), и в каждом случае мы находим яркое описание Божьего суда, который сопровождает его[390]. Например, в Книге пророка Иоиля 3:1–3 описывается суд над народами в долине Иосафата «в те дни». Именно об этом «дне Господнем» говорится в том самом отрывке, который цитирует Петр в главе 2 Деяний.

Несмотря на то, что Петр процитировал часть отрывка о «дне Господнем» из Книги пророка Иоиля, он не хотел сказать, что в день Пятидесятницы исполнились все элементы пророчества Иоиля. Не было никаких «чудес на небе вверху» или «знамений на земле внизу», которые бы сопровождались «кровью, огнем и курением дыма» (Деян. 2:19). Солнце не «превратилось во тьму», а «луна — в кровь» (Деян. 2:20), как говорил Петр. Бог не восстановил славу и благоденствие Иуды и Иерусалима (Иоил. 3:1) и не осудил народы в долине Иосафата (Иоил. 3:2). Очевидно, что не все, о чем говорил Петр, исполнилось в день Пятидесятницы.

То же самое можно сказать о сновидениях, видениях и пророчествах (Иоил. 2:28–29). В Библии нет никакого упоминания о том, что эти явления наблюдались в день Пятидесятницы.

---

[388] Мак-Артур Д. Толкование книг Нового Завета. Деяния. СПб.: Библия для всех, 2019. С. 50. См. Ис. 13:6, 9; Иез. 30:2–3; Ам. 5:18–20; Авд. 15; Соф. 1:14–18.
[389] 1 Фессалоникийцам 5:2; 2 Фессалоникийцам 2:2; 2 Петра 3:10.
[390] См. Иоил. 1:15–2:17.

В более широком контексте отрывка, процитированного в проповеди Петра, Иоиль описывает явления, которые будут сопровождать установление мессианского Царства. В частности, говорится, что это будет кровь, огонь и дым[391]. В Евангелии от Матфея 24:29–30 Иисус говорил о том, что в день Его пришествия изменятся солнце, луна и звезды. Нет никаких указаний на то, что обетование о сновидениях, видениях или пророчествах исполнилось в день Пятидесятницы, поэтому лучшее объяснение этому заключается в том, что эти явления произойдут в связи со вторым пришествием Христа. Как сказал Джон Мак-Артур, «лишь в те дни (тысячелетнее царство) сбудется это пророчество. Природа пророчеств, снов и видений, что будет иметь место, остается загадкой»[392].

Так какая же часть пророчества исполнилась в день Пятидесятницы? Произошло излияние Святого Духа! Это событие затронуло «всякую плоть» (Иоил. 2:28), потому что Церковь состоит из иудеев и язычников. Дарование Духа сопровождалось чудесным событием (люди свободно заговорили на незнакомом человеческом языке)[393], которое само по себе было знамением грядущего суда над народом за неверие.

---

[391] Об этих стихиях говорится в Иоиля 2:30. Сравните с другими стихами, в которых упоминается «кровь»: Откр. 6:8; 8:7–8; 9:15; 14:20; 16:3; «огонь»: Откр. 8:5, 7–8, 10; «дым»: Откр. 9:2–3, 17–18; 18:9; 18:18.

[392] Мак-Артур Д. Толкование книг Нового Завета. Деяния. СПб.: Библия для всех, 2019. С. 49–50.

[393] Лука связывает это чудесное знамение с сошествием Святого Духа как минимум в двух других случаях: в истории о спасении Корнилия (Деян. 10:1–11:18) и истории о спасении некоторых учеников Иоанна Крестителя (Деян. 19:1–7). Возможно, Бог дал дар иных языков верующим самаритянам, когда они приняли Святого Духа (Деян. 8:4–24), но Лука об этом не упоминает, поэтому мы не должны думать, что они получили этот дар. Предназначение и природа этих событий из Деяний подробно описаны в книге Джона Мак-Артура «Харизматический хаос», особенно в главе 8 «Что происходило в ранней церкви».

Говорение на языках было знамением суда (1 Кор. 14:21—22). Поэтому цитата из Книги пророка Иоиля в проповеди Петра была уместной.

Чудесные события Пятидесятницы предвозвещали грядущие события. Дар Святого Духа в нынешнем веке — это предвкушение благословений, силы и сверхъестественных явлений, которые будут сопровождать установление Царства Христова[394]. В будущем нас ожидает нечто более грандиозное! Мессианская эпоха будет сопровождаться еще более великими проявлениями силы Святого Духа.

Можно ли считать тот факт, что Петр цитирует Иоиля в своей проповеди, доказательством того, что Бог обещал посылать нам откровение в снах и видениях? Да! Но все эти события, наряду со знамениями на небе и земле и судом над всеми народами в долине Иосафата, будут сопровождать наступление мессианского Царства. Дарование Святого Духа в день Пятидесятницы — залог окончательного исполнения этого обетования в будущем.

Учителя, призывающие слушать Бога, берут отрывок, где описываются события, связанные с грядущим вторым пришествием Христа, и используют его для обоснования своего учения о том, как слушать голос Бога во сне. Это еще один пример того, как люди, которые утверждают, что любят Писание, полностью извращают смысл библейского текста.

---

[394]   Мы должны отвергнуть учение харизматических течений и движения «Новоапостольская реформация» о том, что верующие будут господствовать над этим миром посредством сверхъестественных даров, чтобы установить грядущее Царство. Царство Христово будет установлено не человеческими методами и средствами. В Книге пророка Исаии 9:7 мы находим обетование о том, что «ревность Господа Саваофа соделает это». Господь не будет совершать это через учителей и движения, чье учение порождает гибельный плод и является еретическим.

Когда Господь Иисус придет снова и все знамения из главы 2 Иоиля исполнятся, нам не понадобятся рекомендации Джека Дира о том, как записывать и толковать сны. Служение и сила Святого Духа будут настолько очевидны, что нам не придется догадываться о значении смутных видений и непонятных снов.

БОГ ГОВОРИТ ПО-РАЗНОМУ, НО ОДИНАКОВО

Учителя, призывающие слушать голос Бога, утверждают, что Божий голос в снах сегодня звучит так же, как и в библейские времена. По мнению сторонников этого учения, Бог говорит через сны точно, как и в Писании. Бог применяет символы точно так же, как в Писании. Иногда нам может быть трудно толковать сны, как в Писании. Чтобы толковать сны, требуется просвещение Святого Духа, как и в Писании.

При более внимательном рассмотрении этого учения мы обнаруживаем, что утверждение о том, что современные сны «точно такие же, как в библейские времена», — это всего лишь неудачная попытка скрыть тот факт, что речь идет о совершенно разных вещах. Эти учителя заявляют, что чаще всего Бог говорит с людьми через сны. Однако в Писании Бог редко давал людям Свое откровение подобным образом, поэтому все, кого касались такие сны, считали их уникальными. Библейские герои не записывали свои сны, чтобы не пропустить Божий голос. Библия не учит, что нам нужно «проверять» свои сновидения. Нигде в Библии не сказано, что естественно ожидать, что Бог будет говорить с нами через сны, что мы можем научиться толковать их или что у каждого из нас есть «словарь сновидений». Всему этому учат те, кто настаивает на том, что Бог говорит через сны, как в библейские времена.

Они предостерегают от неправильного истолкования значения снов. Но в Писании мы не находим таких предостережений, потому что Бог всегда давал людям ясное и полное истолкование их сна. Они понимали его значение из Божьего откровения, или он не нуждался в толковании. Учителя, призывающие слушать голос Бога, утверждают, что слово Бога, Который обращается к нам в снах, не является таким же непогрешимым, богодухновенным или авторитетным, как Писание, но в Писании не проводится такого различия. Нигде в Писании не говорится, что слово Бога, Который обращается к нам во сне, не так авторитетно и богодухновенно, как письменное Божье Слово.

Несмотря на заявления этих авторов о том, что Бог говорит с нами через сны сегодня так же, как и в те времена, когда Он говорил через сны в Писании, их учение и рекомендации противоречат этому. Почти все, что они утверждают о Божьем откровении в снах, совершенно чуждо Писанию.

ГЛАВА 15

Я УВИДЕЛ
ЧЕЛОВЕКА В БЕЛОМ

По имеющимся данным, сейчас в христианство обращается беспрецедентное число мусульман[395]. Такие известия радуют сердца христиан. Мы радуемся новостям о том, что Бог побуждает Своих овец обратиться от такой ложной религии, как ислам, ко Христу. Однако не каждое свидетельство, которое мы слышим из мусульманских стран, становится поводом для безграничной радости.

К примеру, автор статьи, размещенной на сайте «Евангельской коалиции», предупреждает нас, что мы не должны верить всем известиям об обращении мусульман ко Христу. В этой статье приводится история о том, как во время краткосрочной миссионерской поездки в Афины группа американцев пошла в парк, держа в руках таблички с надписью

---

[395] Это заголовок статьи, опубликованной в интернете служением «Открытые двери», которое поддерживает гонимых верующих в более чем шестидесяти странах мира (https://www.opendoorsusa.org /christian-persecution/stories/muslims-turn-to-christ-in-unprecedented-num-bers-pt-1/).

на греческом языке: «Мы истолкуем ваши сны»[396]. После активного «благовестия» они сообщили местному пастору, что в тот день привели ко Христу четырнадцать человек. Миссионеры уехали с хорошими новостями, а эти четырнадцать «новообращенных» так и не появились в поместной церкви.

Часто можно услышать истории о том, что мусульмане обращаются в христианство через духовные сны, в которых они видят яркий свет и человека, одетого в белое. Человек в белом считается либо ангелом, либо Иисусом. В некоторых случаях они получают указания найти кого-то — миссионера или пастора, — кто расскажет им Евангелие[397]. Иногда они рассказывают, что видели чудеса или ангелов.

Такие рассказы с энтузиазмом воспринимаются во многих кругах евангельских христиан, даже теми людьми, которые отвергают учение о продолжающемся откровении. Так, в июне 2018 года на ежегодном собрании Совета по иностранной миссии Южной баптистской конвенции свой миссионерский отчет представил Дэвид Плэтт. Он заявил, что мусульмане приходят ко спасению через видения и сны. Плэтт рассказал историю о том, как один южно-баптистский миссионер одолжил большую белую футболку другому верующему по имени Амад, который надел ее, чтобы прокатиться на мотоцикле. Когда начался дождь, Амад остановился под навесом, куда его пригласили жители соседнего дома. Амад поделился с ними Евангелием и был ошеломлен тем, как быстро они откликнулись на евангельскую весть.

Плэтт говорит:

---

[396] https://www.thegospelcoalition.org/article/muslims-dream-jesus/.

[397] Примеры таких историй можно найти на сайте «Евангельской коалиции», в статье, упомянутой в предыдущей сноске.

" Один из них сказал: «Вы не понимаете. Последние три ночи мне снилось несколько снов. И в каждом из них мне являлся человек в белом, который говорил, что он укажет путь спасения мне и моей семье... Прошлой ночью снова явился этот человек, и он сказал, что на следующий день ко мне домой придет человек в белом и укажет путь спасения. Когда мы увидели вас на улице, мы поняли, что нам нужно пригласить вас к себе и послушать, что вы нам скажете» [398].

Плэтт заключил: «Эта семейная пара, которая раньше исповедовала ислам, сейчас следует за Исой Мессией». В ответ на это все присутствующие на съезде церквей, отвергающих учение о современном откровении, видениях и мечтах, начали бурно аплодировать стоя.

Таких заявлений можно было бы ожидать от харизматических религиозных деятелей, и их нетрудно найти [399]. Но эти свидетельства исходят не от маргинальных течений в христианстве, представителям которых не хватает проницательности. Это общепринятая точка зрения в кругах, где еще несколько лет назад свидетельства о современном откровении от Бога были бы восприняты с разумной долей скептицизма.

Как нам воспринимать такие свидетельства? Должны ли мы принимать без всякой критики истории об обращении мусульман к Богу через сны и видения и считать эти истории свидетельством того, что Бог действует среди мусульманских

---

[398] Текст обращения Плэтта к Совету по иностранной миссии можно найти здесь: https://www.facebook.com/notes/the-end-time/david-platt-report-to-imb/1889399824455873/. Facebook — социальная сеть, деятельность которой запрещена на территории Российской Федерации. — *Прим. ред.*
[399] https://www.charismanews.com/opinion/63635-dreams-and-visions-of-jesus-are-fueling-the-explosive-growth-of-christianity-in-muslim-nations-worldwide.

народов в закрытых странах? Оправдано ли относиться к таким утверждениям скептически? Если да, то какими библейскими соображениями нам следует руководствоваться при оценке таких свидетельств?

В этой главе я высказываю мнение о том, что заявления об обращении мусульман через сны и видения необходимо отвергнуть на основании четырех аргументов, вытекающих из учения Нового Завета.

Во-первых, эти случаи обращения никак не связаны с установленными Богом средствами благовестия.

Во-вторых, откровение в снах не обязательно в свете окончательного Божьего откровения во Христе.

В-третьих, апостолы не учили тому, что Иисус будет являться людям после Своего вознесения.

В-четвертых, апостолы предостерегали от того, чтобы мы верили видениям. Давайте рассмотрим все эти аргументы по порядку.

ОПРЕДЕЛЕННОЕ БОГОМ СРЕДСТВО БЛАГОВЕСТИЯ

Во-первых, Бог открыл нам Свою евангелизационную стратегию, и в ней нет места для сновидений. Чтобы достичь неспасенных людей, Он не избрал такие инструменты, как видения, сны или пророческие откровения. Бог предназначил для этого проповедь Своего Слова — провозглашение евангельской истины людьми[400].

---

[400] Это наблюдение я позаимствовал у Фреда Батлера. Его статью можно найти по ссылке: https://biblethumpingwingnut.com/2018/11/05/the-man-in-white-appearing-in-muslim-dreams/.

Для некоторых это глупость, и именно поэтому Бог избрал этот метод, чтобы посрамить «мудрых» (которые считают себя таковыми).

Павел поясняет эту мысль в 1 Коринфянам 1:18–2:5[401]. Несмотря на враждебное отношение коринфян к истине, их языческое происхождение и открытое сопротивление его вести (Деян. 18:6), Господь обратил некоторых из них через проповедь Павла. Бог дал ему ясное поручение: «Ибо Христос послал меня не крестить, а благовествовать, не в премудрости слова, чтобы не упразднить креста Христова» (1 Кор. 1:17). Средством, через которое коринфяне обратились к Богу, было верное и точное провозглашение апостолом евангельской вести в силе Святого Духа. Тем, кто отверг эту весть, проповедь Павла казалась безумием: «Ибо слово о кресте для погибающих юродство есть, а для нас, спасаемых, — сила Божия» (1 Кор. 1:18)[402].

Божьи избранные спасаются не через сны и видения о сияющем свете, а посредством евангельской вести, которую верно, безбоязненно и точно проповедуют Божьи люди. Павел поясняет:

> Ибо когда мир своею мудростью не познал Бога в премудрости Божией, то благоугодно было Богу юродством проповеди спасти верующих. Ибо и иудеи требуют чудес, и еллины ищут мудрости; а мы проповедуем Христа распятого, для иудеев соблазн, а для еллинов безумие, для самих же призванных,

---

[401] В целях экономии места я не привожу здесь весь отрывок целиком. Я поощряю вас прочитывать весь отрывок, когда цитирую избранные стихи.
[402] Павел высказывает ту же мысль и в Послании к Римлянам 1:16, где он говорит, что Евангелие — это «…сила Божия ко спасению всякому верующему, во-первых, иудею, потом и еллину».

иудеев и еллинов, Христа, Божию силу и Божию премудрость (1 Кор. 1:21—24, курсив мой).

Хотя иудеи требовали чудес, Павел сказал им проповедь. Бог обратил их не через чудесные сны и видения, а через проповедь о распятом Христе. Действенность проповеди Павла заключалась не в его красноречии или ораторских способностях:

> И когда я приходил к вам, братия, приходил возвещать вам свидетельство Божие не в превосходстве слова или мудрости, ибо я рассудил быть у вас незнающим ничего, кроме Иисуса Христа, и притом распятого, и был я у вас в немощи и в страхе и в великом трепете. И слово мое и проповедь моя не в убедительных словах человеческой мудрости, но в явлении духа и силы, чтобы вера ваша утверждалась не на мудрости человеческой, но на силе Божией (1 Кор. 2:1—5, курсив мой).

Евангельская весть, проповедуемая человеческими средствами, имеет силу не благодаря самому проповеднику, а благодаря тому, что это Божья весть, которая возвещается в силе Божьего Духа (1 Фес. 1:5) через определенные Богом средства, а именно проповедь. Павел не ожидал, что Божьи избранные будут обращаться через сны, а не через проповедь Евангелия. В Послании к Римлянам 10:14—15 он заявляет:

> Но как призывать Того, в Кого не уверовали? как веровать в Того, о Ком не слыхали? как слышать без проповедующего? И как проповедывать, если не будут посланы? как написано: «КАК ПРЕКРАСНЫ НОГИ БЛАГОВЕСТВУЮЩИХ МИР, БЛАГОВЕСТВУЮЩИХ БЛАГОЕ!»

По мнению Павла, альтернативных средств евангелизации среди неспасенных народов не существует. В ответ на поставленный вопрос он процитировал Исаию 52:7: «Как прекрасны на горах ноги благовестника, возвещающего мир, благовествующего радость, проповедующего спасение, говорящего Сиону: „воцарился Бог твой!"» Эта ветхозаветная цитата подтверждает мнение Павла[403]. Бог определил еще в Ветхом Завете, чтобы верующие благовествовали неспасенным людям посредством проповеди Евангелия, и это осуществилось в Новом Завете. Павел был одним из многих проповедников, провозглашающих благую весть о Боге, Который любит и спасает грешников. Через это средство — верную проповедь Евангелия — Бог несет благую весть неспасенному и погибающему миру. К этим людям относятся и те, кто сегодня живет в мусульманском мире.

Многие сказали бы, что на вопрос Павла о том, как можно услышать весть без проповедующего, можно ответить по-разному. Павел ответил бы так: «Никак, поэтому нам нужно идти и проповедовать!» А многие современные христиане ответили бы так: «Можно услышать голос Бога не только через проповедь, но и через видение, сон или личное откровение».

Писание не допускает возможности того, что Бог обратит неспасенные народы через видения, сны или личные откровения. Он предназначил для этого такое средство, как проповедь

---

[403] Примечательно, что отрывок из Исаии 52:7 расположен всего лишь семью стихами выше отрывка в Книге пророка Исаии, в котором описывается жизнь, смерть, погребение и воскресение Иисуса Христа (Ис. 52:13–53:12). В этих стихах, где Исаия пророчествует о «страдающем Рабе», говорится о заместительной смерти Господа Иисуса Христа, которая и есть «благая весть о благом».

Евангелия через людей. Это стимул к евангельскому служению, провозглашению Евангелия и исполнению Великого поручения: «Итак, идите, научите все народы, крестя их во имя Отца и Сына и Святого Духа, уча их соблюдать все, что Я повелел вам; и се, Я с вами во все дни до скончания века» (Мф. 28:19–20).

НеспасенныелюдиспасаютсячерезпредназначенноеБогом средство — проповедь Евангелия в силе Духа во славу Христа. Повеление Павла Тимофею «проповедуй слово… во время и не во время…» тесно связано с призывом «совершать дело благовестника» и «исполнять [свое] служение» (2 Тим. 4:1–5). Почему? Потому что евангельское служение сосредоточено не на снах, а на Божьем Слове. Благовестие — это не попытка помочь мусульманам истолковать их сны. Благовестие — это стремление поделиться с ними истиной Писания.

Этот способ благовестия, определенный Богом, применяли в своем служении апостолы. Церковь возникла, когда Петр проповедовал по Ветхому Завету в день Пятидесятницы. Это служение Слова, основанное на Писании, вызвало бурный рост ранней церкви в Иерусалиме (Деян. 6:7), даже несмотря на сильное сопротивление и гонения (Деян. 6:8–15; 7:54–60). Павел применял тот же сосредоточенный на Слове подход к проповеди, который применяли в своем служении Петр и Иоанн. Лука подводит итог всему служению Павла, описывая его пребывание в Риме. Павел «…принимал всех, приходивших к нему, проповедуя Царствие Божие и уча о Господе Иисусе Христе со всяким дерзновением невозбранно» (Деян. 28:30–31).

Мы ясно видим, что в Писании неоднократно повторяется мысль о том, что средство, которое Бог определил для привлечения неспасенных ко Христу в силе Духа, — это проповедь Евангелия через людей. Это учение Нового Завета отражено в жизни и служении апостолов.

ГЛАВА 1 ПОСЛАНИЯ К ЕВРЕЯМ

Во-вторых, в свете полного и окончательного откровения Бога во Христе отпадает необходимость в снах и видениях. В Послании к Евреям 1:1—2 написано: «Бог, многократно и многообразно говоривший издревле отцам в пророках, в последние дни сии говорил нам в Сыне, Которого поставил наследником всего, через Которого и веки сотворил».

Примечательно, что в первых двух стихах Послания к Евреям мы видим целый ряд наречий и предложных конструкций: «многократно», «многообразно», «издревле», «в пророках» и «в последние дни сии». Эти фразы выражают противопоставление, которое показывает превосходство откровения в Сыне над предыдущими формами откровения[404]. Если мы опустим все эти слова, у нас останется только подлежащее и сказуемое: «Бог… говорил». В остальных фразах содержатся детали, дающие ответы на ключевые вопросы[405]: «Когда Бог говорил?», «Кому говорил Бог?» «Как говорил Бог?» и «Говорит ли Он сейчас?».

---

[404] Все Послание к Евреям представляет собой развернутый аргумент, демонстрирующий превосходство Христа над всеми образами и элементами Ветхого Завета. Христос превосходит ангелов (гл. 1—2), Моисея и Иисуса Навина (гл. 3—4), ветхозаветную субботу и Землю обетованную (гл. 4), Мелхиседека (гл. 7), Аарона и левитов (гл. 5—7), левитское священство (гл. 7), систему жертвоприношений, храм и служение Ветхого Завета (гл. 8—10) и т. д.

[405] Чтобы послушать мою проповедь по этому отрывку, в которой я разбираю его более подробно, посетите сайт нашей церкви kootenaichurch.org, где вы найдете целую серию проповедей по Посланию к Евреям.

Когда говорил Бог? Автор послания выделяет и противопоставляет два периода в истории Божьего откровения — «издревле» и «в последние дни сии». Выражение «последние дни» описывает определенный период в Божьем замысле искупления, ознаменованный приходом и откровением Мессии. Мы живем в период человеческой истории между первым и вторым пришествием Христа, называемый «последними днями».

С кем говорил Бог? Предыдущее откровение, которое Бог дал «отцам», противопоставляется тому, что Он говорил «нам». Мы получили откровение, которого не было у наших отцов, живших во времена Ветхого Завета. Бог говорил с «отцами» в те времена и говорит «нам» сейчас. Откровение, которое Он дал нам, заключено в Иисусе Христе. Согласно Евреям 2:3–4, как автор, так и адресаты послания узнали истину опосредованно[406]. Несмотря на то, что они жили всего лишь около тридцати лет после пришествия Христа, они, как и те, к кому обращался Петр, не видели Христа лично (1 Пет. 1:8–9).

Бог говорил с нами в Сыне. Хотя мы еще больше отдалены от момента Божьего откровения во Христе, мы в такой же мере способны постичь его смысл и значение, а также убедиться в его достаточности. Мы находимся в той же ситуации, что и большинство из тех, кому были адресованы книги Нового Завета. Мы не видели Христа лично, но мы — те самые люди, кому «Бог говорил».

---

[406] Автор не относит себя к тем людям, которые лично знали Христа. В Послании к Евреям 2:3–4 он говорит: «…как мы избежим, вознерадев о толиком спасении, которое, быв сначала проповедано Господом, *в нас утвердилось слышавшими от Него*, при засвидетельствовании от Бога знамениями и чудесами, и различными силами, и раздаянием Духа Святого по Его воле?» (курсив мой).

Как говорил Бог? Раньше Бог давал откровение о Себе «многократно и многообразно», «в пророках». А мы получили откровение в Сыне[407]. Бог даровал Ветхий Завет через пророков, которые изрекали и записывали Божье Слово. Но полное и окончательное откровение Он дал нам в Сыне. Сын был не просто «Божьим посланником», но «сиянием славы и образом ипостаси» Бога (Евр. 1:3)[408]. Откровение во Христе превосходит по качеству то откровение, которое Бог давал через пророков.

Бог говорил через пророков «многообразно». Это значит, что Он давал откровение о Себе в разных формах. В Ветхом Завете Бог открывал Себя в слышимых голосах, снах, видениях, слове, посланиях ангелов, богоявлении, пророческих событиях, прообразах, тенях, символах, надписях на стене и даже через осла.

Бог говорил в пророках «многократно», то есть «много раз». Этот термин указывает на фрагментарный характер ветхозаветного откровения. Ни один пророк не получил всей полноты откровения о Мессии. Ветхозаветное откровение представляло собой отдельные части головоломки, которые Бог посылал евреям в разное время, разными способами, на протяжении тысячелетий. Это откровение носило прогрессивный характер, потому что с течением времени Бог давал все новую и новую информацию о Себе.

---

[407] По словам Хоумера Кента-младшего, «отсутствие артикля перед словом „Сын" в греческом тексте (то есть ни конкретный „Сын", ни „Его Сын") указывает на природу или качество самого существительного. Здесь подчеркивается идея „сыновства". В отличие от ветхозаветных пророков, какими бы великими они ни были, Бог теперь проговорил в личности Того, Кто является Сыном». (Homer A. Kent, Jr., *The Epistle to the Hebrews: A Commentary*. [Winona Lake: BMH Books, 1972], 36.)

[408] См. также Ин. 1:1, 14, 18; Кол. 1:15–20; 2:9.

Ветхозаветное откровение радикально отличается от откровения во Христе. Последнее представляет собой полное, законченное и совершенное откровение о Боге в человеческой плоти. Во Христе все «элементы» ветхозаветного откровения объединяются в одно полное, славное и вседостаточное откровение о естестве Бога и Его деле спасения.

Продолжает ли Бог говорить сейчас? Ответ на этот вопрос мы находим в нашем отрывке из Послания к Евреям. Все, что нам нужно, — это проследить ход рассуждений автора.

В Послании к Евреям противопоставляется две эпохи в истории откровения: «издревле» и «в последние дни сии». В первую эпоху Бог давал частичное откровение о Себе, а во вторую — полное. Кроме того, в первую эпоху Бог говорил с людьми «многообразно», а во вторую — «в Сыне». Нам в эти «последние дни» Бог проговорил (в прошедшем времени) в Своем Сыне. Видения и сны были признаком прежней эпохи, в которую Бог давал людям неполное и загадочное откровение. Они явно уступают тому откровению, которое мы получили во Христе.

Тот, кто утверждает, что Бог говорит сегодня так же, как Он говорил на протяжении всей библейской истории, игнорирует различие, которое проводит автор Послания к Евреям. Видения, сны и знамения относятся к предыдущей эпохе в истории откровения, когда Бог открывал Себя загадочными способами и частично. Слово, которое Бог проговорил к нам в Сыне, явно превосходит Его откровение в снах, видениях и голосах. Зачем Богу, Который проговорил предельно ясно в высочайшем и величайшем откровении, возвращаться к низшим формам откровения Ветхого Завета?

На протяжении всего Послания к Евреям автор сравнивает Христа с людьми и образами, связанными с Ветхим Заветом. Христос превосходит их все. В каждом случае, когда проявляется превосходство Христа, Бог оставляет ту форму откровения, которую затмил Христос. Например, «покой», который дает Христос, превосходит субботний покой, предписанный в Ветхом Завете. Христос — это осуществление теней, которое затмило сами тени (Евр. 4:1–11). Христос, священник по чину Мелхиседека, превосходит священников из рода Левия (7:1–10). Когда Христос стал нашим Первосвященником, было упразднено левитское священство со всеми его атрибутами (7:12, 18; 8:7, 13). Если Бог отказался от низшей формы завета (священства, закона, жертвоприношений, храма), зачем Ему возвращаться к низшим формам откровения, которые были свойственны для этого низшего завета?

Каждый раз, когда в Послании к Евреям демонстрируется превосходство Христа над предшествующей системой откровения, эта система объявляется устаревшей и нежизнеспособной. Единственное исключение, в пользу которого сторонники учения о продолжающемся откровении должны привести доводы, — это то, что Бог продолжает говорить и сегодня. В этом единственном случае они должны доказать, что Бог продолжает делать то, что Он делал всегда, несмотря на то, что после Его откровения в Сыне уже нет надобности во всех предшествующих источниках откровения[409]. Почему

---

[409] Некоторые ссылаются на Послание к Евреям 13:8: «Иисус Христос вчера и сегодня и вовеки Тот же», чтобы доказать, что, поскольку Бог неизменен, можно ожидать, что Он будет говорить с нами сегодня так же, как Он говорил с Моисеем, Ноем, Авраамом и т. д. Те, кто утверждает это, игнорируют тот факт, что в Послании к Евреям много примеров того, как Бог общается

мы должны считать это исключением из общего правила, которому следует автор Послания к Евреям?

Совершенная жертва Христа устраняет нужду в жертвоприношениях животных (Евр. 9:11–14). Его совершенное священство и ходатайство упраздняют левитское священство (Евр. 7:11–25). Совершенный Новый Завет, который Бог заключил с нами через Христа, устраняет нужду в Ветхом (Евр. 8:7, 13). Совершенный покой во Христе является исполнением заповеди о субботе ради нас (Евр. 4:1–11).

Аналогичным образом, совершенное откровение во Христе устраняет нужду во всех прежних средствах откровения [410]. Во Христе нет ничего несовершенного или неясного, поэтому нет необходимости в дополнительном откровении свыше. Как Бог может улучшить то, что Он сказал в Своем Сыне?

с людьми и осуществляет Свой замысел искупления по-разному в разные эпохи. Например, Бог больше не действует через левитское священство, Ветхий Завет, жертвоприношения животных, священство Аароново, праздники, особые дни, субботу или физические повеления, которые были связаны со старым священством (Евр. 7:12, 18; 8:7, 13).

[410] Некоторые могут возразить, что после пришествия Христа Бог дал еще одно откровение, которое представляет собой Новый Завет. Корнилий, Петр (Деян. 10) и Павел (Деян. 18:9–10) получали видения. Спустя несколько десятков лет после вознесения Христа Иоанну было видение на острове Патмос. Те, кто приводит эти примеры, утверждают, что, очевидно, Бог не перестал давать откровение о Себе после рождения Христа. Следует признать, что теоретически это верно. Однако откровение, которое Бог дал апостолу спустя годы после рождения, жизни, смерти и воскресения Христа, было сосредоточено на личности Христа. Биографические сведения о Христе, которые мы находим в Евангелиях, показывают, как Бог говорил через Сына. В Посланиях разъясняется смысл того, что Бог сказал нам через Сына. А Откровение повествует о грядущем возвращении Сына. Таким образом, новозаветные книги, написанные апостолами, на самом деле не являются откровением, которым Бог дополнил Свое откровение в Сыне. Эти книги представляют собой откровение о том, как Бог говорил в Своем Сыне. Мы подходим к вопросу, который лежит в основе этой проблемы: «Зачем нужно дальнейшее откровение?»

ЧЕГО ОЖИДАЛИ АПОСТОЛЫ

Третий аргумент, вытекающий из учения Нового Завета, — это подразумеваемые ожидания апостолов. Нигде не упоминается, что апостолы верили в то, что Христос будет являться людям после Своего вознесения. Стоит ли нам ожидать, что Бог будет давать нам более совершенные средства благовестия неспасенным, чем то, которое Он уже открыл нам? Допускает ли Писание вероятность того, что Христос будет являться людям в евангелизационных снах? Из книг, которые писали апостолы, следует, что они не ожидали, что Христос будет являться людям после Своего вознесения на небеса (Деян. 1:1–11). Мы кратко рассмотрим пять отрывков, которые доказывают, что мы не должны ожидать, что Бог будет давать откровение о Себе через евангелизационные сны и видения, даже среди мусульман[411].

АПОСТОЛ ИОАНН

Во введении к своему первому посланию апостол Иоанн заявляет, что он, в отличие от его аудитории, лично знал Христа, то есть видел и осязал Его:

> О том, что было от начала, что мы слышали, что видели своими
> очами, что рассматривали и что осязали руки наши, о Слове
> жизни, — ибо жизнь явилась, и мы видели и свидетельствуем,
> и возвещаем вам сию вечную жизнь, которая была у Отца
> и явилась нам, — о том, что мы видели и слышали, возвещаем

---

[411] Я позаимствовал несколько наблюдений у Гэри Гилли в статье под названием «Сны и видения мусульман», опубликованной в интернете 7 октября 2016 г. (https://tottministries.org/muslim-dreams-and-visions/). Очень рекомендую труды Гилли на эту тему.

вам, чтобы и вы имели общение с нами: а наше общение —
с Отцом и Сыном Его, Иисусом Христом. И сие пишем вам,
чтобы радость ваша была совершенна (1 Ин. 1:1–4, курсив мой).

Местоимения в этом отрывке отражают важную истину.
Иоанн проводит различие между тем, как он сам познал
Христа во плоти («мы слышали», «видели», «осязали»),
и тем, как познали Христа его читатели, которые только
слышали проповедь о Нем. Иоанн был одним из тех («мы»,
«нам», «наши»), кто лично видел Христа. Но его адресаты
не видели Христа. Если бы Иоанн считал, что Христос будет являться нам в снах и видениях и мы можем на это рассчитывать, то не было бы смысла проводить это различие.
Иоанн не писал свое послание на случай, если некоторым из
его адресатов не явился Христос. Он писал, потому что был
уверен, что Христос не являлся никому из них. Их понимание учения о вечной жизни и общения с Отцом основыва-
лось на свидетельстве апостолов, а не на снах и видениях.
Иоанн считал, что никто из его адресатов не знал Христа
лично. Он бы не мог так считать, если бы ожидал, что Христос будет являться людям в снах и видениях.

Обратите внимание, что Иоанн говорит в 1 Иоанна 4:5–6:

> Они от мира, потому и говорят по-мирски, и мир слушает
> их. Мы от Бога; знающий Бога слушает нас; кто не от Бога,
> тот не слушает нас (курсив мой). По сему-то узнаем духа
> истины и духа заблуждения.

Различие между теми, кто принадлежит Богу, и теми, кто не
принадлежит Ему, заключается в их отклике на апостольское

свидетельство. ОвцыХристаслышатЕговестьчерезапостоловиповинуютсяЕму. Таковаприродаапостольскогосвидетельства. Ононеобходимоинепреложно. Еслито-либо спасается, послушавчеловекавбелом, которыйявилсяему восне, тогдаапостольскоесвидетельствоможетбытьполезным, ноотнюдьненеобходимым. Личныевиденияустраняютнеобходимостьвапостольскомсвидетельстве, аэто свидетельствоустраняетнеобходимостьвличныхвидениях и мечтах.

АПОСТОЛ ПЕТР

Апостол Петр исходил из предпосылки о том, что верующие, которым он писал, не видели Христа: «Которого, не видев, любите, иКоторогодоселеневидя, новеруявНего, радуетесьрадостьюнеизреченноюипреславною, достигая наконецвероювашеюспасениядуш» (1 Пет. 1:8–9). Этиверующиерадовалисьнеизреченнойрадостьюпоповодусвоегоспасения. Ихверавыдержалаогненноеиспытаниегонениями (1 Пет. 1:6–7) ипроявиласьвихлюбвикСпасителю. Этобылаудивительнаявера, потомучтоониповериливо Христаиполюбили Его, хотяиневидели Его. Петрподчеркиваетэтумысльдважды. Онилюбили Христа, «невидев» Его (прошедшеевремя) и«доселеневидя» (настоящеевремя). Мой приятель и коллега, пастор Дэйв Рич однажды сказалвпроповедипоэтомутексту: «Любовьиверав Того, Ктообщалсяснимнапрямуюпосредствомфизическихпосещенийилидуховныхвидений, небылибы чудоминезаслуживалибыпохвалы. Этобылабыразумная, нормальная, человеческая вера»[412].

---

412   Дэйв произнес эту проповедь на воскресном богослужении. Ее запись

355

Можем ли мы сделать вывод, что Петр считал, что сны и видения были обычным явлением среди христиан первого века?

Ожидал ли Петр, что кто-нибудь из его читателей увидит Христа в видении или во сне? Очевидно, нет.

Во втором послании Петр проводит то же различие, что и Иоанн. Он уточняет, что был одним из очевидцев жизни Христа, в отличие от своих адресатов:

>> Ибо мы возвестили вам силу и пришествие Господа нашего Иисуса Христа, не хитросплетенным басням последуя, но быв очевидцами Его величия. Ибо Он принял от Бога Отца честь и славу, когда от велелепной славы принесся к Нему такой глас: «Сей есть Сын Мой возлюбленный, в Котором Мое благоволение». И этот глас, принесшийся с небес, мы слышали, будучи с Ним на святой горе (2 Пет. 1:16–18, курсив мой).

Петру была дарована уникальная привилегия, которой не было у многих других. Он был очевидцем славы Христа. Если бы Петр считал, что после вознесения Христос будет являться людям в снах и видениях, то он бы вряд ли проводил это различие.

Более того, слушателям Петра не нужно было бы напоминать никакую истину (1:12–15), если бы они хотели получить ее в личных видениях и снах. Петр не считал, что Христос будет являться людям.

находится в архиве проповедей нашей церкви на сайте: kootenaichurch.org. Я позаимствовал это высказывание из рукописного варианта его проповеди, который он мне любезно предоставил.

АПОСТОЛ ПАВЕЛ

Павел рассматривал явление Христа ему по дороге в Дамаск как последнее явление Христа после воскресения. Он писал: «...а после всех [Христос] явился и мне, как некоему извергу» (1 Кор. 15:7–8, курсив мой). Павел говорит, что он был последним человеком, который видел Христа после Его воскресения. Павел никогда бы не сказал, что Христос явился ему «после всех», если бы ожидал, что Он будет регулярно являться в снах и видениях[413].

Можно возразить, что Павел был не последним, кто получил от Бога видение, потому что несколько десятков лет спустя видение о Христе получил Иоанн, который был в изгнании на острове Патмос (Откр. 1:9–20). С одной стороны, это правда, но с другой, то, что видел Иоанн, по своей природе сильно отличалось от видений, через которые мусульмане якобы обращаются к Богу.

Во-первых, Иоанн уже был верующим. Поэтому видение, данное ему на острове Патмос, не было евангелизационной встречей, в результате которой он обратился к вере во Христа. Это видение нельзя считать образцом для верующих

---

413 Христос также явился Стефану (Деян. 7:55–56), когда того побивали камнями. Хотя Павел слышал, как Стефан сказал, что он увидел «...небеса отверстые и Сына Человеческого, стоящего одесную Бога» (Деян. 7:56–58), Павел не упоминал о Стефане в главе 15 Первого Послания к Коринфянам. Скорее всего, видение, которое получил Стефан, во многом отличалось от видения Павла. Во-первых, Христос явился Павлу тогда, когда тот еще не был верующим. В результате Павел обратился в христианство (Деян. 9:1–19). Стефан был верующим, когда перед смертью Бог позволил ему заглянуть на небеса. Во-вторых, в своем видении Стефан увидел стоящего Иисуса, но ничего не услышал. Когда Христос явился в видении Павлу, между ними состоялся краткий разговор. Современные верующие, которые утверждают, что обратились ко Христу через видение, должны были бы ссылаться на пример Павла, а не на пример Стефана. Однако даже в этом случае, описывая свое видение, Павел говорит, что Христос явился ему «после всех».

и примером того, что мы можем ожидать увидеть среди мусульман.

Во-вторых, Иоанн видел Христа до этого. Он знал Его три года во время Его земного служения и был очевидцем Его преображения и воскресения (Мф. 17:1; Ин. 20:1–31). Видение, которое Иоанн получил на острове Патмос, не включило его в список тех, кто видел Христа. Он уже был в этом списке, начиная с Воскресения Христова.

В-третьих, Иоанн был апостолом, которого Христос избрал, чтобы передать нам через него богодухновенное откровение. Несправедливо игнорировать этот факт и утверждать, что апокалиптическое откровение, данное апостолу (которое легло в основу богодухновенного Писания), — это доказательство того, что Христос является мусульманам в образе человека в белом, чтобы обратить их к Богу.

ДРУГИЕ ПРЕДОСТЕРЕЖЕНИЯ

Четвертая причина, по которой нам следует отвергать заявления о евангелизационных снах и видениях, заключается в том, что апостолы предупреждали об опасности такого рода переживаний.

К примеру, Павел предупреждал колоссян о лжеучителях, которые обольщают их «…самовольным смиренномудрием и служением ангелов, вторгаясь в то, чего не видел, безрассудно надмеваясь плотским своим умом…» (Кол. 2:18–19).

Апостол не хвалил их за то, что они стремились получать видения. Он предупреждал о том, насколько опасно слушать тех, кто утверждает, что получал такие видения.

Апостол Павел, который получил от Бога немало откровений, не спешил рассказывать о них (2 Кор. 12:1–6). Он вынужден был говорить о них, когда ему пришлось защищать свою апостольскую власть перед коринфской церковью[414]. Павел не учил, что кто-либо еще должен получать видения от Бога. Тот факт, что он безоговорочно предупреждает колоссян об опасности, показывает, что Павел считал заявления о сверхъестественных видениях в лучшем случае бессмысленными, а в худшем — духовно опасными.

Более того, Павел предупреждает коринфскую церковь о том, что дьявол может обольщать их через такие сны и видения. Когда мы сталкиваемся с такими заявлениями, мы должны оценивать их в свете слов апостола:

> Ибо таковые лжеапостолы, лукавые делатели, принимают вид Апостолов Христовых. И неудивительно: потому что сам сатана принимает вид ангела света, а потому не великое дело, если и служители его принимают вид служителей правды; но конец их будет по делам их (2 Кор. 11:13–15).

Дьявол пытается выдать свои козни за подлинное дело Христа. Чтобы обмануть невежд, он принимает вид ангела света. Я не считаю совпадением то, что свет — это столь распространенный образ, который мусульмане встречают в своих видениях. Многие христиане без всякой критики воспринимают истории об этих видениях, хотя апостол

---

[414] Большую часть Второго послания к Коринфянам Павел посвятил защите своей апостольской власти и служения перед церковью, которая отвергла его и приняла лжеучителей, которые обманывали верующих и клеветали на апостола на каждом шагу.

предупреждает, что дьявол будет обольщать людей откровениями, которые якобы исходят от царства света.

Апостолы нигде не дают повелений относительно того, как толковать видения и сны. Если бы это было частью Божьей евангелизационной методологии, мы могли бы ожидать, что они дадут нам наставление по этому поводу. Как определить, откуда видение — с небес или от дьявола, который обольщает нас? Кто может получать такие видения и при каких обстоятельствах? Что касается вопроса о том, принимала ли церковь видения, единственное наставление апостолов по этому поводу, которое мы находим в Писании, — это предупреждение об опасности обольщения, связанной с такими видениями.

ВОЗМОЖНЫЕ ВОЗРАЖЕНИЯ

Я уверен, что мой скептицизм по поводу обращения мусульман к Богу через сны и видения, а также отвержение подобных свидетельств встретят некоторые возражения. Мне хотелось бы рассмотреть некоторые из них.

1. «Савл из Тарса обратился через видение, в котором ему явился Христос (Деян. 9:1–19). Почему мы не можем ожидать, что то же самое будет происходить и сейчас?»

Ответ: Савл из Тарса получил призвание стать апостолом. Почему мы должны ожидать, что то же самое будет происходить и сейчас? Учитывая, что Христос явился Павлу в видении, подтверждая его апостольское призвание и власть (1 Кор. 9:1; Гал. 1:11–12), мы не можем рассматривать это событие из жизни Павла как пример того, что обычно происходит с другими людьми. Павел никогда не говорил, что его обращение служит примером того, как обращаются к Богу другие. Однако он учил, что средством, которое Бог определил для того, чтобы приводить неспасенных к вере во Христа, является проповедь.

2. «Получение откровения от Бога во сне — это важный элемент исламского мировоззрения, поэтому Бог приспосабливает Свой метод благовестия к нуждам этих людей, чтобы достичь их».

Ответ: С каких это пор Бог приспосабливается к языческим мировоззрениям и учениям, а не призывает людей отвергнуть их? Зачем Богу укреплять доверие к сатанинской религиозной системе, принимая особенности ее учения для достижения мусульман? Богу не нужно заимствовать ее методы, чтобы достичь жителей исламских стран. Проповедь Евангелия — это сила Божия ко спасению (Рим. 1:16). Святой Дух способен привести заблудших к спасительной вере и возродить человеческие сердца и без видений об Иисусе Христе: Он совершает это с помощью определенного Богом средства благовестия — проповеди Евангелия (Ин. 16:5–15; 1 Кор. 1:21–25). Я не вижу в Писании причин, по которым Он должен делать исключение для мусульман. Они не более неспасенные и враждебные к Богу люди, чем другие неверующие, которые жили в последние 2000 лет.

Несмотря на то, что, по мнению многих миссионеров, в большинстве случаев мусульмане невосприимчивы к христианскому Евангелию, а результаты благовестия среди них оставляют желать лучшего, это не означает, что Бог должен применять особую методологию (сны и видения), специально разработанную для достижения мусульман. Бог призывает Своих избранных, доносит до них Евангелие, производит в них веру и покаяние, возрождает их сердца и дарует им рождение свыше к живой надежде[415]. Тот факт, что некоторые люди исповедуют ислам, не препятствует Божьему действию или осуществлению Божьей воли о неспасенных людях, которых Он намерен спасти. Мы можем утверждать, что сны необходимы для обращения мусульман к Богу, только в том случае, если мы исходим из предпосылки, что провозглашение Евангелия в силе Святого Духа оказалось недостаточно действенным средством.

ЗАКЛЮЧИТЕЛЬНЫЕ СООБРАЖЕНИЯ

Истории могут быть впечатляющими, а личный опыт — убедительным, но мы не должны допускать, чтобы они определяли наши богословские взгляды. Христиане не обязаны отказываться от учения Писания ради того, чтобы объяснить отдельные случаи, которые наблюдают те, кто трудятся на миссионерском поле. Мы вовсе не обязаны истолковывать чьи-либо переживания. Часто от нас ожидают, что мы будем толковать Писание таким образом, чтобы согласовать его с личным опытом другого человека. Никто не обязан этого делать. Свой личный опыт мы должны трактовать в свете истины, открытой в Писании. То же самое касается и рассказов об обращении мусульман через сны и видения.

Если кто-то утверждает, что его направлял «ангел света», это не значит, что мы должны верить, что это был Христос или святой ангел. Подобным образом, мы не должны думать, что каждый мусульманин, который получил во сне повеление «поверить во Христа», на самом деле уверовал во

---

[415] Ефесянам 1:4; Иоанна 6:35–45, 65; Деяния 3:26; 11:18; 16:14; Ефесянам 2:8–9; Филиппийцам 1:29; 2 Тимофею 2:25; Иакова 1:18; 1 Петра 1:3.

Христа, явленного в Писании. Раскаялся ли он в своем грехе и поверил в христианскую весть, или же он синкретически принял разбавленный вариант христианского «евангелия», лишенный неудобных истин и категоричных заявлений? Кого принял этот человек — «Иисуса» ислама или Богочеловека Писания? В большинстве историй об обращении жителей мусульманских стран не содержится ясного ответа на эти вопросы.

Я признаю, что даже если сны и видения среди мусульман — это главным образом обольщение дьявола, Бог иногда может через это приводить мусульман ко спасению, обращая злые козни дьявола во благо ради Своих целей. Бог может провести прямую черту кривой палкой. Это не означает, что мы имеем право утверждать, что эти сны от Бога, и преподносить их как свидетельство о том, что Бог действует в мусульманских странах. Такие истории могут отбить у людей охоту заниматься миссионерством и распространять Евангелие среди мусульман предписанными Богом способами. Зачем кому-то отказываться от комфорта и безопасности жизни на Западе, чтобы идти и проповедовать Евангелие в исламских странах, если Христос обращает мусульман через сны?

Наконец, не стоит игнорировать тот факт, что многие из этих историй об обращении мусульман вызывают серьезные вопросы[416]. Некоторые истории не подтверждаются документально. Как и в случае с историями об «исцелениях» и «воскрешениях», которые рассказывают популярные харизматические проповедники, подробности многих из этих историй не имеют никакого документального подтверждения.

---

[416] Более подробную информацию об этом вы найдете в статье по ссылке: https://www.thegospelcoalition.org/article/muslims-dream-jesus/.

После очередного пересказа эти истории звучат примерно так: «Церковь моей тети поддерживает миссионера в Пакистане, который слышал о том, что один пастор знает обратившегося мусульманина, чей двоюродный брат в другой церкви знает парня, обратившегося к Богу через сон».

Не исключена вероятность того, что мусульмане «обращаются» в христианство, чтобы получить финансовую помощь от христианских миссий в мусульманских странах. Некоторые могут придумывать истории, чтобы «вписаться» в определенную среду или удовлетворить постоянно растущий спрос на сенсационные истории обращения. В культуре, где зрелость и духовность определяются тем, сколько раз человек получал откровение от Бога и насколько оно было ясным, люди будут стремиться добавить изюминку к своему свидетельству. Мы знаем, что такое случается в США, когда люди хотят привлечь к себе внимание. Та же самая финансовая мотивация движет теми, кто собирает деньги на служение в этом регионе. Чем более сенсационную и сверхъестественную историю рассказывают люди, тем больше вероятность, что с ее помощью им удастся получить финансовую поддержку от верующих в США, которые хотят внести истинный вклад в «Божье дело».

ЗАКЛЮЧИТЕЛЬНЫЕ ЗАМЕЧАНИЯ

С одной стороны, я критикую заявления мусульман о том, что они получают откровение в снах, но с другой, я не утверждаю, что Бог не может обращать мусульман посредством снов. Этот вопрос касается не учения о всемогуществе Бога, а Его определения. Я говорю не о том, что это невозможно для Бога, а о том, что Он дал нам другое средство достижения этой цели. Бог может говорить со мной через домового, который живет у меня в холодильнике. Однако у меня нет веских причин считать, что Ему это угодно, и есть множество веских причин считать, что Он этого не сделает. Тот факт, что Бог может сделать что-либо, не дает нам права утверждать, что Он так делает или будет делать.

Хочу ли я сказать, что все истории подпадают под это определение? Пытаюсь ли я судить мотивы людей, которые верят рассказам об обращении мусульман через сны, и оспаривать достоверность этих историй? Нет. Однако нам не следует слепо верить этим рассказам, отвергая всякие предостережения. Писанию есть что сказать по этому поводу, и я считаю вполне разумным относиться к этим историям со скептицизмом из почтения к учению Божьего Слова, а не к сенсационным историям.

ЧАСТЬ 4
ПРОЧИЕ ВОПРОСЫ

ГЛАВА 16

КАК ПРИНИМАЛИ РЕШЕНИЯ АПОСТОЛЫ

Если учение о необходимости слышать голос Бога библейское, мы обязательно увидим соответствующие повеления и примеры в Книге Деяний. Деяния — это богодухновенное повествование о жизни ранней церкви под руководством и управлением апостолов. Поскольку Деяния обычно ассоциируются с такими сверхъестественными знамениями, как говорение на языках, чудеса, пророчества и видения, сторонники учения о необходимости слушать Бога считают, что с точки зрения Деяний «слышать голос Бога в снах, видениях, впечатлениях и другими способами — это совершенно нормальное явление для новозаветного христианства»[417]. Джек Дир исследует «Книгу Деяний, чтобы понять, насколько распространенным было сверхъестественное откровение в ранней церкви». Он утверждает, что Деяния «дают нам реалистичное представление о том,

---

[417] Jack Deere, *Surprised by the Voice of God*, 50.

как на самом деле жили христиане I века»[418]. По его мнению, в Деяниях описываются «нормальные христианские переживания»[419].

В свете предположений, которые высказывают учителя, призывающие слушать голос Бога, очевидно, что Дир не считает это преувеличением. Единственная книга в Библии, где мы бы ожидали увидеть применение этой методологии, — это Деяния.

Учителя, призывающие слушать голос Бога, утверждают, что сегодня Бог говорит так же, как Он говорил в библейские времена. Они считают, что события и переживания, описанные в Библии, являются нормой жизни для каждого верующего. Если это так, то нам следует ожидать, что мы увидим в повествовании Деяний следующее:

1. Личное откровение от Бога было обычным явлением в жизни всех христиан. Если способность слышать голос Бога в личном откровении — это «совершенно нормальное явление для новозаветного христианства»[420], тогда апостолы и пророки ничем не выделялись среди других.

2. Люди часто получают откровение от Бога, и это вовсе не считается чем-то необычным. Естественно ожидать, что мы найдем в Деяниях примеры того, как люди получали указания от Бога по поводу принятия обычных, житейских решений. Если Бог дает откровение современным верующим, помогая им выбрать индейку на День благодарения[421], подрядчика

---

[418] Там же, 51.

[419] Там же, 62.

[420] Там же, 50.

[421] Чарльз Стэнли утверждает, что Бог подсказал ему, какую именно индейку выбрать для ужина на День благодарения: https://www.youtube.com/watch?v=V4ocm31RJ7g.

для ремонта дома[422] и название новой церкви[423], тогда нам следует ожидать, что в Деяниях будут описываться случаи, когда люди получали откровение от Бога для принятия подобных решений.

3. В Деяниях Бог говорит в соответствии с принципами, которые отстаивают учителя, призывающие слушать голос Бога. В этой книге должны быть примеры, показывающие, что мы слышим Бога в побуждениях, влечениях, тихом, нежном голосе, орошенном руне, ощущении мира в сердце, знамениях и «ощущении Божьего водительства». Нам следует ожидать, что в Деяниях мы найдем упоминание о том, как обычные верующие настраивались на частоту Бога, прислушивались к Его голосу и ожидали Его шепота. Наверняка в этой книге будут примеры того, как Божьи люди пытались согласовать послания из разных источников Божьего откровения: они замечали знамения, проверяли их и ждали, пока Бог не пошлет им водительство на определенную «тему»[424]. Учение о необходимости слышать голос Бога и связанная с ним методология должны находить прямое отражение в Деяниях, если эти принципы действительно вытекают из Библии и представляют собой нормальное явление для новозаветных верующих.

ПРИРОДА КНИГИ ДЕЯНИЙ

Книга Деяний охватывает период в тридцать лет (ок. 33–63 гг. н. э.). Хотя в Деяниях упоминаются и другие апостолы,

---

[422] Shirer, *Discerning the Voice of God*, 110.
[423] Morris, *Frequency*, 84.
[424] Shirer, *Discerning the Voice of God*, 82.

основное внимание уделяется служению двух изних — Петра, апостола иудеев (Деян. 1–12), и Павла, апостола язычников (Деян. 13–28). Лука повествует о распространении Евангелия от Иерусалима до Рима, описывая события той последовательности, которую мы видим в словах Христа в Деяниях 1:8: «…но вы примете силу, когда сойдет на вас Дух Святой; и будете Мне свидетелями в Иерусалиме и во всей Иудее и Самарии и даже до края земли»[425]. Книга Деяний сосредоточена на служении двух наиболее выдающихся апостолов и описывает много сверхъестественных событий, чудес и примеров Божьего водительства.

Мы должны понимать, что Книга Деяний рассматривает переходный этап в библейской истории. На протяжении тридцатилетнего периода, который охватывают Деяния, произошел целый ряд значительных перемен. Лука описывает конец религиозной жизни Божьего народа при Ветхом Завете и переход к периоду Церкви при Новом Завете. Церковь превращается из исключительно еврейской общины из главы 2 Деяний в многокультурную, многонациональную Церковь, состоящую из евреев и язычников, из главы 28 Деяний. В Деяниях описан переход от закона к благодати, от синагоги к церкви, от служения среди иудеев к служению среди язычников, от апостольства к пресвитерству. Благодаря этому Деяния можно назвать динамичной книгой, которая повествует о радикальных переменах. Джон Мак-Артур отмечает: «Итак, Деяния охватывают выдающийся период

---

[425] В главах 1–12 основное внимание сосредоточено на служении Петра и событиях, происходящих главным образом в Иерусалиме, Иудее и Самарии. А в главах 13–28 повествуется в основном о служении Павла и его миссионерской деятельности, целью которой было донести Евангелие «даже до края земли».

в истории. Изменениям, описанным в этой книге, не суждено повториться»[426].

Игнорируя уникальность Деяний и того исторического периода, который они охватывают, учителя, призывающие слушать голос Бога, утверждают, что эти примеры особого откровения от Бога следует рассматривать как образец для современных верующих. Я не отрицаю, что в Деяниях есть примеры сверхъестественного Божьего откровения и водительства. Однако, когда мы исследуем природу этого водительства и все эти случаи из Деяний, мы не находим подтверждения современной методике, которую пропагандируют учителя, призывающие слушать голос Бога.

БОЖЬЕ ВОДИТЕЛЬСТВО В КНИГЕ ДЕЯНИЙ

В Деяниях описывается четырнадцать случаев сверхъестественного Божьего водительства. В книге также упоминается о многих других чудесах, но есть только четырнадцать примеров того, как Бог дает особые указания Своему народу[427].

---

[426] John F. MacArthur, Jr., *Charismatic Chaos*, (Grand Rapids: Zondervan Publishing House, 1992), 172. Этот неоспоримый факт влияет на наш герменевтический подход к этой книге. Если мы игнорируем уникальность Деяний и переходного периода в истории, описанного в них, это может привести к серьезным богословским заблуждениям. Поэтому Мак-Артур предупреждает, что «в Деяниях мы можем считать нормативным для церкви только то учение, которое излагается в ясном виде в других местах Писания». Если же мы игнорируем этот принцип и считаем уникальные события «нормативными», мы всегда будем находить в Деяниях подтверждение нашим запутанным теориям и противоречивым моделям.

[427] Джек Дир утверждает, что, «за исключением главы 17, в каждой главе Деяний мы находим стихи, которые содержат примеры того, как Бог давал сверхъестественное откровение Своим служителям» (Deere, *Surprised by the Voice of God*, 53–54). На страницах 54–56 этой главы в своей книге Дир перечисляет все примеры «сверхъестественного откровения от Бога»,

Ниже я привожу эти четырнадцать случаев в хронологическом порядке [428].

1. Апостолам явился ангел, который вывел их из темницы и велел им проповедовать Евангелие (5:19–20).

2. Филиппу явился ангел, который направил его на дорогу в Газу (8:26).

3. Дух направил Филиппа к эфиопскому евнуху (8:29).

4. Савл обратился к Богу по дороге в Дамаск и услышал голос Иисуса, Который направил его в Дамаск (9:4–6).

5. Анания получил видение, в котором Господь повелел ему посетить Саула (9:10–16).

6. Корнилию в видении явился ангел и повелел ему послать за Петром (10:3–6).

7. Дух повелел Петру посетить Корнилия (10:19–20).

которые он нашел в Деяниях. Говоря о главе 3 Деяний, Дир отмечает: «В исцелении хромого у дверей храма, называемых Красными, явилась слава Христа (ст. 13)». Он также упоминает о чудесных знамениях и проповеди Стефана из главы 6 Деяний. О явлении Христа Павлу по дороге в Дамаск упоминается трижды (Деян. 9, 22, 26). В отношении главы 28 Деяний Дир отмечает: «Бог говорил сверхъестественным образом через чудеса». Дир считает чудеса, проповедь и применение духовных даров примерами «сверхъестественного общения Бога с людьми посредством откровения». Это очень широкое определение, к которому Дир относит почти все, что было сказано и совершено в Деяниях. Непонятно, почему Дир включает в этот список проповедь Петра в главе 4 Деяний, но исключает из него проповедь Павла в главе 17.

428 Мы встречаем в Деяниях два случая, когда люди ощущали прямое Божье водительство до Пятидесятницы. Во-первых, это история о том, что Христос, Который физически пребывал со Своими учениками, повелел им ожидать обещанного Святого Духа (Деян. 1:4–5). Во-вторых, это история о том, как апостолы бросали жребий, чтобы избрать нового апостола вместо Иуды (Деян. 1:24–26). В Деяниях мы также встречаем пять случаев, когда Бог посылал людям сверхъестественное откровение о будущих событиях, не давая им водительства (Деян. 11:27–30; 20:23; 21:11; 23:11; 27:22–26). В этом списке есть примеры прямого Божьего водительства, которое, по мнению учителей, призывающих слушать голос Бога, могут получить все современные христиане через побуждения, знамения и тихий, нежный голос.

8. Ангел приказал Петру следовать за ним из темницы (12:7–8).

9. Святой Дух побудил Павла и Варнаву отправиться в первое миссионерское путешествие (13:2).

10. Святой Дух запретил Павлу проповедовать слово в Асии (16:6–7).

11. В видении Бог повелел Павлу проповедовать в Македонии (16:9–10).

12. Павлу в видении явился Иисус и повелел ему продолжать проповедовать в Коринфе (18:9–10).

13. Дух повелел Павлу через пророчество не ходить в Иерусалим (21:4) [429].

14. В видении Иисус повелел Павлу уйти из Иерусалима (22:18, 21) [430].

---

[429] Я упоминаю об этом случае, потому что он фигурирует в списке, составленном Грегом Кауклом (см. сноску ниже), который я цитирую полностью. В Деяниях 21:4 говорится: «И, найдя учеников, пробыли там семь дней. Они, по внушению Духа, говорили Павлу, чтобы он не ходил в Иерусалим». Если мы воспринимаем это как Божье водительство через Святого Духа, возникает проблема. Далее мы читаем, что Павел проигнорировал это указание от Бога и продолжил свой путь в Иерусалим (ст. 5, 13). Мы делаем вывод, что Павел не подчинился открытой воле Бога. Скорее всего, в этом отрывке речь идет о том, что Дух дал ученикам откровение о страданиях, ожидавших Павла в Иерусалиме (Деян. 9:16; 20:23), которое верующие в Тире истолковали как предупреждение о том, что ему не следует идти в Иерусалим. Верующие восприняли это откровение как запрет, а Павел посчитал, что это предсказание о его страданиях. Другими словами, ссылаясь на откровение от Духа, они предупреждали Павла не ходить в Иерусалим. Запрет исходил от верующих, а не от Святого Духа. Хотя я не считаю это примером Божьего водительства в жизни Павла, я приму этот аргумент.

[430] Этот список, а также некоторые наблюдения, которые приводятся ниже, позаимствованы у Грега Каукла из служения «Испытано истиной» (str org). Он подробно рассматривает вопрос о Божьем водительстве в Деяниях в двух статьях: https://str.org/articles/divine-direction-decision-making-in-the-book-of-acts и https://str.org/publications/does-god-whisper-part-2. Каукл излагает учение о Божьем водительстве в серии аудиосеминаров под названием «Принятие решений и Божья воля».

Четырнадцать примеров! Вроде бы так много. На первый взгляд кажется, что герои Деяний получали прямое водительство от Бога по любому случаю. Однако, если мы изучим эти примеры более тщательно, мы поймем, что к чему.

Во-первых, все эти четырнадцать случаев произошли в течение тридцати лет. То есть такое событие происходило примерно раз в два года. Учитывая, что события в Деяниях разворачивались весьма стремительно и все это случалось при жизни людей (апостолов), которые записали Божье откровение, число четырнадцать не кажется таким уж впечатляющим. Иными словами, за время служения апостолов, которое началось со дня Пятидесятницы, Бог непосредственно направлял Своих служителей только четырнадцать раз. Четырнадцать![431]

Во-вторых, эти четырнадцать примеров можно свести к еще меньшему числу, объединив ссылки, описывающие один случай. Два из этих примеров касаются благовестия Филиппа недалеко от Газы (8:26, 29), и эти события происходят одно за другим. Еще два примера связаны с обращением Савла по дороге в Дамаск (Деян. 9:4–6; 9:10–16). Еще два примера описывают благовестие Петра Корнилию (Деян. 10:3–6; 19–20). Дважды Павел получал от Бога повеление благовествовать в Македонии (Деян. 16:6–7; 16:9–10). В двух случаях Бог давал откровение о служении Павла в Иерусалиме и его последующем прибытии в Рим (Деян. 21:4; 22:18, 21). Таким

---

[431] Сторонники учения о необходимости слушать голос Бога могут возразить, что, возможно, были и другие случаи, когда Бог давал людям особые указания в тот период, но Лука об этом не упоминает. Это возможно, но мы не можем строить свое учение на основании предположений. Мы можем делать выводы только из того, что написано, а не того, что мы ожидали бы видеть в Писании. У нас нет никаких оснований полагать, что в Деяниях приведена лишь небольшая представительная выборка таких случаев.

образом, десять из четырнадцати ссылок описывают всего лишь пять случаев. Две ссылки из оставшихся четырех — это чудесное избавление апостолов из тюрьмы (Деян. 5:19–20; 12:7–8). Еще один случай связан с началом первого миссионерского путешествия Павла (Деян. 13:2). В последнем случае Господь повелел Павлу остаться в Коринфе для благовестия (Деян. 18:9–10). Если мы сгруппируем все эти ссылки вышеуказанным способом, мы увидим, что в Деяниях встречается только девять отдельных случаев конкретного Божьего водительства за тридцать лет служения апостолов.

В-третьих, средства, при помощи которых Бог направлял Своих служителей, не так разнообразны, как считают учителя, призывающие слушать голос Бога. Люди получали водительство от Бога в видениях (пять раз), в посланиях от Духа (четыре раза), через ангелов (три раза), в пророчествах (один раз) и в словах Христа (один раз). Все это, несомненно, примеры сверхъестественного Божьего водительства.

В-четвертых, Бог давал Свое откровение не такому уж широкому кругу людей, как утверждают сторонники учения о необходимости слушать Бога. В семи случаях речь идет о жизни и служении Павла, в двух случаях — о жизни и служении Петра. Один раз Бог дал откровение апостолам (5:19–20)[432]. Помимо апостолов, Бог также давал откровение Филиппу (в связи с одним событием). Кроме того, Он проговорил один раз к Корнилию и один раз к Анании. Следует отметить, что указания, которые Бог дал Корнилию и Анании, были связаны с Петром и Павлом соответственно. Видение Корнилия положило начало служению Петра среди

---

[432] Среди этих апостолов был Петр, потому что далее упоминается о том, как он обращается к синедриону (5:21–29 и далее).

язычников, а видение Анании касалось обращения Павла. За исключением случаев, связанных с жизнью и служением Петра и Павла, прямое водительство от Бога получал только один человек — Филипп. Он был тесно связан со служением апостолов в Иерусалиме (Деян. 6:1–6), и он был одним из трех служителей, которые не относились к числу апостолов, но совершали чудесные знамения[433]. Из Деяний мы также узнаем, что Филипп сыграл ключевую роль в распространении Евангелия по всему миру.

В-пятых, только один из четырнадцати случаев, когда Бог давал людям откровение в Деяниях, не имеет прямого и конкретного отношения к распространению Евангелия. Речь идет о том, как ангел вывел Петра из темницы (12:7–8). Этот случай непосредственно не связан с целью благовестия. Однако даже в этом случае Бог даровал Свое водительство не обычному верующему, а апостолу. Можно предположить, что Петра необходимо было освободить для того, чтобы служение благовестия распространилось по всему миру. Все остальные случаи Божьего водительства были напрямую связаны с распространением благовествования «даже до края земли».

На основании примеров из Деяний можно сделать вывод, что случаи прямого Божьего водительства в Новом Завете после дня Пятидесятницы были связаны исключительно с деятельностью и служением апостолов и подчинены конкретной цели — управлению стремительным ростом Церкви по всему миру в I веке через проповедь Евангелия.

---

[433] Мы читаем о том, что из тех, кто не был апостолом, чудеса совершали только три человека. Это Стефан (Деян. 6:8), Филипп (Деян. 8:6–7) и Варнава (Деян. 14:3). Варнава был спутником апостола Павла. А Филипп и Стефан были тесно связаны с апостольским служением Петра и Иоанна в Иерусалиме (Деян. 6:1–8).

В ЧЕМ ЖЕ СХОДСТВО?

Есть ли какое-либо сходство между тем водительством, которое обещают нам учителя, призывающие слушать голос Бога, и примерами из Деяний?

Вполне очевидно, что в Деяниях не упоминается о тех методах, которые пропагандируют сторонники этого учения. Мы не находим никаких примеров или ссылок, которые бы доказывали, что Бог говорил с верующими через побуждения, влечения, знамения или внутреннее ощущение того, что с ними говорит Бог. Можно было бы подогнать под этот шаблон только четыре случая, когда Бог направляет Своих служителей через Святого Духа (Деян. 8:29; 10:19–20; 13:2; 16:6–7).

Но даже в этих случаях не упоминается о том, что кто-то слышал тихий, нежный голос, ощутил мир в сердце или получил подтверждение знамения[434]. Бог не направлял людей через слова Писания, которые вырывались из контекста и наделялись субъективным значением, приспособленным к личным нуждам. Эти люди не искали знамений. Они не

---

[434] Вероятно, в первых двух случаях Бог говорил слышимым голосом и давал ясное откровение (Деян. 8:29; 10:19–20), которое описывается словами «Дух сказал». Когда Бог призвал Павла на миссионерское служение в Деяниях 13:2, этот призыв также сопровождался фразой «Дух Святой сказал». Возможно, эти слова прозвучали из уст одного из пророков в антиохийской церкви (Деян. 13:1). Четвертый случай совершенно неясен. Фразы «не были допущены Духом Святым» и «Дух не допустил их» могут описывать Божье откровение через пророчество, слышимый голос или даже любое проявление Божьего водительства. Вероятно, всякое сопротивление, которое встречал Павел и его спутники, Лука приписывал водительству Святого Духа. Иначе говоря, возможно, они столкнулись с трудными обстоятельствами, которые помешали им пойти в Асию и Вифинию. Эти обстоятельства, в которых проявилось Божье провидение, Лука позже связывает с волей и намерениями Святого Духа, особенно в свете видения, которое Павел получил сразу после того, как Дух направил его в Македонию (Деян. 16:9–10).

ждали, пока Бог начнет говорить с ними на определенную «тему». В Деяниях мы нигде не встречаем терминов, которыми оперируют сторонники этого учения, а также описания их методов. Здесь нет ни одного упоминания о том, что Бог давал указания или открывал Свою волю при помощи субъективных средств, которые отстаивают авторы, призывающие слушать голос Бога.

Нет никаких указаний на то, что те, кто получил Божье водительство, искали его в то время. В каждом случае Бог давал людям Свое откровение весьма неожиданно. Они не «слушали» Божий голос и не пытались распознать его. Они не настраивались на частоту Бога. Им не нужно было успокаивать свое сердце, избавляться от всех отвлекающих факторов или устранять то, что мешает им воспринимать Божье водительство. Они не просили знамений, не искали водительства и не ждали ответа от Бога. Никто не учился слушать Божий голос. Никто. Ни один из методов, которые, по мнению сторонников этого учения, необходимы нам для того, чтобы услышать Божий голос, не подтверждается свидетельством той самой книги (Деяний), которую они считают своим образцом.

Кроме того, в словах тех, кто слышал голос Бога, мы не видим ни тени неуверенности. Апостолы никогда не говорили: «Я чувствую побуждение...», «Я верю, что Господь говорит мне...» или «Я чувствую, что Господь хочет, чтобы я...». Во всех случаях они получали ясное и недвусмысленное откровение от Бога. Его не нужно было истолковывать или подтверждать. Никому не приходилось проверять откровение, чтобы исключить ложноположительный результат, или подтверждать его истинность.

Когда Бог давал людям прямое водительство в Писании, оно всегда было ясным. Бог открывал Свою волю ясно, потому что ожидал, что ее будут исполнять. Он не говорит через знамения, символы или случайные мысли, которые необходимо расшифровывать. Бог говорит ясно, чтобы люди могли понять и исполнить Его Слово. Ни у кого не было никаких сомнений! Павел не встал с земли по дороге в Дамаск и не сказал: «Знаете, я чувствую, что Господь хочет, чтобы я стал апостолом и прекратил преследовать христиан. Я думаю, что Господь говорит именно это, но мне нужно помолиться и посмотреть, будет ли в моем сердце мир по поводу этого решения. Возможно, я смогу подтвердить это послание через знамение руна, когда доберусь до Дамаска».

Наконец, во всех примерах из Деяний Бог осуществлял Свое водительство сверхъестественным образом. Более половины случаев (восемь) были связаны либо с видениями, либо с посещением ангелов. Еще пять были голосами Иисуса или Святого Духа. Одно из них было пророчеством. Все это были сверхъестественные события. Это не были впечатления, догадки или случайные мысли. Бог не говорил через слова с рекламных щитов, тексты песен или плавающие пивные банки. В Деяниях Бог говорил с уникальными людьми (апостолами) сверхъестественными средствами, чтобы направлять стремительное распространение Евангелия. А по мнению тех, кто призывает слушать голос Бога, Он говорит с нами через догадки и знамения, чтобы направить нас к нужному сантехнику. Эти проповедники ссылаются на сверхъестественные примеры из жизни апостолов в Деяниях, чтобы обосновать учение о том, что Бог говорит с каждым через естественные обстоятельства. У сторонников этого учения король оказывается голым!

ПРИНЯТИЕ РЕШЕНИЙ БЕЗ ВОДИТЕЛЬСТВА

В Деяниях не содержится «образца» для верующих, как утверждают некоторые. Четырнадцать примеров, которые мы рассматривали выше, описывают исключительные события во всех отношениях. Эти случаи в Деяниях противопоставляются многим другим, в которых люди принимали решения без Божьего водительства через прямое откровение. Грег Каукл пишет:

> Справедливости ради следует также отметить, что в Деяниях упоминаются и другие важные решения, которые принимались без Божьего водительства. Мы часто видим, как ученики принимают решения, знаменующие важные события в жизни ранней церкви. По мнению многих, в принятии таких решений мы должны руководствоваться словом от Господа. Это решения о том, как, когда, где, почему и кто будет служить Богу. Однако мы не находим никаких указаний на то, что Бог направлял учеников в принятии этих решений и что они вообще искали Божьего водительства. Они просто взвешивали разные варианты в свете обстоятельств, а затем выбирали наиболее разумный вариант действий, который не противоречил ранее данным общим повелениям Господа [435].

Каукл приводит семьдесят случаев из Деяний, когда христиане, включая апостолов, принимали решения относительно своей жизни и служения без какого-либо упоминания о Божьем водительстве [436]. Сюда относятся проповедь

---

[435] https://www.str.org/publications/does-god-whisper-part-2.

[436] https://www.str.org/articles/divine-direction-decision-making-in-the-

Петравхраме(3:12–26),избраниедьяконоввИерусалиме (6:1–6), путешествие Петра и Иоанна в Самарию (8:14) иназначениепресвитероввновыхцерквях(Деян.14:23). Длятого,чтобыприниматьрешенияопланахпоездок,организациипроповеди,назначениипресвитеровидьяконов, выборепопутчиков,финансовыхрасходахикасательно доктринальных вопросов, апостолам не нужно было пытатьсяуслышатьголосБога.Аведьэтовопросы,поповоду которых,помнениюсторонниковученияонеобходимости слушатьБога,намнеобходимополучатьясноеиактуальное откровениеотБога.Еслиможноговоритьотом,чтовДеянияхестьобразецдляпринятиярешений,тоэтонаверняка семьдесятрешений,которыеверующиепринялиестественнымобразом,анечетырнадцать,которыеонипринялипри помощи сверхъестественных средств.

КАКИЕ УРОКИ МОЖНО ИЗВЛЕЧЬ ИЗ ДЕЯНИЙ

МожемлимынаоснованииДеянийрассчитыватьнато,что будемполучатьсверхъестественныеоткровенияотБога? ВДеянияхнетничего,чтоуказывалобынато,чтотакиесобытия—это«обычноеявлениедляновозаветногохристианства», как считает Джек Дир.

Разве примеры Божьего водительства в жизни апостолов в отношении проповеди Евангелия могут быть поводом, чтобы утверждать, что Бог подскажет нам, в какой ресторан пойти на обед? Почему мы считаем, что повеление Бога Петру проповедовать Евангелие язычникам — это такое же

book-of-acts.

откровение, как и указание от Бога, к кому обратиться для ухода за газоном? Почему повеление Господа Анании крестить апостола ничем не отличается от голоса, который «повелел» Бет Мур расчесать волосы незнакомцу в аэропорту?[437] Методы слышания «Божьего голоса», которые предлагают авторы, призывающие искать личного откровения от Бога, не имеют ничего общего с тем, что мы находим в Писании. Все их заявления о том, что Бог говорит сейчас точно так же, «как и в библейские времена», — это пустая болтовня.

Бог не направлял всех верующих при помощи необычных, сверхъестественных средств. Эти уникальные события были связаны со служением Петра и Павла. Единственным исключением из этого правила был Филипп, но он был тесно связан с апостолами. Особое водительство в благовестии нельзя считать привилегией каждого верующего. В Писании нет учения о том, что мы можем ожидать от Бога такого водительства. Бог не обещает нам такого откровения в Писании. У нас нет оснований для того, чтобы ссылаться на несколько исключительных случаев в Библии, называя их образцом для всех верующих.

---

437   На примере этой странной истории Бет Мур показывает, что значит «исполняться полнотой Христа» (https://www.youtube.com/watch?v=U088J kiQeDQ).

ГЛАВА 17

КАК ПРИНИМАТЬ РЕШЕНИЯ, НЕ ПЫТАЯСЬ УСЛЫШАТЬ ГОЛОС БОГА

Моя цель — убедить вас, что Бог не нашептывает нам Свою скрытую, таинственную волю в сновидениях, знамениях и постоянно меняющихся обстоятельствах. Я рассмотрел ключевые отрывки, которые цитируют учителя, призывающие слушать голос Бога, когда хотят доказать, что Бог говорит вне Писания. Мы изучили методы, которые они применяют, формулы, которые они предлагают, а также места Писания, на которые они ссылаются. Их предположения и методологии полны противоречий. Я продемонстрировал, что сторонники этого учения извращают смысл Писания, вырывая стихи из контекста и применяя их в таком контексте, которого не предполагал ни автор, написавший этот отрывок, ни Сам Бог, руководивший его написанием. В Библии нет учения о таком подходе к тексту, а также примеров его применения.

Недостаточно просто опровергнуть ошибочное учение. Мы должны знать, какова библейская модель принятия решений. Как нам следует принимать решения, в том числе самые важные, и быть уверенными, что в этом процессе участвует Бог? Существует ли модель принятия решений, которая не основана на искаженном толковании Писания, субъективных впечатлениях и изменчивых обстоятельствах? Существует ли метод, который отражен в библейском учении и примерах?

Да. Это так называемый подход, основанный на мудрости[438].

ЧТО ТАКОЕ ВОЛЯ БОГА?

Подход, основанный на мудрости, противопоставляется традиционному подходу[439]. Согласно традиционному подходу, у Бога есть конкретная воля относительно каждого принимаемого нами решения. Бог желает явить нам эту конкретную волю, чтобы мы повиновались Ему, принимая правильные решения. В соответствии с этой точкой зрения, Бог открывает нам, с кем вступить в брак, где жить, на какую работу пойти, сколько завести детей, как их назвать и в какую церковь ходить. Мы можем узнать Божью волю по поводу этих и тысяч других вопросов, если будем искать

---

[438] Впервые я познакомился с «подходом, основанным на мудрости», когда прослушал серию семинаров под названием «Принятие решений и Божья воля» Грега Каукла (str.org). Каукл позаимствовал это выражение из одноименной книги Гэрри Фризена. Каукл кратко излагает принципы подхода, основанного на мудрости. Самое подробное изложение этой темы, которое я нашел, содержится в книге Фризена. Искренне рекомендую оба эти источника. Я многое почерпнул из трудов Каукла и Фризена на эту тему.

[439] Термины «подход, основанный на мудрости» и «традиционный подход» ввел Гэрри Фризен в книге «Принятие решение и Божья воля».

Его водительства, следовать Его подсказками и слушать Его голос[440]. Именно этот взгляд на Божью волю лежит в основе учения о необходимости слушать голос Бога.

Те, кто придерживаются подхода, основанного на мудрости, напротив, утверждают, что в соответствии с принципами Божьего Слова (Божьего откровения о Его нравственной воле и мудрости) мы свободны делать то, что хотим, с Божьим благословением. Согласно подходу, основанному на мудрости, Бог открыл для нас Свою волю в Писании. Если мы находимся в рамках дозволенного в Писании, у нас есть свобода выбирать любой вариант действий, не опасаясь, что мы нарушим Божью волю.

Библейское понятие «Божья воля» рассматривается в двух аспектах. В Библии говорится о суверенной и моральной воле Бога. Это два разных понятия, и для того, чтобы познавать и исполнять Божью волю, нам необходимо понимать различие между ними.

Суверенная Божья воля выражается в том, что Бог полностью контролирует все события. К суверенной Божьей воле относятся Его неизменные цели, таинственное провидение и предвечные определения. Бог решил держать большую часть Своей суверенной воли в тайне (Еф. 1:11; Рим. 9:19; Дан. 4:35; Деян. 2:23, 4:27–28). Его суверенная воля исполняется в истории посредством божественного провидения, поскольку

---

[440] Как я отмечал в главе 4, не бывает «более или менее значимых» решений. Мы не знаем, какое решение навсегда изменит нашу жизнь. Именно поэтому утверждение Чарльза Стэнли о том, что Бог открыл ему, какую индейку купить на День благодарения, полностью согласуется с учением о необходимости слышать голос Бога и традиционным подходом. Присцилла Ширер заявляет, что мы нуждаемся в Божьем откровении, когда выбираем подрядчика для ремонта. А Марк Баттерсон утверждает, что Бог открыл ему название для его новой церкви.

Он держит «все словом силы Своей» (Евр. 1:3), совершает «все по изволению воли Своей» (Еф. 1:11) и делает все, что Ему угодно (Ис. 46:10). Элементы Своей суверенной воли Бог открывает в пророчествах. В предсказаниях о будущих событиях мы видим общие черты Божьего замысла и целей, которые еще не осуществились. Мы познаем суверенную Божью волю из истории в ретроспективе, потому что события, которые Он предопределил в Своем всевластном замысле от вечности, происходят во времени. С моральной точки зрения мы не обязаны подчиняться элементам суверенной Божьей воли, которую Он определил, но не открыл (Втор. 29:29).

Моральная Божья воля выражается в библейских повелениях, этическом учении и наглядных примерах — как положительных, так и отрицательных. Например, Библия заповедует нам ходить во свете, поступать мудро, любить ближних, служить другим, избегать безнравственности, быть щедрыми, гостеприимными и добрыми[441]. Поскольку моральная Божья воля открыта в Писании, мы обязаны подчиняться ей. Чем лучше мы знаем Божье Слово, тем лучше познаем открытую моральную Божью волю[442].

Если мы верим, что Бог предусмотрел в Писании «все потребное для жизни и благочестия» (2 Пет. 1:3) и что Писание «...полезно для научения, для обличения, для исправления, для

---

[441] 1 Фессалоникийцам 4:3; 5:15–18; Ефесянам 5:15–21; Римлянам 12 и 13.

[442] Гэрри Фризен (в книге «Принятие решений и Божья воля») полностью опровергает учение о необходимости слышать голос Бога, которое лежит в основе традиционного подхода к принятию решений. Согласно этому подходу, у Бога есть «конкретная воля» лично для нас, которую Он открывает нам через субъективные средства и обстоятельства. Фризен подробно рассматривает библейские отрывки и показывает, что нам не нужно пытаться определить сокрытую и тайную волю Бога. Бог не обещал, что откроет ее нам, и не будет привлекать нас к ответственности за то, что мы не исполнили то, чего Он не открыл.

наставления в праведности, да будет совершен Божий человек, ко всякому доброму делу приготовлен» (2 Тим. 3:16–17), мы должны признать, что Писание содержит всё необходимое для принятия мудрых, нравственных решений, прославляющих Бога. Всё. Мы обладаем всей полнотой знания, откровения и мудрости, которые необходимы для принятия любого решения. Божья премудрость и моральная воля раскрываются в библейских истинах, принципах и примерах. Этого совершенного и полного откровения более чем достаточно.

Сторонники учения о необходимости слушать голос Бога отмечают, что в Писании Божья воля не раскрывается подробно [443]. Это серьезный «изъян» Божьего Слова, который, по мнению учителей, призывающих слушать голос Бога, исправляет их система. Но это вовсе не изъян. Божий замысел был в том, чтобы открыть нам моральную Божью волю и мудрость, а затем дать свободу принимать решения в рамках этого откровения. Тот факт, что в Писании не содержится индивидуального Божьего водительства для каждого верующего лично, не является недостатком. В этом славный замысел Бога в отношении Писания. Бог предназначил нам возрастать в мудрости и познании, когда мы принимаем решения в рамках Его открытой воли (Писания). Поэтому, следуя указаниям Божьего Слова (моральной Божьей воле и мудрости), мы свободны делать то, что хотим, с Божьим благословением. Другими словами, если мы исполняем открытую моральную Божью волю (Писание) и применяем библейскую мудрость, мы вправе выбирать любой вариант действий, не опасаясь, что

---

[443] Под этим учителя, призывающие слушать голос Бога, подразумевают, что в Писании мы не видим подробных указаний от Бога для принятия повседневных решений — какой дом купить, к какому механику обратиться, в какой ресторан пойти и т. п.

ослушаемся Бога или не узнаем Его волю. Это библейский подход к принятию решений. Я проиллюстрирую, как применять его на практике, и покажу, что он отражен в учении Писания и библейских примерах[444].

ПРИМЕНЕНИЕ ПОДХОДА, ОСНОВАННОГО НА МУДРОСТИ

Этот простой подход может помочь нам в принятии решений, с которыми мы сталкиваемся, даже самых важных. Давайте попробуем применить этот подход к принятию решений в двух важнейших и наиболее значимых сферах нашей жизни — в выборе спутника жизни и выборе профессии.

Брак — это одна из важнейших сфер, и решение в ней влияет на всю нашу жизнь. В Писании есть много повелений относительно брака, но нигде не говорится, что в выборе спутника жизни мы должны стремиться услышать голос Бога.

Какое наставление дает нам моральная Божья воля по этому вопросу?

Писание определяет границы Божьей воли в этом вопросе. С кем можно вступать в брак?

1. С верующим человеком. Во Втором Послании к Коринфянам 6:14—15 сказано, что мы не должны впрягаться в одно ярмо с неверующими: «Не преклоняйтесь под чужое ярмо с неверными, ибо какое общение праведности с беззаконием?

---

444   Одно из моих главных критических замечаний по поводу учения о необходимости слушать голос Бога заключалось в том, что методы и принципы, вытекающие из этой концепции, не подтверждаются библейским учением и примерами. Я продемонстрирую, что рассматриваемый здесь метод соответствует обоим критериям.

Что общего у света с тьмою? Какое согласие между Христом и Велиаром? Или какое соучастие верного с неверным?» Христиане не имеют права вступать в брак с нехристианами[445]. Этот элемент моральной Божьей воли сужает ваш выбор с восьми до менее одного миллиарда человек.

2. С представителем противоположного пола. В Евангелии от Матфея 19:4–6 и в Первом Послании к Коринфянам 6:9–10 запрещаются однополые браки. Иисус цитирует слова из Бытия 2:24, в которых описывается Божий замысел относительно брака: «Потому оставит человек отца своего и мать свою и прилепится к жене своей; и будут одна плоть». Божий замысел относительно сотворенного Им института брака ограничивает ваш выбор только представителями противоположного пола. Это сужает его еще на 50%. Ситуация еще больше проясняется!

3. С человеком, соответствующим библейским требованиям для вступления в брак. В главе 7 Первого Послания к Коринфянам описываются условия, при которых христиане не могут вступать в брак или в повторный брак.

4. С тем, кто не состоит в браке. Нельзя вступать в брак с теми, кто уже связан семейными узами. Если мы расторгаем существующий брак для того, чтобы заключить еще один, мы нарушаем моральную волю Бога (Мф. 19:3–9).

Согласно открытой моральной воле Бога, которую мы вкратце рассмотрели, можно вступить в брак с верующим человеком, который является представителем противоположного пола, не состоит в браке и соответствует необходимым

---

[445] Этот принцип исключает возможность свиданий с неверующими и ухаживаний за неверующими, потому что верующие не могут строить такие отношения с целью вступления в брак.

библейским требованиям. Хотя это несколько сужает наш выбор, он не ограничивается лишь «одним-единственным» спутником жизни. Однако в этом вопросе мы руководствуемся не только моральной волей Бога. Нам также заповедано применять благочестивую мудрость, чтобы «…жить безопасно и спокойно, не страшась зла» (Прит. 1:33) [446].

Какое наставление дает нам Божья мудрость по этому вопросу?

1. В Притчах 21:9 говорится: «Лучше жить в углу на кровле, нежели со сварливою женою в пространном доме» [447]. Мудрость предостерегает нас от того, чтобы вступать в брак с человеком, который всегда провоцирует ссоры. Если вы хотите, чтобы в вашей семье не было раздоров, не вступайте в брак с теми, кто их начинает. Чтобы избежать раздоров и ссор (Прит. 20:3), не вступайте в брак с человеком, чьи убеждения и интересы противоречат вашим. Если вы кальвинист, но помолвлены с арминианином, это станет причиной споров между вами. Если вы считаете, что дар иных языков больше не действует так, как в эпоху Нового Завета, вам не следует вступать в брак с человеком, который будет просить вас передать соль за обеденным столом на своем «небесном молитвенном языке».

2. В Притчах 11:22 сказано: «Что золотое кольцо в носу свиньи, то женщина красивая и — безрассудная». Мудрость гласит: «Не стоит жениться на женщине только из-за ее красоты». Глупо жениться на красивой женщине, не обращая

---

[446]   В первых четырех главах Книги Притчей описываются блага, которые получают те, кто прислушивается к голосу мудрости.
[447]   Принципы, изложенные в Притчах, также применимы и к женщине, ищущей мужа. Притчи написал Соломон своему сыну (1:8), поэтому наставления адресованы ему.

внимания на ее безрассудство. Вы получите золотое кольцо, но вам придется жить со свиньей! В то же время было бы неразумно вступать в брак с человеком, который вас не привлекает физически, поскольку на вас лежит обязанность удовлетворять физические потребности второй стороны в браке (1 Кор. 7:1–7).

3. Мудрость повелевает нам избегать ленивых (Прит. 10:26), глупых (Прит. 14:7), сварливых (Прит. 27:15) и безнравственных людей (Прит. 5). Хороший и благочестивый супруг или супруга — это дар от Господа (Прит. 18:22). Если вы познаете мудрость, открытую в Писании, и внимаете библейским предупреждениям, это поможет вам избежать ловушек глупости (Прит. 8).

Изучив моральную волю Бога и библейскую мудрость по этому вопросу, мы видим, что Богу есть что сказать о том, какого человека нам следует рассматривать в качестве спутника жизни. Как вы заметите, у вас по-прежнему есть большая свобода выбора: вы можете выбирать из нескольких вариантов. В пределах установленных границ моральной воли Бога, а также в соответствии с мудростью, явленной в Писании, вы можете вступать в брак с кем пожелаете.

Именно этот метод принятия решений применяет Павел в главе 7 Первого Послания к Коринфянам, где он рассматривает тему брака. Здесь он излагает моральную Божью волю в отношении брака, в том числе и учение о недопустимости половой распущенности в браке (7:1–7) и до брака (7:8–9), повеления относительно развода (7:10–11), а также наставления по поводу того, как жить в браке с неверующим супругом или супругой (7:12–16). В этой главе мы также встречаем отдельные наставления о том, как сохранять мир в браке

(7:15), о пользе брака (7:9, 32), о его потенциальных недостатках (7:7–8, 26, 28, 33–34, 40) и о благородстве безбрачия (7:7, 25–40). Павел также дает советы, которые являются не заповедями, вытекающими из моральной Божьей воли (7:25, 40), а просто мудрыми рекомендациями в свете нынешних обстоятельств (7:26).

В конечном счете решение о вступлении в брак и о том, с кем вступать в брак, остается за самим человеком. Павел не приказывает кому-либо вступать в брак или оставаться безбрачным. Определив границы моральной Божьей воли в отношении брака и дав мудрые советы в свете нынешних обстоятельств, Павел оставляет этот вопрос на усмотрение каждого. Каждый свободен вступить в брак или оставаться безбрачным в соответствии со своими желаниями. Гэрри Фризен отмечает: «С самого начала Павел определил важный принцип: решение человека о вступлении в брак регулируется, но не определяется моральной Божьей волей. <…> Вопрос о том, вступать ли в брак или оставаться безбрачным, лежит в сфере свободы»[448]. Учение о свободе выбора в рамках моральной воли и премудрости Бога ясно следует из стихов:

1 Коринфянам 7:25: «Относительно девства я не имею повеления Господня, а даю совет, как получивший от Господа милость быть Ему верным».

1 Коринфянам 7:28: «Впрочем, если и женишься, не согрешишь; и если девица выйдет замуж, не согрешит. Но таковые будут иметь скорби по плоти; а мне вас жаль».

1 Коринфянам 7:36: «Если же кто почитает неприличным для своей девицы то, чтобы она, будучи в зрелом возрасте,

---

448   Friesen and Maxson, *Decision Making and the Will of God*, 293–294.

оставалась так, тот пусть делает, как хочет: не согрешит; пусть таковые выходят замуж».

1 Коринфянам 7:39: «Жена связана законом, доколе жив муж ее; если же муж ее умрет, свободна выйти, за кого хочет, только в Господе».

В главе 7 Первого Послания к Коринфянам мы видим, как Павел демонстрирует применение подхода к принятию решений, основанного на мудрости. Он рассматривает одно из важнейших решений, с которыми сталкиваются верующие: вступать в брак или нет и, если да, то с кем. Павел отвечает: исполняйте открытую моральную волю Бога, действуйте в соответствии со здравым смыслом и делайте что хотите. Вступайте в брак или оставайтесь безбрачными. Вступайте в брак с тем, с кем хотите. Делайте как пожелаете.

Обратите внимание, что Павел не пользуется ни одним из методов принятия решений, которые отстаивают учителя, призывающие слушать голос Бога. Он не говорит, что вам нужно получить актуальное слово от Бога. Он не советует нам распознавать знамения, прислушиваться к тихому, нежному голосу, настраиваться на частоту Бога, гадать на кофейной гуще, просить Бога послать вещий сон, расстилать перед Ним «руно», искать подтверждения своих догадок или ждать откровения. Это один из тех отрывков, где должны были последовательно применяться эти методы. Именно в этом случае нам бы стоило ожидать увидеть соответствующее наставление и примеры. Если бы учение о необходимости слушать голос Бога было библейским, Павел бы сказал: «Не принимайте столь важного решения, не услышав мнение Бога. Подождите, пока Он откроет его вам во впечатлении, тихом, нежном голосе или случайном отрывке из Писания, вырванном из контекста. Конечно, вы не должны верить одному источнику, пока не подтвердите это слово свидетельством двух или трех других средств, через которые Бог будет говорить с вами. Как только вы почувствуете, что услышали слово от Бога, как только Он начнет говорить с вами на определенную тему, расстелите перед Ним „руно" и попытайтесь распознать Его знамения. Бог проговорит к вам ясно, если вы будете внимательно слушать Его голос. Не отвлекайтесь, иначе Он не сможет донести до вас Свои послания».

Писание содержит все, что вам нужно знать для того, чтобы принимать решения. Вам не стоит пытаться услышать другой «голос». Бог открыл вам все необходимое, чтобы вы могли сделать правильный выбор. Исполняйте моральную Божью волю, проявляйте мудрость и выбирайте то, что хотите. Никакого гадания на кофейной гуще. Никакого расстилания руна. Никаких тихих, нежных голосов. Никаких внутренних побуждений.

Библейский подход к принятию решений сводится к следующему: в соответствии с принципами Божьего Слова (нравственная воля и мудрость) мы свободны делать то, что хотим, с Божьим благословением. Если нам не нужно личное откровение от Бога по поводу принятия столь важного решения, то зачем оно нам для того, чтобы принимать тысячи других, менее важных решений?

ВЫБОР ПРОФЕССИИ

Давайте рассмотрим еще один сложный пример — выбор профессии. Как можно применить подход, основанный на мудрости, к вопросу о том, какую профессию выбрать?

Какое наставление дает нам моральная Божья воля по этому вопросу?

Моральная Божья воля, явленная в Писании, определяет параметры, которыми мы руководствуемся при выборе. Первый вопрос, который мы должны себе задать: «Нарушу ли я моральную Божью волю, если выберу какой-либо из этих вариантов?» Если мы выбираем между работой сантехника и работой проститутки, ответ очевиден. Второй вариант явно противоречит моральной Божьей воле[449]. Будет ли эта профессия прославлять Бога? Придется ли вам в ходе выполнения своих служебных обязанностей нарушать моральные Божьи повеления? Будет ли один из рассматриваемых вариантов вынуждать вас грешить или склонять к греху других? Создаст ли эта работа такую ситуацию, в которой вы столкнетесь с искушением совершить зло (1 Фес. 5:22; Рим. 13:14)? Варианты, противоречащие моральной Божьей воле, вообще не рассматриваются как варианты.

Какое наставление дает нам Божья мудрость по этому вопросу?

В Притчах много говорится о работе. Может ли этот вариант привести к тому, что вы будете общаться с глупыми и развращаться (Прит. 13:20)? Будет ли этот вариант подталкивать вас к безнравственности (Прит. 5), лжи (Прит. 4:24) или лени (Прит. 6:6—10)?

Если ваш выбор не противоречит моральной Божьей воле и мудрости, то с Божьим благословением вы свободны выбирать все, что пожелаете. Вы можете выбрать работу

---

[449] Я привожу этот пример только в иллюстративных целях. Никогда не встречал сантехника, который мог бы стать успешной проституткой.

или профессию, которая вам по душе. Выбирая, вы должны учитывать, что вам нравится или не нравится. Если вы не можете смотреть на кровь, не пытайтесь стать хирургом. Если вы ненавидите животных, профессия ветеринара не для вас. Что вы предпочитаете — работать на свежем воздухе или в помещении, в одиночку или в команде? Насколько вы стрессоустойчивы? Есть ли в вашей жизни особые обстоятельства, связанные с семьей или служением, которые влияют на ваш выбор? Все эти факторы следует учитывать.

А что делать, если вам нужно выбирать между двумя равными вариантами? Допустим, вы получили предложения о работе на одинаковых условиях от двух компаний. Одна компания находится в Вашингтоне, а другая в Нью-Йорке. Чтобы еще больше усложнить сценарий, давайте представим, что ни один из вариантов не противоречит моральной Божьей воле или Его мудрости. Оба варианта кажутся одинаковыми во всех отношениях. Как вам поступить? Должны ли вы ожидать слова от Бога? Или, может, вы должны искать знамений, расстилать перед Богом «руно», ждать, пока у вас появится мир в сердце, и рассчитывать на то, что Бог подтвердит Свое откровение? Нет.

Сделайте свой выбор. Вы свободны выбирать любой вариант, не опасаясь, что упустите что-либо лучшее от Бога или нарушите Его волю. В Писании не говорится, что вам нужно личное откровение, чтобы сделать выбор, который прославит Бога. Бог предусмотрел все, что вам нужно, в Писании. Его достаточно, чтобы приготовить вас ко всякому доброму делу.

Учителя, призывающие нас слушать голос Бога, исходят из предположения, что Бог уже определил, какое решение мы должны принять в соответствии с Его волей. В Писании не говорится, что Он принимает решения за нас. Он хороший Отец, Который учит Своих детей моральным принципам и мудрости. Он ожидает, что мы будем принимать решения, руководствуясь этими принципами. Мы возрастаем «в благодати и познании Господа нашего и Спасителя Иисуса Христа» (2 Пет. 3:18), в святости, то есть в послушании моральной Божьей воле (1 Пет. 1:15), и в мудрости (Прит. 4:5, 7). Поступая так, мы будем полностью готовы ко всякому делу (2 Тим. 3:17) и будем поступать мудро (Еф. 5:15) и прославлять Бога (1 Кор. 10:31). По мере того, как мы возрастаем в зрелости, мы все больше и больше учимся принимать мудрые и нравственные решения, основанные на откровении истины и мудрости, заключенных в сокровищнице Писания. Бог дает нам свободу делать это.

ЕЩЕ ОДИН ПРИМЕР ИЗ ЖИЗНИ АПОСТОЛОВ

В Новом Завете мы не видим, чтобы апостолы или другие верующие ожидали слова от Бога для принятия решений, какими бы важными они ни были. Никто не прислушивался к голосам, не распознавал знамений, не ожидал побуждений, не анализировал свои чувства, не пытался услышать слово от Бога на определенную тему, не ожидал мира в сердце и не искал подтверждения услышанному, прежде чем начать действовать. Новозаветные христиане принимали решения, повинуясь моральной воле Бога, открытой в Слове, и применяя Божью мудрость. Яркий пример тому — планы Павла, связанные с путешествием в Рим (Рим. 1:9–15).

На Павла была возложена обязанность нести Евангелие язычникам (1:14). Такова была моральная Божья воля.

Он хотел посетить христиан в Риме (Рим. 1:10), и, похоже, наконец-то у него появилась возможность осуществить свой план (Рим. 15:22–24). Павел вверял себя суверенной Божьей воле и просил, чтобы «...воля Божия когда-нибудь благоспешила...» ему посетить верующих в Риме (Рим. 1:10). Павел не получал «личного слова» от Бога относительно планов на его путешествие. Бог не повелел ему отправиться в Рим, но он хотел поехать туда. Его план посетить этот город не противоречил моральной Божьей воле, и в нем не было ничего неразумного. Павел мог принять решение ехать или не ехать в Рим, не опасаясь ослушаться Бога в обоих случаях. Если бы вы спросили Павла, почему он планировал путешествие в Рим, он бы ответил: «Я хочу увидеть тамошних верующих и послужить им» (Рим. 1:10). Павел строил планы так, как хотел, с мудростью и в соответствии с открытой моральной Божьей волей. Он не пытался сделать вид, будто принял «духовное» решение: «Я чувствую, что Господь направляет меня...» или «Я думаю, Господь повелевает мне...», или «Я чувствую, что Господь всячески говорит мне о Риме, и поэтому я решил проверить это слово с помощью руна».

Тот же метод применили апостолы в главе 6 Деяний, приняв моральное и мудрое решение по поводу распределения пищи среди вдов еллинистов. Апостолы не хотели пренебрегать своими обязанностями и заниматься другими делами, какими бы достойными и благородными они ни были. Они могли сами раздавать еду или назначить для этого других людей, потому что оба варианта не противоречили моральной Божьей воле. Апостолы приняли разумное решение: делегировать эти обязанности и найти благочестивых, исполненных Духа и надежных людей для выполнения этой работы. Очевидно, они приняли это решение без каких-либо знамений, голосов, мира в сердце, впечатлений или подтверждений. В Писании не говорится, что они «почувствовали Божье водительство», «ощутили побуждение» к этому или даже услышали слово от Бога. Апостолы решили назначить людей и даже выбрали, кого назначить, без особого откровения от Бога[450]. Они приняли моральное и мудрое решение.

Еще один пример — это наставление Павла Тимофею о том, как назначать пресвитеров. Павел не велел Тимофею расстелить руно, услышать голос Бога или ждать мира в сердце по поводу избрания пресвитеров. Он наставлял Тимофея в моральной воле Бога (требования к пресвитерам — 1 Тим. 3:1–7), а Тимофей назначал и утверждал пресвитеров на основании этого учения. Никакого тихого, нежного голоса. Никакого мира в сердце. Никаких подтверждений. Этот метод отражен в библейском учении и примерах. Познавайте моральную Божью волю. Действуйте мудро. Выбирайте то, чего вы хотите. И доверьте результат Богу.

А ГДЕ ВО ВСЕМ ЭТОМ БОГ?

Кто-то может возразить против такого подхода: «Вы не учитываете мнение Бога! Вы не ожидаете, что Он скажет вам, какой вариант выбрать. При таком подходе Бог наблюдает за всем со стороны и не вовлечен в принятие повседневных решений».

Это совершенно не соответствует истине! Согласно подходу, основанному на мудрости, Бог направлял ход истории

---

[450] Это один из семидесяти примеров из Деяний, когда апостолы принимали решения без особого откровения от Бога. Смотрите предыдущую главу.

таким образом, чтобы дать нам совершенное, непогрешимое и живое Слово. Оно наполнено сокровищем Божьей истины для Его народа. В Своем Слове Бог по благодати даровал нам все, что нужно, чтобы жить и прославлять Его. Это сокровищница мудрости. В Своем всевластии Бог управлял историческими событиями таким образом, чтобы даровать нам Писание и сохранить его для нас.

Кроме того, в Своем всевластии и провидении Бог участвует в нашем принятии решений и через это исполняет Свою волю! Бог обещает совершать все таинственной и невидимой рукой Своего провидения ради нашего блага и Своей славы (Рим. 8:30). Бог непосредственно вовлечен в каждое историческое событие, через которое Он исполняет Свою волю. Наш выбор не может помешать Его всевластному замыслу (Дан. 4:31–32; Ис. 46:10). Бог действует во всем, в том числе и в нашем выборе и принятии решений, по изволению Своей воли (Еф. 1:11). Мы можем покоиться в Его всевластии с уверенностью, что в Своем провидении Он управляет всеми делами представителей Своего народа.

Нет никаких сомнений, что Бог участвует в наших делах! Более того, Он вовлечен в нашу жизнь гораздо более непосредственно, чем считают учителя, призывающие нас слушать голос Бога. Согласно учению о необходимости слышать Божий голос, Бог пытается говорить с нами. Он пытается донести до нас Свое слово. Однако, если мы не идем Ему навстречу, слушая и принимая Его слово, мы не позволяем Ему участвовать в нашей жизни. В учении о необходимости слышать голос Бога Его участие в нашей жизни сводится к отчаянным попыткам достучаться до представителей Своего народа, большинство из которых терпят неудачи из-за неспособности услышать Бога. Он раскладывает перед нами хлебные крошки в надежде, что мы поймем Его намеки и сделаем правильный выбор.

На мой взгляд, Бог действовал в истории на протяжении нескольких тысяч лет, чтобы дать нам Свое Слово. Он устраивает все события нашей жизни и в Своем провидении управляет каждой деталью. Согласно подходу, основанному на мудрости, мы должны уделять время чтению и изучению Писания, чтобы точно понимать Слово Истины. Читая и познавая Писание, а также размышляя над ним, мы освящаемся истиной (Ин. 17:17) и преображаемся в образ Христа (2 Кор. 3:18). Мы должны искать и просить мудрости, стремясь исполнять Божьи заповеди с любовью и верностью. Мы полностью доверяем Богу результаты принимаемых нами решений, полагаясь на Его всевластие и обетования. Подход, основанный на мудрости, не только не исключает Бога из процесса принятия решений в жизни верующих людей, но и приближает их к Богу через Его Слово.

Когда я говорю, что мы свободны выбирать то, что желаем, без опасения не понять Божью волю или нарушить ее, некоторые думают, что я имею в виду, что Богу все равно, что я выбираю. Но я говорю не об этом. Напротив, Богу угоден любой наш выбор. Гэрри Фризен отмечает:

> Я бы не говорил, что «Богу неважно», какие решения мы принимаем в вопросах, не освещенных в заповедях Писания. На мой взгляд, эта фраза подразумевает, что Богу безразлично, какое решение мы примем (хотя мы находим похожие формулировки в Первом Послании к Коринфянам 7:19 и 8:8). Опираясь на Писание, я заявляю, что Богу интересен каждый

аспект жизни Его детей (Мф. 6:25–34; 1 Пет. 5:7). Но это не означает, что Он должен диктовать нам конкретные решения. Эту мысль можно выразить в утвердительной форме: Богу одинаково угодны два варианта, которые в равной мере соответствуют Его моральной воле [451].

НЕДОСТАТОЧНО ДУХОВНО?

Кому-то такой метод принятия решений может показаться «недостаточно духовным». Эти люди не могут себе представить, как можно решить, с кем вступить в брак, не услышав ни слова от Бога по этому поводу. Но я поступил именно так. Хотите знать, почему я женился на своей жене? Я не получал от Бога никакого откровения, знамения или впечатления. Я женился на этой женщине, потому что хотел этого. В рамках открытой моральной Божьей воли мне было позволительно иметь жену. В ее характере были все качества, которые соответствовали требованиям мудрости. Она привлекала меня тогда и привлекает сейчас. Я любил ее и до сих пор люблю. Я хотел жениться на ней. Но, наверное, это звучит недостаточно благочестиво, правда? Гораздо более духовно звучит фраза: «Бог сказал мне, что я должен жениться на Дидре, а затем подтвердил это знамением».

«Погоди, Джим. У меня было личное откровение от Бога. У меня возникло определенное впечатление, я помолился об этом и ощутил мир в сердце, и Бог подтвердил Свое слово. Он сказал мне, что я должен жениться на моей жене».

---

[451] Friesen and Maxson, *Decision Making*, 154.

Странное совпадение: Бог сказал вам сделать то, что вы и так хотели сделать, не правда ли? Я подозреваю, что, если бы Бог сказал вам жениться на женщине, чей смех и характер раздражали бы вас и которая бы вас совсем не привлекала, вы бы внезапно стали ярым сторонником подхода к принятию решений, основанного на мудрости: «О, я не думаю, что было бы разумно жениться на ней…» Тот, кто применяет подход, основанный на мудрости, и тот, кто думает, что получил откровение от Бога, в конце концов вступают в брак с тем человеком, с которым они хотят связать свою жизнь. Просто заявление о том, что мы получили личное и прямое водительство от Бога, звучит более духовно. Я могу сослаться на Писание и сказать, что принял разумное, нравственное и мудрое решение и доверил результат Богу.

Как я выбирал имена для своих детей? Мне не нужно было личное откровение от Бога по этому поводу. Я не молился об этом, не стремился обрести мир в сердце, не ожидал подтверждения от Бога и не выискивал имена в случайных библейских стихах. Я назвал своих детей так, как хотел. Мы выбрали четыре имени, которые мне нравились.

Как я решил жить в Сэндпойнте, штат Айдахо? Мне здесь нравится. Я не хочу жить в другом месте. Я не слышал Божьего голоса по этому поводу. Да мне и не нужно было его слышать.

Как я решил стать пастором Кутенейской церкви? Согласно моральной Божьей воле, Библия возлагает на меня обязанность служить Телу Христову и мудро распоряжаться дарами и образованием, которые дал мне Бог. Я соответствовал требованиям, которые Божье Слово предъявляет к пресвитерам, и желал заниматься этим служением (1 Тим. 3:1–7)[452].

---

[452] Мы часто упускаем из виду, что Павел говорит о человеке, который

Возникла нужда, представилась возможность, и я решил ей воспользоваться. Применяя принципы мудрости и советуясь с другими, более мудрыми верующими, я пришел к выводу, что больше всего смогу прославить Бога именно в этом служении. Я не слышал слова от Бога. Не получал впечатлений. В Своем провидении Он направил меня на эту стезю и подготовил к этому служению. Хотя я не получал особого откровения, теперь, оглядываясь назад, я вижу Его благословляющую и направляющую руку.

Разве греховно строить планы и принимать решения таким образом? Скорее всего, вы так думаете, потому что вас учили, что вы должны слышать голос Бога для того, чтобы познавать и исполнять Его волю. Помните, что сказал Павел о своих планах посетить Рим: «...чтобы воля Божия когда-нибудь благопоспешила мне прийти к вам, ибо я весьма желаю увидеть вас...» (Рим. 1:10–11).

Почему мы думаем, что Бог не одобряет наше решение, если мы не слышим никакого голоса? И почему мы оправдываем свои решения, говоря, что нас «направлял» Бог или что Он «повелел» нам это сделать? Разве на основании Писания мы не можем принимать хорошие, нравственные и мудрые решения с уверенностью, что через них Бог будет достигать Своих суверенных целей?

Нам не нужно «освящать» наши нужды и желания, сопровождая их словами: «Я почувствовал побуждение...» В Писании содержится достаточно наставления для того, чтобы мы принимали мудрые и нравственные решения, которые прославляют Бога. Поэтому в соответствии с принципами Божьего Слова (Божьего откровения о Его нравственной воле

«желает» совершать служение пресвитера.

и мудрости) мы свободны делать то, что хотим, с Божьим благословением.

ПОСЛЕДОВАТЕЛЬНАЯ МЕТОДОЛОГИЯ

В главе 4 я проанализировал методологию авторов, призывающих слушать голос Бога, показав, что ее невозможно применять последовательно. Невозможно определить, какие решения «важные», а какие нет, поскольку результаты принимаемого нами решения не всегда видны. Может случиться так, что цвет рубашки, которую я надену, или ресторан, который я выберу, повлияет на ход событий с точки зрения вечности. Ожидают ли сторонники этого учения откровения от Бога по поводу того, какую рубашку надеть, какую зубную щетку выбрать или сколько сливок добавить в кофе? Чтобы быть последовательными, в этих случаях они должны применять свою сложную методику слушания голосов, проверки источников и подтверждения каждого принимаемого ими решения.

Подход, основанный на мудрости, не страдает этим серьезным недостатком. По утрам я не ломаю голову над тем, какую рубашку выбрать. Я выбираю одежду, которую хочу носить, при условии, что это не нарушает Божьи моральные нормы и принципы мудрости. Я доверяю результат Богу, ведь я уверен, что в Своем всевластии и провидении Он использует мое решение, чтобы совершить то, что Ему угодно. Я применяю тот же метод, когда выбираю ресторан, обувь, еду, маршрут до работы, напитки, времяпрепровождение, место для отпуска, книги и игры. Каждый день мы принимаем тысячи решений, которые не менее значимы, чем вопрос о том, вступать в брак или нет. Но ни в одном из этих случаев мы не нуждаемся в особом откровении.

ЗАКЛЮЧЕНИЕ

Какприниматьрешения,непытаясьуслышатьголосБога?Это довольнолегко.Болеетого,дажете,ктодумает,чтоБогговорит сними,направляяихвпринятиирешений,принимаюттысячи решенийкаждыйдень,недожидаясьоткровенияотБога.Они вынужденыэтоделать,аиначеихбудетсковыватьнерешительность, которую порождает их небиблейская методология.

Учение о необходимости слышать голос Бога обременительно. Все лжеучения такие. Оно возлагает непосильное, гнетущее бремя на верующих, внушая им, что они могут упустить то лучшее, что приготовил для них Бог, или нарушить Его повеление, которое было для них неясно. Им остается только надеяться, что они услышали правильный голос, подтвердили для себя услышанное и не получили ложного положительного результата. Им остается только догадываться, применили ли они правильный метод и настроились ли на правильную частоту. Что, если они не поймут Божьи подсказки? Что, если примут неправильное решение, потому что с самого начала не услышали Бога? Учение о необходимости слышать голос Бога—это тяжкая ноша, которая мешает принимать решения.

Если мы исполняем моральную Божью волю и применяем принципы мудрости, мы можем быть уверены, что Бог будет действовать через наши решения, чтобы исполнять Свою суверенную волю. Мы можем полагаться на Него и не сомневаться, что Он будет достигать Своих целей ради Своей славы и нашего блага.

ГЛАВА 18
ОТВЕТЫ НА ВОПРОСЫ И ВОЗРАЖЕНИЯ

Если вы пытаетесь критически осмыслить учение о необходимости слышать голос Бога и дошли до этого этапа, вероятнее всего, у вас остались сомнения. Я постарался подробно рассмотреть проблемы, связанные с учением о необходимости слышать голос Бога. Однако я уверен, что у вас есть вопросы, которые остались без ответа или неразрешенными. В этой главе я попытаюсь ответить на некоторые из них.

Хочу высказать два предположения о вас, читатели. Во-первых, я предполагаю, что у вас есть вопросы. Скорее всего, многое из того, что я написал в предыдущих главах, для вас ново. Это новый образ мышления, совершенно новое мировоззрение. Возможно, вы никогда не ставили под сомнение эти методы, но теперь открыли для себя новый способ понимания Писания, Божьей воли и Его водительства. Отказываться от своих убеждений всегда трудно. Когда я сам изучал эту тему, у меня возникло много разных вопросов, на некоторые из которых я даю ответы здесь.

Во-вторых, я предполагаю, что вы прочитали предыдущие главы. Я надеюсь, вы не просто просмотрели оглавление, нашли раздел «Вопросы и ответы» и открыли его. Большинство ваших сомнений должны были быть развеяны в предыдущих главах. Если вы не читали предыдущие главы, то этот раздел вас не удовлетворит. Он только вызовет еще больше вопросов — и это будут вопросы, которые мы рассматривали ранее.

В этой главе я рассматриваю ряд вопросов, на которые намеренно не отвечал ранее. Я разделил их на три категории: общие богословские, библейские и методологические вопросы.

ОБЩИЕ БОГОСЛОВСКИЕ ВОПРОСЫ

1. Не ограничивает ли Бога такое представление о Божьем водительстве?

Иногда этот вопрос звучит как обвинение: «Вы просто загоняете Бога в рамки!» Марк Баттерсон обвинил бы нас в том, что мы связываем руки Богу: «Верить, что Бог говорит только через Библию, — значит связывать руки Богу, Который открывает нам Себя в Библии»[453]. Он пишет:

> Я знаю, что есть люди, которые считают, что Бог говорит только через Писание. Такую ошибку часто допускают верующие, которые действуют из лучших побуждений. Это те, кто признает авторитет Писания, как и я. Конечно, я верю, что сама по себе Библия стоит в отдельной категории, потому что это богодухновенное Божье Слово и ее канон завершен. Но на самом деле мы подрываем авторитет Писания, когда

---

[453] Batterson, *Whisper*, 55.

410

отрицаем способность Бога говорить с нами сейчас так же, как Он говорил на страницах Библии [454].

В ответ на это возражение я хочу предложить три аргумента. Во-первых, это возражение не касается сути вопроса. Я никоим образом не умаляю способности Бога. На страницах этой книги я ни разу не сказал, что Бог не может говорить сегодня так, как Он говорил в Писании. Вопрос не в том, что Бог может сделать, а в том, что Он делает. Бог может проговорить ко мне через собаку, если захочет. У меня нет веских оснований считать, что Он это сделает, и есть целый ряд очень веских оснований считать, что Он этого не сделает. Бог мог бы сделать так, чтобы ко мне проговорил снеговик у меня во дворе — как снеговик Фрости. Но у меня нет причин ожидать этого.

Мы должны основывать свои убеждения о Боге и Его делах на Писании, а не на наших представлениях о том, что под силу всевластному Богу. Он открыл Себя в Писании. А Писание не призывает нас ожидать подсказок, шепота или мистического водительства. В нем не говорится, что наши мысли — это голос Бога. Если я указываю на эти истины, я не заключаю Бога в рамки, а утверждаю то, что Он открыл о Себе.

---

[454] Там же, 39. Сторонники этого учения не могут привести библейско-богословские аргументы для обоснования заявления об уникальности Писания. Авторитет и уникальность Писания отвергают не критики Баттерсона, а сам он, потому что видит в случайных мыслях голос Бога. Несмотря на то, что он заявляет, что признает авторитет Писания, он проповедует учение, совершенно несовместимое с этим принципом. Баттерсон утверждает, что позиция, изложенная в этой книге, подрывает авторитет Писания. На самом деле все наоборот. Я утверждаю, что только Писание является открытым Божьим Словом. Баттерсон добавляет к Писанию множество других конкурирующих «голосов», которые он считает надежными источниками Божьего откровения. Авторитет Писания подрывает методология учения о необходимости слышать голос Бога.

Во-вторых, если в наших представлениях о Боге и нашей проповеди о Нем мы ориентируемся на Писание, это не значит, что мы искусственно связываем руки Богу. В Писании Бог Сам поместил Себя в рамки. Он раскрыл Свою природу и Свои дела, а также показал нам, как мы должны общаться с Ним. Писание определяет рамки наших представлений о Боге. Мы не имеем права проповедовать все, что придет нам в голову, лишь ради того, чтобы не загонять Бога в рамки. Если наше понимание Бога ограничивается Писанием, мы не помещаем Его в рамки. Когда мы ограничиваем свое учение тем, что открыто в Писании, мы остаемся верными Божьему Слову.

Разве мы загоняем Бога в рамки, когда заявляем, что Он не лжет (Тит. 1:2), не отрекается от Себя (2 Тим. 2:13) и не нарушает Свои обещания (Евр. 6:17–18)? Конечно, нет. Мы всего лишь утверждаем то, что Бог открыл о Себе и том, как Он действует. То же самое касается и вопроса о том, как нам услышать голос Бога. Когда мы утверждаем, что Бог проговорил в Писании и в Своем Сыне и что Он не шепчет вам указания в случайных мыслях, мы не умаляем всемогущества Бога и не ограничиваем Его способности. Я утверждаю учение Писания о том, как Бог открывает Себя и направляет Свой народ.

В-третьих, загоняют в рамки Бога как раз таки учителя, которые призывают слушать Божий голос. Согласно их учению, Бог не может донести до нас Свое послание, если мы не настроены на Его частоту. Он не может говорить четко и недвусмысленно. Его голос легко теряется в шуме житейской суеты и посторонних дел. Его способность общаться ограничивается нашей готовностью слышать. Бог пытается говорить. Он пытается привлечь наше внимание. Ему нужно говорить с нами вне Писания, чтобы удостовериться, что мы исполняем Его волю. Это учение представляет Бога бессильным существом, которому нужно наше содействие для того, чтобы мы Его услышали. Учителя, призывающие нас слушать голос Бога, проповедуют ложное учение о том, как Он общается с нами, и тем самым создают искусственные рамки для Бога.

2. Если Бог не говорит с нами так, как утверждают сторонники этого учения, то какова роль Святого Духа в этом общении? Не хотите ли вы сказать, что Бог относится к нам холодно и отстраненно?

Обычно этот вопрос задает два типа людей: те, кто ошибочно называет всякое действие Святого Духа «Божьим голосом», и те, у кого очень слабая пневматология [455].

Во-первых, некоторые ошибочно считают любое действие Святого Духа «Божьим голосом». Я не отрицаю, что Дух Божий действует в наших сердцах, но не каждое субъективное переживание Божьего действия в нашей жизни следует считать Его «голосом».

Дух возрождает, наполняет, запечатлевает, освящает, обличает, утешает, наделяет дарами, ободряет, дает силу и укрепляет нас. Он направляет нас в молитве, дает нам святые желания, свидетельствует нашему духу, что мы Божьи дети, и ведет нас к святой жизни. Он просвещает нас к пониманию Божьего Слова, дает верующим силы для

---

[455] «Пневматология» — это учение о Святом Духе. Оно кратко и точно излагается в следующем источнике: Мак-Артур, Мейхью. Библейское учение. Самара: Благая Весть, 2022.

служения и производит плод в нашей жизни [456]. Святой Дух активно действует в жизни представителей Божьего народа. Но ни в одном из этих действий Духа не звучит «голос Бога». Ни в одном из этих действий Бог не «говорит» с нами. Мы переживаем Его присутствие в нашей жизни на очень личном и глубоком эмоциональном уровне, но эти переживания нельзя считать «голосом Бога».

Когда моя жена обнимает меня, я чувствую себя любимым и утешенным. Будет правильно сказать: «Когда моя жена обняла меня, я почувствовал любовь и утешение». Но будет неправильно утверждать: «Моя жена сказала мне: „Я люблю тебя"». Она этого не делала. Она просто обняла меня. Когда моя жена говорит, она передает мне определенную информацию. А когда она обнимает меня, она утешает меня. Это совершенно разные понятия.

Или, скажем, я стою в очереди в кассу и вижу выпуск журнала с девушками в купальниках. Что-то внутри (грех) побуждает меня взять этот журнал. Но как только появляется эта мысль, я сразу же испытываю обличение и понимаю, что могу впасть в искушение. Я вспоминаю о том, что Иов заключил завет со своими глазами (Иов. 31:1). Мне в голову приходит еще десяток мест Писания, в которых говорится о нравственной чистоте, грехе и искушениях. Я отвожу глаза и нахожу что-то другое, чем могу занять свои мысли.

«Говорил» ли со мной Дух? Разве это Бог «сказал» мне не смотреть на журнал? Нет. Он не давал мне нового откровения. Он напомнил моему сердцу Свое Слово. Я почувствовал обличение, а не голос Бога. Бывают времена, когда мы ясно

---

[456] Иоанна 3:5–8; Ефесянам 1:13–14; 5:18–21; 1 Коринфянам 6:11; 12:7–11; Иоанна 14:16–31; 16:8–15; Деяния 9:31; Римлянам 8:1–17; Галатам 5:16–26.

ощущаем присутствие Святого Духа, чувствуем Его особое ободрение, испытываем сильное обличение и получаем реальное утешение. Но это не «голос Бога». Это действие Святого Духа, Который внушает Божье Слово сердцам верующих людей, чтобы освятить нас истиной (Ин. 17:17).

Когда я утверждаю, что Бог сегодня не говорит вне Писания, некоторые думают, что я имею в виду: «Сегодня Святой Дух никак не действует в вашей жизни». Это те, кто ошибочно полагает, что в каждом действии Святого Духа мы слышим голос Бога. В лучшем случае у этих людей нет четкого представления о служении Духа. Дело не просто в значении слов. Мы должны описывать библейские понятия библейским языком. Нам нужно научиться мыслить, рассуждать и говорить библейскими категориями. Если мы поступаем так, мы чтим Божье Слово и представляем Бога Таким, Каким Он открыл Себя нам в Писании.

Во-вторых, некоторые люди недопонимают учение о Святом Духе. Им трудно понять, как Божий Дух может действовать помимо того, чтобы шептать им Свое откровение через мысли и обстоятельства. Если вы скажете, что Бог так не «говорит», они подумают, что вы отвергаете всякое действие Святого Духа. Мне доводилось слышать, что в моем учении нет места для действия Святого Духа. Очевидно, что это абсурд. Если бы я не верил, что Божий Дух действует в наших сердцах, я бы никогда не проповедовал! Каждый раз, когда я встаю за кафедру, я всей душой верю, что Божий Дух будет действовать среди Своего народа: Он будет обличать, ободрять, укреплять, назидать, увещевать, упрекать, убеждать, утешать и освящать слушателей через проповедь Его Слова.

Я не считаю, что Бог далекий, отстраненный и безразличный просто потому, что Он не шепчет мне в моих мыслях. Я верю, что в Своем всевластии Бог направляет мои шаги и преображает меня в образ Христа, освящает меня и производит во мне и хотение, и действие по Своему благоволению. Я вижу, как Он отвечает на мои молитвы, действует в моей семье и показывает мне возможности для служения. Он дает мне силу и дары для служения, которое Он мне доверил, и укрепляет меня для этого дела.

Каждый день Он дарует мне достаточно благодати, и я уверен в том, что Он позаботится обо мне и даст все необходимое. Я знаю, что Бог действует всеми этими способами. Иногда я это чувствую. А иногда нет. Вера — это способность не только видеть действие Бога в чудесах и сверхъестественных явлениях, но и видеть Его руку во всех событиях нашей жизни.

3. Наверное, вы выступаете против учения о необходимости слушать Бога только потому, что вы сторонник концепции цессационизма?

Нет. Я выступаю против этого учения, потому что Писание не учит, что Бог говорит с нами через шепот, побуждения и знамения. В Писании не сказано, что мы должны ожидать, что Бог будет говорить с нами таким образом. В Писании нет учения о том, что мы должны развивать в себе способность слушать Бога и приучать себя к этому. В Писании не говорится, что Богу трудно общаться со Своим народом.

Хотя я сторонник концепции цессационизма и моя критика учения о необходимости слушать голос Бога совместима с моими цессационистскими взглядами, подобные критические замечания может высказать и тот, кто не является цессационистом. Более того, многие христианские деятели, которые не разделяют эту позицию, выступают против учения о необходимости слышать голос Бога. К примеру, Грег Каукл не считает, что сверхъестественные дары Духа прекратились. Он пишет следующее:

> Я не «цессационист», то есть я не считаю, что так называемые дары «знамений» (говорение на языках, пророчество и т. д.) прекратились в I веке. В современной церкви может быть настоящее пророческое слово, подобное древним пророчествам. Однако слова тех, кто называет себя пророком, всегда нужно проверять (1 Фес. 5:20–21), причем таким же способом, как и раньше (Втор. 18:22) [457].

Более того, Каукл не исключает вероятности того, что в уникальных случаях Бог может давать откровение о Себе так, как в библейские времена. Тем не менее он не согласен с методологией учителей, призывающих слушать голос Бога:

> По моему мнению, вопрос в том, учит ли Библия, что каждый из нас может быть своего рода пророком. Может ли каждый христианин рассчитывать на то, что он услышит голос Бога описанными выше способами в виде частного, личного откровения? Можно ли считать это обычным, нормальным явлением в христианской жизни и приобретенным навыком, который можно развивать? [458]

---

[457] https://www.str.org/w/does-god-whisper-part-1.
[458] Там же.

Хотя я не согласен с Грегом по поводу того, что Бог дает откровения современной церкви, я разделяю его опасения относительно учения о необходимости слышать голос Бога и поддерживаю его критику этого учения. Не нужно быть цессационистом, чтобы признать, что Бог не обещал говорить с нами вне Писания, или увидеть, как некоторые искажают смысл Писания, чтобы обосновать небиблейскую методологию[459].

4. А как насчет «безмолвной молитвы»? Является ли эта молитва библейской?

Термин «безмолвная молитва» описывает состояние, когда мы предстаем перед Богом в безмолвии и пытаемся «услышать», что Он говорит нам. Мы должны успокоиться, отвлечься от суеты и терпеливо ожидать, что Бог проговорит к нам в тишине наших мыслей.

Некоторые авторы, которые учат нас «безмолвной молитве», рекомендуют записывать свое откровение и молиться

---

[459]   В настоящей книге я не ставлю перед собой цель подробно обосновать концепцию цессационизма. Не нужно быть убежденным сторонником цессационизма, чтобы выступать против небиблейской системы взглядов, которую отстаивают учителя, призывающие слушать голос Бога. Их ошибочные предпосылки и небиблейские гностические методы должны стать предметом беспокойства для верующих, которые относят себя и к тому, и к другому лагерю: цессационистов и континуалистов. Как и Грег Каукл, Гэрри Фризен решительно выступает против методологии, которую я рассматриваю здесь, но при этом он не сторонник концепции цессационизма. Он заявляет: «Я не исключаю вероятности проявления чудесных даров в современной церкви» (*Decision Making*, 432–433). Если вы хотите познакомиться с серьезными библейскими аргументами в пользу цессационизма, я рекомендую следующие источники: Samuel E. Waldron, *To Be Continued: Are the Miraculous Gifts for Today?* (Merrick: Calvary Press, 2007); Victor Budgen, *The Charismatics and the Word of God* (Darlington: Evangelical Press, 1989); John F. MacArthur, Jr, *Charismatic Chaos* (Grand Rapids: Zondervan Publishing House, 1992).

о нем [460]. Именно так получила «откровение» Сара Янг, о чем она рассказывает в своей необычайно популярной книге «Призвание Иисуса». Ее популярность показывает, насколько широко распространилась «безмолвная молитва» в основных направлениях евангельского христианства. В интервью «Христианской телевещательной сети»

Сара Янг рассказала, как научилась вести «диалог» с Богом:

> Мой путь начался с того, что я прочитала одну духовную книгу («Призвание от Бога»). Эту книгу написали в 1930-х годах две женщины, которые регулярно приходили в присутствие Бога, чтобы «услышать» Его голос и получить от Него откровение. Затем они записывали полученное откровение. Примерно через год после того, как я начала читать эту книгу, я стала задумываться о том, могу ли я также получать откровение во время общения с Богом. Я много лет вела молитвенный дневник, но это было одностороннее общение, «монолог». Я знала, что Бог общается со мной через Библию (и я дорожу Его Словом), но мне было интересно, что Он может сказать мне лично в конкретный день. Поэтому я решила, что должна «слушать» Бога с ручкой в руке и записывать все, что, по моим ощущениям, Он мне будет говорить. Конечно же, я не ожидала услышать настоящий голос. Я ждала, что Бог проговорит ко мне «тихим, нежным голосом» в моем разуме (или сердце) [461].

---

[460]   В интернете очень много ресурсов и источников по этой теме. Сет Барнс заявляет, что «в Библии есть сотни примеров того, как Бог разговаривал с людьми. Он так действует всегда и дает подробные указания на этот счет как в Ветхом, так и в Новом Завете» (https://artoflisteningprayer.com/listening-prayer-101/). В современной церкви наблюдается тревожная тенденция: «безмолвная молитва» становится все популярнее.

[461]   http://www.cbn.com/entertainment/books/jesuscallingqa.aspx.   Более

В Писании не упоминается и не предписывается «безмолвная молитва». Библия заповедует нам молиться, а также призывает и побуждает нас к этому.

Молитва — это разговор с Богом, но нигде в Библии не говорится, что в молитве мы «слушаем голос Бога» или «получаем слово» от Него. Мы не находим таких примеров в Писании.

У нас есть множество библейских примеров молитв благочестивых мужей и жен. Но ни один из этих людей не пытался «услышать» тихий, нежный голос.

Более того, Иисус Христос, Который много учил о молитве, ни разу не упоминает об этом методе. Когда ученики попросили Иисуса научить их молиться (Лк. 11:1 и далее), Он ни разу не сказал, что нам нужно услышать голос Бога. Сторонники безмолвной молитвы считают ее важнейшим духовным упражнением, неотъемлемым элементом подлинных, живых отношений с Богом. Но если это так, почему же Иисус Христос не учил Своих учеников этому важнейшему упражнению?

Если Бог не говорит, вы не услышите Его, как бы ни старались слушать и как бы ни уединялись для этого. А если Он говорит, вы этого не пропустите.

В Писании не сказано, что людям нужно было молчать, чтобы услышать голос Бога. Нам вовсе не нужно пребывать в безмолвии. Для Бога не проблема сделать так, чтобы Его услышали.

подробный критический анализ учения и сочинений Сары Янг вы найдете в моей статье «Критическая богословская рецензия на книгу „Призвание Иисуса"». Эта статья находится в открытом доступе на сайте: https://kootenaichurch.org/book-reviews/.

ВОПРОСЫ, КАСАЮЩИЕСЯ ПИСАНИЯ

5. Как нам понимать новозаветные отрывки, в которых говорится о получении откровения от Бога через сверхъестественные дары (1 Фес. 5:20–22; 1 Кор. 14:26)?[462]

В Новом Завете есть отрывки, где говорится о применении сверхъестественных даров в церкви I века. Это неудивительно для тех, кто считает, что Святой Дух больше не дает верующим эти дары. По моему мнению, вполне естественно, что в Новом Завете мы находим повеления относительно этих даров, а также примеры их применения, потому что в то время Святой Дух использовали, чтобы заложить основание церкви.

Эти отрывки не дают нам причин утверждать, что все верующие могут получать откровение от Бога в своей повседневной жизни сегодня. Если бы я согласился с тем, что сегодня Бог дает церкви откровение о Себе через сверхъестественные дары, это не означало бы, что я считаю, что каждый верующий получает личное откровение от Бога через впечатления, голоса и знамения. Тот факт, что Бог может наделять некоторых людей уникальными дарами, чтобы передавать через них Свое откровение, не означает, что все верующие должны регулярно слышать шепот своего Пастыря.

6. Как Бог говорит через Писание?

Писание и есть голос Бога. Мой приятель Джастин Питерс однажды сказал: «Если вы хотите услышать, как говорит Бог,

---

462   В этой связи я рекомендую обратиться к книге Гэрри Фризена «Принятие решений и Божья воля», где вы найдете анализ десятков библейских отрывков, которые учителя, призывающие слушать голос Бога, цитируют в подтверждение своего учения.

почитайте Библию. А если вы хотите отчетливо услышать, как Бог говорит с вами, почитайте Библию вслух». Писание — это не контекст, в котором заключено Божье Слово, и не описание случаев, когда Бог говорил с людьми. Это Божье Слово. Писание — это живое, непреходящее и вечное Божье Слово (Евр. 4:12; 1 Пет. 1:22–2:3). Когда мы читаем Писание, мы читаем (слушаем) слово, которое проговорил к нам Бог. Оно было записано много веков назад, но от этого не перестает быть Божьим Словом.

Значение Писания — это Божье Слово. Выдохнув Свое Слово (2 Тим. 3:16–17), Бог не оставил нам некий набор мистических, субъективных слов и фраз, которым можно придать любое «значение» в соответствии с нашими желаниями. Каждый, кто изучает Писание, должен стремиться определить значение отрывка, заложенное в него Автором. Значение текста определяет не читатель, а Автор. Необходимо тщательно изучить текст, чтобы убедиться, что мы не искажаем смысл Писания, не вырываем стихи из контекста и не извращаем замысел Автора. Когда мы читаем Писание и понимаем Божий замысел, мы слышим голос Бога. Когда Божье Слово проповедуют верно, мы действительно слышим в нем Божий голос. Но когда Писание толкуют неправильно и его смысл искажают, вместо голоса Бога мы слышим голос проповедника, потому что тот, кто неверно преподает Божью Истину, заглушает голос Автора, Который заложил в текст определенный смысл.

Предположим, я говорю своей старшей дочери, что на День матери мы пойдем на ужин в наш любимый мексиканский ресторан. Я объясняю ей, что мы встретимся в шесть часов вечера в ресторане, где я зарезервировал столик. Затем я прошу ее сообщить о наших планах остальным ее братьям и сестрам и членам их семей.

Допустим, моя дочь говорит всем остальным нашим детям, что на День матери их мама планирует приготовить китайскую еду для всей семьи и им всем нужно приехать к нам домой к четырем часам.

В этом примере я высказал утверждение, в котором содержится истина. Когда я произносил эти слова, я вкладывал в них определенный смысл. Значение этого утверждения зависит не от слушателя, а от того, что я имел в виду. Когда моя дочь передавала (или объявляла) мои слова своим братьям и сестрам, она совершенно неправильно поняла смысл моих слов и мои намерения. Чей голос услышали остальные — «мой голос» или «голос» своей сестры?

Значение Писания — это само Писание. Смысл библейского текста заключается в самой библейской вести. В этой вести мы слышим голос Бога. Когда мы правильно определяем значение Писания, мы слышим в нем Божий голос. Если мы искренне хотим «услышать голос Бога», мы должны думать не о том, как «настроиться на частоту Бога», слушать Божий шепот или распознавать Божье откровение в обстоятельствах. Мы должны всецело стремиться понять Божье Слово. Мы должны быть движимы стремлением точно понять и верно провозглашать Божью истину, открытую в Писании, потому что, когда мы слышим эту истину ушами, сердцем и разумом, мы слышим, как говорит Бог.

То, что я слышу голос Бога, — это не мое субъективное впечатление, которое я получаю, когда мне бросается в глаза стих Писания (см. главу 8). Голос Бога — это значение библейского текста и истина, которую он выражает. Смысл

Писания заключается в объективной, явленной Богом истине, содержащейся в библейских утверждениях.

7. Правда ли, что у отрывка есть только одно толкование, но много применений, или же Бог дает каждому личное толкование?

У любого отрывка Писания есть только одно истинное толкование[463]. Но у этого отрывка может быть много разных применений в жизни разных людей. Правильное применение должно основываться на точном понимании фрагмента в контексте. Когда автор писал тот или иной отрывок, он вкладывал в него определенное значение. Это значение не определяется культурным контекстом или личностными характеристиками читателя. Нельзя приписывать отрывку значение, которое автор не закладывал в него. Писание не учит, что Бог наделяет тексты Писания личным, субъективным значением. Если отрывок из Писания может означать что угодно, то он не значит вообще ничего. Если мы не считаем, что у каждого отрывка есть объективное и фиксированное значение, мы приспособим его к любому учению, придуманному читателем. Если у текстов Писания нет одного фиксированного значения, то мы не можем говорить о том, что некоторые люди неверно преподают Слово Истины (2 Тим. 2:15). Нельзя сказать, что кто-то извращает смысл Писания или вырывает стихи из контекста, потому что этот человек может просто ответить, что Святой Дух «открыл» ему значение текста, которое применимо лично к нему.

---

[463] Это утверждение не исключает того, что пророчество может исполняться в несколько этапов или что автор вкладывал в него двойное значение (двойной смысл). Однако и поэтапное исполнение, и двойной смысл относятся к «единственному истинному толкованию» этого отрывка.

Кроме того, в 2 Петра 1:20 мы читаем, что «...никакого пророчества в Писании нельзя разрешить самому собою». Далее Петр поясняет, что Писание даровал нам Святой Дух (ст. 21) через людей. Поскольку Писание имеет божественное происхождение, его значение определяется Божьим замыслом.

Некоторые люди пренебрежительно относятся к учению Писания: «Ну, это всего лишь ваше толкование». Так говорят, когда не хотят обсуждать смысл отрывка. Эта фраза подразумевает, что невозможно точно определить истинное значение. Те, кто так говорит, полагают, что возможны различные толкования одного и того же отрывка, и все они субъективные и частные. На это утверждение можно ответить двояко.

Во-первых, можно ответить: «Вы правы. Вот как я толкую этот отрывок. Само по себе то, что я толкую его именно так, не доказывает, что это неверное толкование. Я могу ошибаться в своем толковании этого отрывка, но это возможно только в том случае, если мы признаем, что существует правильное толкование». Если вы просто скажете, что это ваше толкование отрывка, это не значит, что оно неправильное.

Во-вторых, обратите внимание, что, если у отрывка есть несколько возможных толкований, это не означает, что ни одно из них не является правильным. Тот факт, что люди расходятся во мнениях в определенном вопросе, не означает, что не существует «правильного ответа». То, что некоторые люди неправильно решают математическую задачу, не означает, что невозможно найти ответ. Люди расходятся во мнениях по поводу формы Земли, но это не значит, что нельзя узнать истину. Аналогичным образом, если существуют разные толкования одного отрывка, это не означает, что одно из них ошибочное или что невозможно определить его истинное толкование.

8. Многое из того, что сказал Иисус, не записано в Библии (Ин. 21:25). Почему тогда нельзя утверждать, что сегодня Он открывает истины, которые не записаны?

Иначе говоря, если раньше Бог говорил то, чего нет в Писании, то же самое может происходить и сегодня. Действительно, не все, что когда-либо говорил Бог, записано. Во времена Илии Бог говорил через пророков слово, которое не было сохранено в Писании. У нас нет оснований полагать, что все, что Бог сказал Адаму, Еве или Ною, записано в Бытии. Конечно же, в Библии не были записаны и сохранены все слова, которые сказал Иисус.

Однако эти наблюдения не имеют отношения к нашему вопросу. Я не утверждаю, что все слова, которые когда-либо изрек Бог, записаны и сохранены в Писании. Но хочу сказать, что в Писании есть все слова, которые Бог пожелал сказать нам. Я имею в виду не то, что Бог не говорил ничего, помимо этого, а то, что больше ничего не нужно говорить.

Более того, слова Бога, которые не были записаны, так же безошибочны, непогрешимы и авторитетны, как и те, что содержатся в Писании. Слова Бога, которые не были записаны, обладали таким же авторитетом, как и Писание. Авторитетность, безошибочность и непогрешимость Писания не проистекают из того факта, что это письменное Божье Слово или что его записали благочестивые люди. Писание авторитетно, потому что это Божье Слово. Каждый раз, когда Бог говорит, Его слова авторитетны и непогрешимы. Иначе и быть не может.

Это опровергает учение о том, что Бог все еще говорит сегодня, но это откровение не является богодухновенным, непогрешимым, безошибочным и авторитетным. Они утверждают, что слова, которые Он изрекает сегодня, не находятся на одном уровне с Писанием[464]. Это полная чушь. Как может Бог изрекать неавторитетные, ошибочные и несовершенные слова? Такой бог не является Богом Писания.

МЕТОДОЛОГИЧЕСКИЕ ВОПРОСЫ

9. Если мы не применяем методологию, направленную на то, чтобы получать личное водительство от Бога, как мы можем быть уверены, что действительно исполняем Божью волю? Как мы можем продвигаться дальше и быть уверенными, что не проявляем непослушания?

Я встречал верующих, которые колеблются в принятии решений, потому что боятся, что Бог накажет их, если они не услышат Его голос точно. Бог возлагает на нас ответственность за то, чтобы мы исполняли Его волю, явленную в Писании. Но Он не раскрывает Свою тайную волю в смутных впечатлениях и не бросает нам хлебные крошки, а затем наказывает нас за то, что мы не поняли Его подсказок. Если мы принимаем решение, которое не противоречит Божьей воле, явленной в Писании, мы не согрешаем. Мы можем быть уверены в том, что не выходим за рамки Божьей воли, если подчиняемся Писанию в своей жизни.

Бог не будет наказывать нас за то, что мы не исполняем того, чего Он не открыл. Все, что, по Его мнению, мы

---

464   При этом они противоречат самим себе, утверждая, что мы слышим голос Бога сегодня точно так же, как и в библейские времена.

должны знать и исполнять, открыто в Писании. Писания достаточно.

10. А как быть с догадками и интуицией? Разве это не свидетельство того, что Бог говорит с нами?

У каждого из нас время от времени возникают так называемые предчувствия. Иногда они не оправдываются. А иногда отражают дальновидную и правильную оценку обстоятельств. Бывает так, что предчувствия предупреждают нас об опасности. Они также могут предвещать что-то хорошее. Предчувствие может выступать в роли «шестого чувства» и ясно указывать нам направление решения проблемы. Всегда, когда мы не прислушиваемся к своим предчувствиям, мы потом жалеем об этом. И наоборот, когда принимаем удачное решение, мы говорим, что у нас сработала интуиция: «Я просто догадался». Сторонники учения о необходимости слушать Бога считают, что через такие предчувствия с нами говорит Бог.

Я не отрицаю, что у нас есть предчувствия, интуиция или впечатления, которым иногда мы склонны верить. Но я не согласен с тем, что в этих ощущениях мы слышим голос Бога. Почему я в этом уверен? Потому что у неверующих тоже есть предчувствия! У неверующих есть впечатления и интуиция. У них бывают необъяснимые ощущения и дурные предчувствия. У неверующих возникают подозрения, что что-то может произойти или уже произошло. Если такое случается с неверующими, то я могу точно знать, что это не голос Бога, Который шепчет Свое слово нам на ухо. Помните, что сами учителя, призывающие слушать Бога, говорят нам, что этот шепот слышат только «Его овцы».

Единственное, что можно сказать о «предчувствиях», «впечатлениях» и подобных ощущениях: это обычное явление среди людей. Это свойственно нам всем. Они есть у всех нас. Мы не можем с уверенностью знать причину или источник догадки. Гэрри Фризен справедливо заметил: «Наши впечатления исходят из разных источников. Их может посылать Бог, дьявол, ангелы и бесы. Их причиной могут быть человеческие эмоции (например, страх или экстаз), а также гормональные сбои, бессонница, прием лекарственных средств или расстройство желудка»[465].

В Писании не говорится о том, как определить, откуда исходит наше предчувствие — от Бога или от царства тьмы. Предчувствие может быть от Бога, а может быть и не от Него. Святой Дух может дать нам очень сильное «ощущение», которое подтолкнет нас к какому-либо действию или, наоборот, оттолкнет нас от него. Но это не Божье откровение. Это не голос Бога. Возможно, это действие Бога, но не все, что делает Святой Дух, следует называть «голосом Бога». Если я не могу точно определить источник этого сильного ощущения или «шестого чувства», я не могу утверждать наверняка, что это Святой Дух.

11. Как нам правильно описывать действие Бога в нашей жизни?

Жаргон современных евангельских христиан во многом основан на небиблейских богословских представлениях. Слышали ли вы когда-нибудь следующие выражения?

Господь учит меня…

Господь показал мне…

---

[465] Friesen and Maxson, *Decision Making*, 93.

Господь побудил меня…
Господь сказал мне…
Господь положил мне на сердце…
Я чувствовал, что Господь велит мне…

Эти фразы подразумевают, что Бог дает человеку прямое откровение о Своих намерениях или действиях. Люди, которые говорят подобные фразы, возможно, не имеют в виду, что Бог дает им личное откровение. Скорее всего, они просто хотят сказать, что в Своем провидении Бог открыл им понимание истин Писания, направил их шаги или утешил их. Или, может, они хотят сказать, что это Бог послал им добрую мысль или вдохновил их на хороший поступок. Если так, то человек имеет благие намерения, но употребляет неудачные выражения. Но есть и те, кто сознательно утверждает, что Бог направляет их шаги через шепот, впечатления и побуждения, имеющие авторитет Божьего слова. Это утверждение, как я попытался показать, совершенно небиблейское.

Как правило, я стараюсь быть предельно точным в своих выражениях. Если я чувствую сильное побуждение помолиться за человека или какое-либо служение, я не буду говорить: «Господь побудил меня молиться» или «Господь положил это мне на сердце».

Вместо этого я скажу: «Я почувствовал, что мне нужно помолиться за вас. Я думал о вас» или «Я вспоминал вас». Я бы не сказал, что это был «Божий голос» или даже Его побуждение. Я не знаю наверняка, почему мое сердце так тяготилось. Возможно, это было действие Господа, но я не могу быть в этом уверенным.

Если я узнал что-то из проповеди или изучения библейского отрывка, я не говорю: «Господь учит меня» или «Господь открыл мне…». Подобные формулировки предполагают, что Бог дает нам новое откровение. В этом случае, с библейской точки зрения, будет вполне уместно сказать: «Эта проповедь побудила меня осознать…» или «Я узнал, что…».

Вы можете употреблять следующие выражения:

Я почувствовал обличение…

Я узнал, что…

Меня ободрила мысль о том, что…

Мое сердце тяготилось из-за…

Мы должны стремиться описывать библейские понятия библейским языком, избегая путаных и неясных выражений. Благодарить Бога за все хорошее, что происходит в нашем сердце и жизни, — это благородное намерение. Мы должны точно описывать такие Божьи дела. Когда мы описываем библейскую истину небиблейскими, неточными или двусмысленными словами, мы рискуем приписать Богу то, чего Он, возможно, не совершал. Мы же не хотим представлять Божье Слово и Его дела в неверном свете.

12. Как истолковывать рассказы людей о том, что они «слышали голос Бога»?

В источниках, которые я критически рассматривал, полно примеров того, как люди «слышали голос Бога». Главный контраргумент против позиции, которую я отстаиваю, обычно звучит примерно так: «Я молился об этом и услышал тихий шепот в своем сердце, говорящий мне, что делать. Я сделал так, и все закончилось удачно. Как вы объясните это?» Или можно сформулировать этот вопрос несколько иначе: «Как нам относиться к рассказам других людей о том, что они почувствовали, что слышат голос Бога?» Ответ, который я обычно даю на этот вопрос, на первый взгляд может показаться несколько резким: «Я не могу объяснить ваши личные переживания». Более того, я не обязан объяснять переживания другого человека.

Я могу разъяснить Писание. Когда я разъясняю его, становится очевидным, что отрывки, цитируемые сторонниками учения о необходимости слушать Бога, не поддерживают то учение, которое они продвигают. Меня интересует библейское учение, а не чей-то личный опыт. Никто не должен толковать Писание в свете собственного опыта. Мы всегда должны стремиться анализировать свой опыт в свете Писания. Истина определяется Писанием, а не опытом. Мы не можем строить свое учение на основании личного опыта и опираться на него при толковании Библии.

Это справедливое возражение, поскольку я не ожидаю, что учителя, призывающие слушать голос Бога, смогут истолковать мой опыт. В предыдущей главе я отметил, что тот факт, что я не слышу Бога, не обязательно означает, что Он не говорит. Мой опыт как человека, который не слышит Бога, никак не влияет на истину, как и опыт другого человека, который слышит Его.

Я не говорю, что люди не получают впечатлений, не ощущают тягости на сердце или не имеют предчувствий. Мы чувствуем все это. Мысли приходят на ум внезапно. В нашей голове возникают идеи, размышления, впечатления, ощущения, представления и внутренние чувства. Иногда словно из ниоткуда в нашей памяти всплывают имена и места. Перед нашим мысленным взором мелькают воспоминания. У нас возникают подозрения, интуитивные догадки и предчувствия. Время от времени мы становимся подозрительными, чего-то опасаемся и испытываем необъяснимое беспокойство. Иногда эти чувства необоснованны. А иногда к ним следует прислушаться. У меня тоже возникают такие чувства! Но я не называю их «голосом Бога» и не считаю их Божьим водительством. В Писании не говорится, что наши впечатления, тягостные ощущения, предчувствия, чувства, мысли или переживания — это голос Бога. Поскольку Писание не призывает нас считать мысли нашего сердца или блуждания нашего разума словом от Бога, мы не обязаны объяснять, почему мы утверждаем обратное.

ПРОЧИЕ ВОПРОСЫ

13. Разве это не аргумент от молчания?

Я понимаю, что аргументы от молчания неубедительны, но я здесь привожу другой довод. Я утверждаю, что, если мы не находим в Писании учения и примеров, которые касаются рассматриваемого метода, мы не можем делать вывод, что этот метод применяется в Писании. Более того, мы не можем проповедовать и применять любые методы, которые приходят нам в голову. Наши богословские взгляды должны определяться и ограничиваться Писанием. Согласно учению о необходимости слышать голос Бога, Он говорит сегодня точно так же, как говорил в библейские времена. Ну и где мы это видим? Где именно в Деяниях упоминается об этом методе? Где о нем говорится в посланиях? Где в Библии описывается эта сложная система, которая позволяет нам слышать голос Бога? Если нам просто необходимо «слышать голос Бога» для того, чтобы возрастать в христианской зрелости, послушании и духовном благополучии, мы должны видеть, что это учение ясно и недвусмысленно излагается в Писании. Учителям, призывающим слушать голос Бога, не следует извращать смысл библейских стихов, чтобы доказать свою точку зрения.

Либо современное учение о необходимости слышать голос Бога в личном откровении — это полная чушь, либо Бог допустил досадное упущение и ясно не открыл нам метод, который позволяет распознавать и слышать Его голос.

14. Обманывают ли нас те, кто думает, что слышит голос Бога, или же эти люди сами находятся в обольщении? Выдумывают ли они эти истории, или же искренне верят, что с ними говорит Бог?

Да, я уверен, что среди этих людей есть и те, и те. Я знаю истинно верующих людей, которые убеждены, что Бог шепчет им в их мыслях. Они искренне в это верят. Но я считаю, что они искренне заблуждаются. Я также уверен, что есть много обманщиков, шарлатанов и лжеучителей, которые рассказывают истории о личном откровении от Бога, чтобы удивить и впечатлить своих излишне доверчивых последователей ради собственной репутации, славы и финансовой выгоды.

ГЛАВА 19

ХУДЫЕ ПЛОДЫ УЧЕНИЯ О НЕОБХОДИМОСТИ СЛЫШАТЬ ГОЛОС БОГА

Я настойчиво доказывал, что учение о необходимости слышать голос Бога — это в корне ошибочное и небиблейское учение о Божьем откровении, созданное людьми. Оно по своей сути противоречиво, запутанно и субъективно. Об этом методе слышания голоса Бога не говорится в Писании, хотя процитированные мною авторы настойчиво утверждают обратное. Они вырывают из контекста, извращают и неправильно применяют все без исключения отрывки, которые они приводят. Тщательный анализ их учения показал, что в Писании не представлен этот метод слышания голоса Бога и нет примеров его применения.

Любое лжеучение опасно, и Писание неоднократно предупреждает нас о ложных и бесовских учениях[466]. В Новом

---

[466] 1 Тимофею 1:3, 18–20; 4:1–5; 6:3–5; 2 Тимофею 1:13–14; 2:14–19; 3:1–9; Титу 1:9–16; 2:1; 3:9–11.

Завете есть отдельные книги, цель которых — разоблачить различные лжеучения и предупредить церковь об угрозе, которую они представляют[467]. Иаков предупреждал тех, кто желал быть учителями Слова, что они могут подвергнуться большему осуждению (Иак. 3:1). Бог серьезно относится к истине, и мы должны поступать так же. Он ревнует о Своем имени и Своем Слове. Поэтому нам следует ревновать как о славе Божьего имени, так и о славе Божьего Слова (1 Тим. 1:17; 6:13–16).

Все, что мы говорим о Боге, должно быть правдивым и достойным Его. Все, что мы говорим о Его Слове, должно быть достоверным и соответствовать библейскому учению. Истина о Боге — это серьезный вопрос, поэтому искажение истины о Боге — это богохульство против великого и милосердного небесного Царя. Я считаю, что учение о необходимости слушать Бога искажает истину о Боге небес и о том Писании, в котором Он открыл Себя.

Пришло время поговорить о плоде учения о необходимости слушать голос Бога. У идей есть приверженцы, а у небиблейских идей — жертвы. Лжеучение, искаженное представление о Боге и извращение смысла Его Слова — все это клевета на Его доброе имя. Можно ли сказать, что учение о необходимости слышать голос Бога представляет Бога в истинном свете? Основаны ли утверждения и обещания этих учителей на Писании? Проявляется ли в их учении вера во всевластие Бога и авторитет Его Слова в должной мере?

---

[467] Послание к Галатам, Послание к Колоссянам, Второе Послание Петра и Послание Иуды. Я пришел к выводу, что обличение лжеучителей и лжеучений мы находим во всех новозаветных книгах, кроме Послания к Филимону.

Ниже я привожу двенадцать пунктов, по которым учение о необходимости слышать голос Бога искажает истину о Боге и Писании[468]:

1. Учителя, призывающие слушать Божий голос, обычно неправильно толкуют и применяют Писание[469].

Если бы учение о необходимости слышать голос Бога соответствовало истине, его сторонникам не приходилось бы прибегать к неверному толкованию Писания, чтобы обосновать свою точку зрения. Им не нужно было бы вырывать стихи из контекста. Тем не менее они постоянно это делают. Глава 1 Послания к Евреям, глава 10 Евангелия от Иоанна, глава 3 Первой Книги Царств, глава 19 Третьей Книги Царств, глава 3 Послания к Колоссянам и глава 6 Книги Судей — это лишь несколько примеров отрывков, смысл которых систематически извращают учителя, призывающие слушать голос Бога. Они постоянно вырывают слова, фразы и стихи из контекста и приводят их в подтверждение истинности богословской системы, созданной человеком, а не Богом.

Привычка выискивать личное откровение в библейских текстах — это вопиющее искажение Писания, которое смутило бы даже Свидетелей Иеговы. Не обращая внимания на намерение автора или контекст, учителя, призывающие слушать голос Бога, искажают Писание в своих корыстных целях. Сторонники этого учения заботятся не о том, чтобы «верно преподавать слово истины» (2 Тим. 2:15), а только

---

[468]　Почти все, что написано в этой главе, я уже упоминал или подробно пояснял ранее. Этот список отражает основные проблемы и заблуждения, связанные с учением о необходимости слышать голос Бога.

[469]　См. главы 4–6, 8.

о том, чтобы найти в Писании слово от Бога лично для себя. В их богословской системе значение библейского текста, которое заложил в него автор, не представляет ценности. Вот почему они постоянно игнорируют это значение, выискивая в тексте личное откровение.

2. Учение о необходимости слышать голос Бога искажает природу Писания[470].

Учителя, призывающие слушать голос Бога, считают Писание одним из многих средств, через которые можно услышать голос Бога.

Невозможно отстаивать это учение, не отрицая при этом уникальности Писания. Хотя проповедники этого учения заявляют, что Писание «богодухновенно» и «непогрешимо», они обращаются с ним так, как будто оно не более уникально, чем текст песни, рекламная вывеска, печенье с предсказанием или шар судьбы. Если вы считаете, что можно получить послание от Бога через случайную мысль, плавающую пивную банку или парящего орла, а не только через письменное Божье Слово, вы не можете утверждать, что верите в уникальность Библии.

С точки зрения сторонников этого учения, Писание — это не само Божье Слово, а средство передачи Божьего Слова (личного откровения) или контекст, в котором оно заключено. Само по себе это не откровение, а лишь описание Божьего откровения в прошлом. Писание — это не слово, которое говорит Бог, а описание того, что говорит Бог. Это искажение истинной природы Писания, которое заявляет о себе как о Божьем Слове.

---

[470] См. главу 8.

3. Учение о необходимости слышать голос Бога отрицает достаточность Писания[471].

По мнению учителей, призывающих слушать Бога, польза Писания в том, что это общее откровение, но оно не содержит конкретных указаний для каждого из нас лично. Писание не является достаточным откровением любви, замысле и природе Бога. Его недостаточно для принятия решений. Нам нужна информация и указания, которых нет в Библии.

Заявления этих авторов о том, что мы должны слышать голос Бога так же, как Моисей, Ной или Павел, предполагает, что того, что содержится в Писании, недостаточно. Отстаивать учение о достаточности Писания и верить в возможность современного откровения — логически непоследовательно. Необходимость в современном откровении возникает только в том случае, если Писания недостаточно. А если Писания достаточно, то дальнейшее откровение не требуется. Все, кто верит в продолжающееся служение сверхъестественных даров Духа, должны признать, что это учение указывает на недостаточность или неполноценность письменного Слова.

4. Учение о необходимости слышать голос Бога подрывает авторитет Писания.

Учителя, призывающие слушать голос Бога, утверждают, что Писание — это богодухновенное и авторитетное послание от Бога, а впечатления — это небогодухновенные и неавторитетные послания от Бога. Но почему в одном случае слово Бога авторитетно, а в другом — нет? Они настойчиво твердят, что голос Бога звучит сегодня так же, как и в библейские времена, но при этом заявляют, что современное

Божье откровение не является ни авторитетным, ни богодухновенным. Те, кто учит, что Бог может изрекать и изрекает неавторитетные и небогодухновенные слова, отвергают авторитет Писания и отрицают учение о его богодухновенности.

5. Учение о необходимости слышать голос Бога подрывает богодухновенность, безошибочность и непогрешимость Писания.

Если Бог может давать откровение в наше время, но не гарантирует безошибочности и непогрешимости Своих слов, на каком основании мы утверждаем, что Писание безошибочно и непогрешимо? Сторонники этого учения утверждают, что, хотя Бог и говорит сегодня, мы можем неправильно понять Его послание, не услышать его или неверно истолковать детали. Проповедники учения о необходимости слышать голос Бога настаивают на том, что Его голос сегодня звучит также, как в библейские времена. Если это правда, то откуда мы знаем, что библейские авторы правильно услышали Божий голос?

Как может Бог говорить безошибочно в одном случае и ошибаться в другом? Если Бог гарантирует безошибочность Своего откровения, то все, что Он говорит, должно быть непогрешимым. Если Бог не гарантирует или не может гарантировать безошибочность Своего откровения, то откуда нам знать, что Писание безошибочно?

Как современные верующие, которые слышат голос Бога, могут слышать от Него «небогодухновенное» слово? Если оно исходит от Бога, то по определению оно богодухновенно. Богодухновенность — это результат действия Бога, Который «выдохнул» Свое Слово. Он не может изрекать небогодухновенных слов. Богодухновенность, авторитетность, непогрешимость и безошибочность — это качества, присущие каждому Божьему слову, потому что они исходят от Него.

Непоследовательно утверждать, что Бог давал богодухновенное, безошибочное, непогрешимое и авторитетное откровение в прошлом, и при этом считать, что Он дает людям небогодухновенное, ошибочное, несовершенное и недостоверное откровение в наши дни. Таким образом, учение о необходимости слушать голос Бога противоречит этим драгоценным доктринам.

6. Учение о необходимости слышать голос Бога подрывает уникальность Писания.

Согласно этому учению, все верующие — пророки. Каждый получает личное откровение от Бога. Бог направлял Павла в проповеди Евангелия. А нас Он направляет в выборе подрядчика для ремонта или ландшафтного дизайнера. Бог говорил Павлу, где ему проповедовать. А нам Он говорит, где лучше пообедать. Уникальные и особенные люди, избранные Богом для исполнения Его замысла откровения и искупления, становятся для нас всего лишь образцами для подражания в повседневных делах. По мнению этих учителей, каждый христианин может услышать голос Бога. Моисей, Иисус Навин и Илия не уникальны. Это примеры обычных людей, которые знали, как настроиться на частоту Бога и услышать Его шепот.

Если в этих людях и Божьем «голосе», который звучал для них, нет ничего особенного, почему я должен повиноваться шепоту, который услышали они, а не шепоту, который слышу я? Если я слышу голос Бога точно так же, как они, почему я должен подчиняться тому, что было открыто им, а не тому, что открыто мне? Именно в этом учение о необходимости слушать голос Бога подрывает авторитет и уникальность Писания.

В Ветхом Завете не каждый еврей был обладателем откровения от Бога. Богобоязненный иудей получал наставление из письменного Божьего Слова, которое Бог передавал через пророков. В Новом Завете мы видим то же самое. Не каждый христианин получает откровение от Бога. Бог призвал особых людей дать нам Писание. Как и ветхозаветные иудеи, новозаветные христиане полагаются на письменное Божье Слово, переданное через пророков и апостолов.

7. Учение о необходимости слышать голос Бога уводит верующих от Писания.

Учение о необходимости слышать голос Бога не поощряет нас к усердному изучению Писания, потому что значение библейского отрывка не связано с посланием, которое мы получаем от Бога через этот отрывок. Сторонники этого учения призывают нас прислушиваться к голосу Бога, успокаивать свое сердце, анализировать свои мысли, распознавать знамения и толковать жизненные обстоятельства. То, что Бог говорит нам сейчас, важнее того, что Он сказал три тысячи лет назад. Это неизбежный вывод из учения о необходимости слышать голос Бога.

Зачем мне Писание, если Бог будет направлять меня другими способами? Зачем изучать Писание, чтобы узнать, что Бог говорит о браке, если Он через знамение откроет мне, на ком нужно жениться? Зачем тратить время попусту, изучая Книгу Притчей, главу 5 Послания к Ефесянам, главу 7 Первого Послания к Коринфянам, главу 3 Послания к Колоссянам и главу 3 Первого Послания Петра, где заключена Божья мудрость по поводу выбора спутника жизни, если мы ожидаем личного водительства от Бога через внебиблейские средства?

Легче объявить случайные мысли Божьим откровением, чем усердно изучать Писание. Зачем прилагать усилия, чтобы правильно понять смысл Писания, если можно услышать шепот Бога через бросившийся в глаза библейский стих, в котором я вижу слово от Бога, совершенно не связанное со значением текста? Наверное, я могу вообще не открывать Библию и просто ожидать впечатления от Бога, расстелить перед Ним «руно» и получить от Него подтверждение правильности любого решения. Суть в следующем: если Бог действительно говорит так, как пропагандируют учителя, призывающие слушать голос Бога, тогда мне не нужно Писание. На практике оно не более авторитетно, с точки зрения этой методологии, чем текст на рекламном щите рядом с автомагистралью.

8. Учение о необходимости слышать Божий голос порочит Бога Писания.

Это учение представляет Бога следующим образом: Он изрекал непогрешимые слова в прошлом, но больше не говорит так в настоящем. Бог не может гарантировать, что люди ясно услышат Его голос. Ему нужна наша помощь. Мы должны внимательно слушать Его, не отвлекаться на суету и успокаивать свое сердце. Нам следует учиться слышать Его голос, иначе Он не сможет донести до нас Свое послание. И даже если Ему удастся передать нам это послание, нет никакой гарантии, что мы поймем его в точности. Мы можем извратить или неверно понять его. Бога трудно услышать и еще труднее постичь. Поскольку Его слово не является ясным и безошибочным, мы часто неправильно понимаем то, что Он говорит. Бог хочет, чтобы мы услышали Его, и надеется на это, но Он не может гарантировать, что Его цели в нашей жизни будут достигнуты. Он пытается передать нам послание. Ему нужно передать нам послание. Писания недостаточно, чтобы в полной мере рассказать нам о Божьей любви и открыть нам Его волю. Если мы не слышим Божьего шепота, мы строим отношения с Богом в одностороннем порядке, полагаясь только на Библию.

Учителя, призывающие слушать голос Бога, изображают Его богом, который запутывает нас, дает нам туманные намеки и неясные указания. Он не может ни с кем говорить внятно. Хотя нам нужно, чтобы Он сказал нам, что делать, Он не способен донести до нас Свои мысли в доступной форме. Нам приходится проверять, анализировать и перепроверять каждый двусмысленный намек и тревожное побуждение ума, прежде чем прислушаться к ним. Но даже после этих сложных манипуляций мы не можем быть уверены в том, что это авторитетное или непогрешимое слово от Бога. Все, что мы можем делать, — это спотыкаться на жизненном пути и надеяться, что мы будем совершать все меньше и меньше ошибок.

Если бы только Бог мог дать нам «вернейшее слово»! Таков ли Бог, явленный в Писании? Таков ли Бог, Который восседает на престоле на небесах и творит все, что хочет (Пс. 113:11)? Это ли всевластный Бог, Который определяет то, что состоится, и делает все, что Ему угодно (Ис. 46:10)?

Нет, это не Он. Пожалуй, самое серьезное заблуждение, связанное с учением о необходимости слышать голос Бога, — это кощунственное изображение Бога и Его путей.

9. Учение о необходимости слышать Божий голос неизбежно приводит к обвинению Бога в том, что Он принимает глупые решения.

Сторонники этого учения, по сути, возлагают ответственность за неразумные решения на Бога, Который якобы открыл им Свою волю во впечатлениях или внутреннем голосе. На обучающем семинаре, на котором Бет Мур говорила странные вещи, она рассказала, что Бог повелел ей подойти к совершенно незнакомому человеку в аэропорту и расчесать ему волосы[472]. Мур также заявляет, что она слепила снеговика вместе с Богом:

> Я услышала голос Бога, обращенный к моему сердцу: «Подойди и поиграй». Мне понравилось, что Он сказал «подойди». Не «пойди», а «подойди». Если Он сказал «подойди», это значит, что Он уже был там.
>
> И мне понравилось, что, судя по тому, что Он шептал моему духу тихим, нежным голосом, Он наверняка улыбался. <…> Я бы могла повторить выражение Его лица пальцем.

Затем она заявляет: «Я слепила снеговика. <…> Я смеялась с Богом. Он смеялся вместе со мной. <…> Я так люблю Его. Я так люблю Его»[473].

---

[472]   https://www.godvine.com/god-tells-beth-moore-to-brush-a-strangers-hair-10972.html.
[473]   Beth Moore, *When Godly People Do Ungodly Things* (Nashville: Broadman & Holman Publishers, 2002), 123–124.

Мэтт Чендлер рассказал нелепую историю о том, как он подбодрил человека, у которого было видение о пиратском корабле, преследуемом акулами. Хотя Чендлер признал, что видение было «странным», «сумасшедшим» и «не имело никакого смысла», он посчитал, что это было побуждение Святого Духа[474]. Кроме того, Чендлер призвал свою паству воспринимать свои случайные мысли и побуждения (все то, что, по их словам, «просто мелькает» в их голове) как знак от Бога, что Он «приглашает нас в игру». Мы начинаем нести подобную чушь, когда принимаем любую случайную мысль за слово от Бога. Когда мы наделяем путаные блуждания своего разума божественным авторитетом и предваряем рассказ о своих размышлениях словами «Господь сказал мне», мы возлагаем на Бога вину за ту глупость, которая неизбежно последует.

Со мной в библейском колледже учился парень, который однажды вышел из общежития в восемь часов вечера и поехал автостопом в ближайший город (в 70 км от общежития) в самый разгар зимы, потому что Бог «повелел ему» поехать в какое-то кафе и свидетельствовать там всю ночь. Этот парень нарушил правила колледжа и общежития и на следующий день пропустил занятия. Как можно что-то доказать человеку, который утверждает, что «услышал» подобное повеление от Бога?

Я знаю одну женщину, которая оправдывала свое прелюбодеяние тем, что «Бог сказал ей», что это правильный поступок. Я работал на стройке с молодым человеком, который каждую неделю получал разные указания от Бога. На этой неделе «голос Бога» говорит ему одно, а на следующей — совсем другое.

Вы думаете, что таких случаев мало? Посмотрите передачи, которые показывают по международному христианскому телеканалу «Тринити» сутки напролет. Неважно, в какой день.

10. Сторонники учения о необходимости слышать Божий голос вкладывают слова в уста Бога.

Им мало того, что они искажают то, что сказал Бог. Они приписывают Ему то, чего Он не говорил. Настораживает, насколько легкомысленно приверженцы этого учения приписывают Богу слова. Им ничего не стоит заявить: «Господь сказал…», «Бог сказал мне…» и «Я слышал, как Господь сказал…».

Понравится ли вам, дорогие читатели, если вас будут неверно цитировать? Доводилось ли вам когда-нибудь слышать, как кто-то утверждает, что вы сказали то, чего вы не говорили? Вас когда-нибудь представляли в ложном свете? Кто-нибудь вкладывал вам в уста слова и приписывал вам утверждения, которых вы не произносили? Вы думаете, Бог легкомысленно относится к тому, что люди искажают Его характер таким образом? Прочтите пророческие книги (от Исаии до Малахии) и отметьте для себя случаи, когда Бог осуждал лжепророков, которые говорили от Его имени, хотя Он их не посылал. На них обрушился Божий гнев. Это проявление богохульства. Искажать характер Бога и природу Его Слова — это серьезное дело.

Учителя, призывающие слушать голос Бога, имели бы полное право возмутиться, если бы я неправильно процитировал их слова в настоящей книге. Они почувствовали бы себя обиженными, если бы я исказил то, что они сказали, вырвав их слова из контекста и сказав, что они учат тому, чему на самом деле не учат. Тем не менее они поступают так с Богом постоянно. Они не оказывают Ему того почтения и уважения, которых ожидают в свой адрес.

Заявлять, что мы говорим от имени Бога, — это серьезно. Вкладывать слова в Его уста и наделять божественным авторитетом свои случайные мысли — это тяжкий грех.

11. Сторонники учения о необходимости слышать голос Бога пропагандируют ложное представление о христианской зрелости.

По мнению сторонников этого учения, способность слышать голос Бога — это признак зрелости. Духовный христианин, который близок к Богу, будет слышать голос Пастыря. Качество духовной жизни христианина не определяется его пониманием Писания, способностью верно толковать его или желанием повиноваться ему. Согласно учению о необходимости слышать голос Бога, духовная зрелость проявляется в том, что верующий человек получает актуальное откровение от Бога. Это важнейшая составляющая духовного благополучия [475].

Однако истинная зрелость не предполагает способности слышать голос Бога вне Писания. Зрелый христианин — это тот, кто возрастает в благодати и познании Христа (2 Пет. 1:2; 3:18), придерживается здравого учения (Еф. 4:11–16) и поступает достойно высокого звания во Христе (Еф. 4:1).

---

[475] См. главы 4–6.

12. Сторонники учения о необходимости слышать голос Бога пропагандируют гностический взгляд на христианскую жизнь.

В I веке в христианство начало проникать языческое учение о познании и просвещении. Позже это учение было названо «гностической ересью». Слово «гностик» происходит от греческого «гнозис», что означает «знание». Ранние гностические доктрины угрожали некоторым церквям. Павел и Иоанн боролись с ранними формами гностических учений (Послание к Колоссянам, Первое Послание Иоанна)[476].

Гностики учили, что есть люди, которые принадлежат к элитному сообществу, обладающему «особым знанием». Эти люди имеют знание о Боге и духовном мире, недоступное рядовым верующим. По мнению гностиков, спасение можно обрести через особое просвещение, доступное некоторым, но не всем.

Гностические тенденции в учении о необходимости слышать голос Бога очевидны. Хотя сторонники этого учения утверждают, что Бог проговорил ко всем нам в Писании, лишь некоторые научились слышать Его голос. Те, кто настроился на частоту Бога и научился слышать Его шепот, обладают познанием Божьей воли, доступным не всем. Эти люди претендуют на то, что им известны тайны, которые Бог открывает только им[477]. Это гностицизм в новом обличии, который скрывается под маской близости с Богом.

---

[476] Ясное и краткое описание различных ересей, существовавших в ранней церкви, вы найдете в следующем источнике: Justin S. Holcomb, *Know the Heretics* (Grand Rapids, Zondervan). Я бы также порекомендовал серию проповедей Фила Джонсона, исполнительного директора служения «Благодать вам», доступных на его сайте: https://www.thegracelifepulpit.com/sermons.aspx?code=PJ-CDA04.

[477] Бет Мур утверждает, что Бог открывает ей секреты. Она пишет: «Я хочу,

Таковы плоды учения о необходимости слышать голос Бога. Это представление о Боге совершенно недостойно Его. Так обращаться с Писанием непростительно. Пусть верующие, которые ревнуют о Божьей славе, оставят любой намек на учение о необходимости слышать голос Бога.

чтобы и другие знали то немногое, что знаю я. До того, как открыть мне секрет, Бог уже знает, что я расскажу его! По большому счету, мы так „договорились" с Ним» (Beth Moore, *Praying God's Word* [Nashville, B&H Publishing Group, 2009], 2).

ПОСЛЕДНИЙ ПРИЗЫВ

Мой собственный опыт слышания голоса Бога — или, точнее, моя неспособность его услышать — не доказывает, что Бог сегодня не говорит за пределами Писания. То же самое было бы, если бы я услышал какой-то шепот, когда мучился вопросом о том, куда пойти учиться. Если бы я тогда услышал голос Бога, это не было бы доказательством того, что Бог сегодня говорит вне Писания. Наш опыт ничего не доказывает. Он может соответствовать истине, а может и противоречить ей. Опыт не определяет истину. Истину определяет Божье Слово.

В этой книге я не приводил аргументов, основанных на опыте. Я аргументировал свою позицию учением Писания. Сторонники учения о необходимости слушать голос Бога заявляют, что принципы этого подхода прочно укоренены в Божьем Слове, и приводят в подтверждение библейские отрывки. Мы рассмотрели эти отрывки в контексте и сравнили их с учением тех, кто утверждает, что слышит слово от Бога. Мы убедились, что во всех этих случаях отрывки, которые цитируют эти авторы, не доказывают истинности учения, построенного на них. Предпосылки, из которых исходят эти авторы, не основаны на Писании, а методы, которые они популяризируют, не вытекают из соответствующих библейских текстов.

Бог не пытается что-то сказать нам. Ему не нужно пытаться, потому что у Него достаточно сил, чтобы совершить все, что Он задумал. Он не нуждается в нашей помощи. Его не ставит в тупик наша неспособность услышать Его. Бог не пытается разговаривать с нами с помощью смутных знамений, запутанных сновидений и сомнительных впечатлений — Он дал нам объективное письменное откровение. Оно достаточно и совершенно. Это все, что нам нужно для жизни и благочестия (2 Пет. 1:3–4). Это «вернейшее» слово по сравнению даже с самыми впечатляющими личными переживаниями (2 Пет. 1:16–21). Оно готовит нас ко всякому доброму делу (2 Тим. 3:14–17).

Если ваши отношения с Богом строятся на субъективных переживаниях, описанных в этой книге, эта мысль может повергнуть вас в некоторый шок. Возможно, я убедил вас, что методология учителей, призывающих слушать голос Бога, основана на небиблейских предпосылках, искаженном понимании библейских отрывков и духовно опасных приемах. Если вас это пугает и вы не знаете, в чем основание христианской веры, я укажу вам на Писание. Привычка «слушать слово от Бога», которая была у вас все эти годы, — это ненадежное и шаткое основание. Писание — это твердая скала. Вам больше ничего не нужно.

Если в вас обитает Святой Дух и у вас перед глазами находится Божье Слово, вы стоите на прочном основании. Писание — это сокровищница Божьей премудрости, истины и знания о вашем Боге. Читайте его. Размышляйте над ним. Заучивайте его наизусть. Слушайте библейскую проповедь. Изучайте Писание. Любите его. Исполняйте его. У вас уйдет вся жизнь на то, чтобы познакомиться с ним. Вы никогда не освоите его в совершенстве. Вы никогда не превзойдете его уровень. У вас никогда не возникнет нужды в чем-то большем.

> Господь Свое Слово в любви нам открыл
> И веру святых Он на нем утвердил.
> Что может сказать Он, помимо сего,
> Всем тем, кто уверовал в Сына Его?

Джон Риппон, «Господь Свое Слово в любви нам открыл»

> И ныне предаю вас, братия, Богу и слову благодати Его, могущему назидать вас более и дать вам наследие со всеми освященными (Деян. 20:32).

БИБЛИОГРАФИЯ

Книги авторов, призывающих слушать голос Бога

Batterson, Mark. Whisper: How to Hear the Voice of God. New York: Crown Publishing Group, 2017.

Blackaby, Henry T., and Claude V. King. Experiencing God: How to Live the Full Adventure of Knowing and Doing the Will of God. Nashville: Broadman & Holman Publishers, 1994.

Bolz, Shawn. Translating God: Hearing God's Voice for Yourself and the World Around You. Glendale: ICreate Productions, 2015.

Deere, Jack. Surprised by the Power of the Spirit. Grand Rapids: Zondervan Publishing House, 1993.

Deere, Jack. Surprised by the Voice of God: How God Speaks Today Through Prophecies, Dreams, and Visions. Grand Rapids: Zondervan Publishing House, 1996.

Doyle, Tom. Dreams and Visions: Is Jesus Awakening the Muslim World? Nashville: Thomas Nelson, 2012.

Eckhardt, John. God Still Speaks: How to Hear and Receive Revelation from God for Your Family, Church and Community. Lake Mary: Charisma House, 2009.

Eldredge, John. Walking With God. Nashville: Thomas Nelson, 2008.

Grudem, Wayne. Christian Ethics: An Introduction to Biblical Moral Reasoning. Wheaton: Crossway, 2018.

Уэйн Г. Систематическое богословие. Введение в библейское учение. СПб.: Мирт, 2004.

Grudem, Wayne. The Gift of Prophecy in the New Testament and Today. Wheaton: Crossway Books, 2000.

Hybels, Bill. The Power of a Whisper: Hearing God. Having the Guts to Respond. Grand Rapids: Zondervan, 2010.

Jacobs, Cindy. The Voice of God: How to Hear and Speak Words from God. Minneapolis: Baker Publishing Group, 2016.

Meyer, Joyce. How to Hear from God: Learn to Know His Voice and Make Right Decisions. New York: Faith Words, 2003.

Moore, Beth. Praying God's Word: Breaking Free from Spiritual Strongholds. Nashville: Broadman & Holman Publishers, 2009.

Morris, Robert. Frequency: Tune in. Hear God. Nashville: Thomas Nelson, 2016.

Shirer, Priscilla. Discerning the Voice of God: How to Recognize When God is Speaking. Chicago: Moody Publishers, 2012.

Shirer, Priscilla. He Speaks to Me: Preparing to Hear From God. Chicago: Moody Publishers, 2006.

Стэнли Ч. Как слушать Бога. М.: Прикосновение, 2002.

Storms, Sam. Practicing The Power: Welcoming the Gifts of the Holy Spirit in Your Life. Grand Rapids: Zondervan, 2017.

Виллард Д. Слышать Бога. М.: Триада, 2023.

Qureshi, Nabeel. Seeking Allah, Finding Jesus: A Devout Muslim Encounters Christianity. Grand Rapids: Zondervan, 2018.

Рекомендованные источники

Budgen, Victor. The Charismatics and the Word of God: A Biblical and Historical Perspective on the Charismatic Movement. Llandrillo: Evangelical Press, 2001.

Ferguson, Sinclair B. Discovering God's Will. Edinburg: The Banner of Truth Trust, 2013.

Friesen, Garry and Robin Maxson. Decision Making and the Will of God. Sisters: Multnomah, 2004.

Hinn, Costi W., and Anthony G. Wood. Defining Deception. El Cajon: Southern California Seminary Press, 2018.

Jensen, Philip D., and Tony Payne. Guidance and the Voice of God. Sydney: Matthias Media, 1997.

Koukl, Gregory. Decision Making and the Will of God. Audio CD Series.

MacArthur, John. Charismatic Chaos. Grand Rapids: Zondervan, 1992.

MacArthur, John. Final Word: Why We Need the Bible. Orlando: Reformation Trust Publishing, 2019.

Мак-Артур Д. Толкование книг Нового Завета. Деяния. СПб.: Библия для всех, 2019.

Мак-Артур Д, Мейхью Р. Библейское учение. Самара: Благая Весть, 2022.

Sproul, R.C., Voddie Baucham, Jack MacArthur, John MacArthur, Martyn Lloyd-Jones, Steven J. Lawson, Mark Dever, R. Albert Mohler, Jr., Conrad Mbewe, Nathan Busenitz, Justin Peters, Phil Johnson. One Foundation: Essays on the Sufficiency of Scripture. Valencia: Grace to You, 2019.

Swavely, Dave. Decisions, Decisions: How (and How Not) to Make Them. Phillipsburg: P&R Publishing, 2003.

Waldron, Samuel E. To Be Continued: Are the Miraculous Gifts for Today? Merrick: Calvary Press Publishing, 2005.

ОБ АВТОРЕ

Джим Осман родился в мае 1972 года и в трехлетнем возрасте вместе со своей семьей переехал в город Сэндпойнт в штате Айдахо. В 1990 году он окончил среднюю школу в Сэндпойнте. Джим уверовал во Христа в библейском лагере на озере Коколалла летом 1987 года. Кутенейская церковь всегда была для него родной: он посещал воскресную школу, летнюю библейскую школу и молодежную группу в этой церкви.

После окончания средней школы Джим поступил в Библейский колледж имени Миллара в городе Памбрун в канадской провинции Саскачеван. В этом библейском колледже Джим познакомился со своей будущей женой Дидре, которая также поступила сюда учиться. Джим завершил трехгодичный курс обучения в колледже в апреле 1993 года и женился на Дидре в августе того же года. В сентябре 1994 года он решил продолжить обучение и в апреле 1995-го окончил четвертый год практического обучения в колледже, получив степень бакалавра искусств в сфере стратегического служения. Вскоре после этого Джим стал членом Почетного общества Ассоциации библейских колледжей в Канаде, а также членом общества «Пи альфа мю».

Джим и Дидре вернулись в Сэндпойнт, где Джим начал работать на стройке кровельщиком, пока в декабре 1996 года ему не предложили стать проповедующим пастором в Кутенейской церкви. Теперь он считает своей величайшей привилегией участвовать в служении церкви, которая служила ему столько лет. Джим является автором книг «Истина или территория: библейский подход к концепции духовной войны», «Продажа лестниц в небеса: критика заявлений небесных туристов» и «Процветание нечестивых: изучение Псалма 72». Вы можете найти проповеди Джима на сайте Кутенейской церкви, а его статьи — на сайте: jimosman.com.

Джим любит проводить время на свежем воздухе — ходить в походы, охотиться или работать в саду. Ему нравится ездить на велосипеде и смотреть американский футбол, особенно игры с участием его любимой команды «Сан-Франциско Форти Найнерс», за которую он болеет с детства. У Джима и Дидре четверо детей: Тэрин, Шепли, Эйден и Лиам. И все они болеют за команду «Сан-Франциско Форти Найнерс»! Вы можете связаться с Джимом через сайт Кутенейской церкви (http://www.kootenaichurch.org) или по электронному адресу: jimcosman@truthorterritory.com.

БЛАГАЯ ВЕСТЬ

Издательство «Благая весть»

Любовь к чтению Слова Божьего и полезной духовной литературы — добрая традиция нашего братства с первого дня его основания. Мы молимся и трудимся для того, чтобы верующие церквей бывшего Советского Союза имели желание и возможность регулярно читать полезные христианские книги наряду с изучением Библии, чтобы они имели доступ как к богатому духовному наследию мужей веры минувших веков, так и к трудам современных христианских авторов.

 Канал издательства

Чтобы вы через чтение книг больше познавали Бога, мы:

- подбираем лучшие книги, доступные на русском языке;
- переводим новые книги по еще мало освещенным вопросам;
- помогаем издавать книги местных авторов со здравым богословием.

Книжный интернет-магазин Legere.ru

Цель книжного служения: обеспечить христиан хорошими печатными ресурсами, чтобы помочь им расти как в личном благочестии, так и в развитии своих навыков в служении.

- Цены: желание сделать книги максимально доступными.

- Содержание: строгий подход к выбору книг, сфокусированных на Боге и Его Слове.

- Сервис: удобный для посетителей сайт, простой заказ книг.

Программа «Снаряди пастора»

Цель программы: помочь русскоязычным пасторам и молодым служителям лучше подготовиться к служению через чтение хороших христианских книг.

Мы хотим помочь пасторам, которые ценят чтение книг, но имеют ограниченный бюджет на их покупку, а также студентам христианских учебных заведений, которые стремятся стать пасторами. Как участник программы «Снаряди пастора» Вы будете бесплатно получать по 1–2 книги в месяц в течение 18 месяцев. Мы надеемся, что эти книги заложат фундамент Вашей личной библиотеки и помогут сформировать культуру чтения хороших христианских книг в церквах.

Условия участия: надо верно читать полученные книги и присылать краткий отчет об одной из прочитанных книг 1 раз в квартал.

The Master's Academy International
www.tmai.org
publishing@tmai.org

www.ingramcontent.com/pod-product-compliance
Lightning Source LLC
Chambersburg PA
CBHW061547120626
46550CB00004B/1391